2025年度版

鳥取県の
数学科

過 去 問

協同教育研究会 編

協同出版

本書には，鳥取県の教員採用試験の過去問題を
収録しています。各問題ごとに，以下のように5段
階表記で，難易度，頻出度を示しています。

難 易 度

非常に難しい　☆☆☆☆☆
やや難しい　☆☆☆☆
普通の難易度　☆☆☆
やや易しい　☆☆
非常に易しい　☆

頻 出 度

◎　　　　ほとんど出題されない
◎◎　　　あまり出題されない
◎◎◎　　普通の頻出度
◎◎◎◎　よく出題される
◎◎◎◎◎　非常によく出題される

はじめに～「過去問」シリーズ利用に際して～

　教育を取り巻く環境は変化しつつあり，日本の公教育そのものも，教員免許更新制の廃止やGIGAスクール構想の実現などの改革が進められています。また，現行の学習指導要領では「主体的・対話的で深い学び」を実現するため，指導方法や指導体制の工夫改善により，「個に応じた指導」の充実を図るとともに，コンピュータや情報通信ネットワーク等の情報手段を活用するために必要な環境を整えることが示されています。

　一方で，いじめや体罰，不登校，暴力行為など，教育現場の問題もあいかわらず取り沙汰されており，教員に求められるスキルは，今後さらに高いものになっていくことが予想されます。

　本書の基本構成としては，出題傾向と対策，過去5年間の出題傾向分析表，過去問題，解答および解説を掲載しています。各自治体や教科によって掲載年数をはじめ，「チェックテスト」や「問題演習」を掲載するなど，内容が異なります。

　また原則的には一般受験を対象としております。特別選考等については対応していない場合があります。なお，実際に配布された問題の順番や構成を，編集の都合上，変更している場合があります。あらかじめご了承ください。

　最後に，この「過去問」シリーズは，「参考書」シリーズとの併用を前提に編集されております。参考書で要点整理を行い，過去問で実力試しを行う，セットでの活用をおすすめいたします。

　みなさまが，この書籍を徹底的に活用し，教員採用試験の合格を勝ち取って，教壇に立っていただければ，それはわたくしたちにとって最上の喜びです。

協同教育研究会

C O N T E N T S

第 1 部

鳥取県の
数学科
出題傾向分析

鳥取県の数学科　傾向と対策

1　中学校

　中学校と高等学校は，すべての問題が別問題である。

　出題傾向には大きな変化はなく，中学数学から数学Ⅰ，Aにかけての出題であり，中学数学の範囲からの出題がほとんどであった。基本問題が中心で，難易度は教科書の節末・章末問題レベルである。

　解答形式は，大問2(12)①が箱ひげ図をかく問題，大問2(13)が作図問題。その他の問題は答えのみの解答である。

　第1問は独立した小問集合4問(地方公務員法，中教審の文書，中学校指導要領から2問)。第2問は独立した小問集合14問(二次方程式，四次式の因数分解，3つの数の最大公約数と最小公倍数，平方根の基本，割合の方程式，一次関数の変化の割合，二次関数の変域，平面幾何，円錐の表面積，三角形の形状，さいころの確率，箱ひげ図，作図，図形の証明)。第3問は放物線と直線に関する総合問題5題。第4問は三角形に関する平面幾何2題と立体図形3題。

　対策として，基本的な問題が多いので，まずは，中学校の教科書を読み，方程式，関数のグラフと図形，平面図形・空間図形の計量，作図を中心に標準問題集を繰り返し解くこと。次に，高等学校の教科書を読み，式の計算，図形と計量(三角比)，場合の数と確率，関数の最大・最小を中心に標準問題集を丁寧に解くこと。また，作図問題が必ず出題されるので，中学校の教科書に出てくる作図方法が，なぜその方法で作図ができるのかを論理的に考えることが基礎力をつけることになる。そして，本書の過去問の活用でいろいろな問題に当たって応用力をつけるとよい。

　中学校学習指導要領と同解説数学編に関する出題があるので，読むだけでなく教師としての実践的経験と関連づけながら学習指導要領改訂の要点，教科の目標，学年・科目の目標及び内容，数学的活動，指導計画等で頻繁に出てくる文言については整理しておくこと。

2 高等学校

　大問数は5問であり，問題数が2023年度の6問から1問減少している。出題形式，出題傾向については大きな変化はなかった。難易度は教科書の章末問題，大学入試基本レベルである。

　出題は高等学校数学全般の内容である。高等学校の広い分野からまんべんなく出題がある。

　解答の形式は，大問4(1)(2)，大問5(2)が記述式でそれ以外は答えのみを解答する問題であった。

　第1問は独立した小問集合3問(地方公務員法や学習指導要領など)。第2問は独立した小問集合7問(相加相乗平均，二次関数とx軸の位置関係，二次関数の最大値，対数関数，数列，正規分布表)。第3問は確率の期待値。第4問は複素数平面とベクトル。第5問は微分積分。

　出題の多くは高等学校の内容であり，数Ⅰ・Ⅱ・Ⅲ・Ａ・Ｂ・Ｃ問わず，いろいろな分野から出題されている。まずは高等学校の教科書をよく読み，公式や定義をしっかりと理解し，節末・章末問題をすべて解くこと。そして，データの分析，場合の数と確率，三角関数，指数・対数，ベクトル，数列，関数の最大・最小，数学Ⅲの微分・積分を中心に大学入試レベルの標準問題集を丁寧に解くようにする。また，数列，微分・積分の問題はやや難しい総合的な内容も出題されるので，応用問題にも対応できるように準備をしておきたい。

　学習指導要領については，中学校及び高等学校学習指導要領と同解説で，教科の目標，学年・科目の目標・内容を中心に幅広く精読しておくとよい。

過去5年間の出題傾向分析

●中学数学

分　類	2020年度	2021年度	2022年度	2023年度	2024年度
数と式	●	●	●	●	●
方程式と不等式	●	●	●	●	●
数の性質		●	●	●	●
ベクトル					
複素数					
関数とグラフ	●		●	●	●
平面幾何	●	●	●	●	●
空間図形	●	●	●	●	●
平面座標と図形				●	●
三角関数					
三角比と平面図形			●		
指数・対数					
数列					
行列					
微分・積分					
場合の数・確率	●	●	●	●	●
集合と命題					
データの分析		●	●	●	●
学習指導要領	●	●	●	●	●

●高校数学

分 類	2020年度	2021年度	2022年度	2023年度	2024年度
数と式		●			
方程式と不等式	●	●	●		
数の性質					●
ベクトル	●	●	●	●	
複素数	●		●		●
関数とグラフ	●			●	●
平面幾何					
空間図形					
平面座標と図形	●	●	●	●	●
三角関数	●		●	●	
三角比と平面図形	●	●		●	
指数・対数	●	●		●	●
数列	●	●	●	●	●
行列					
微分・積分	●	●	●	●	●
場合の数・確率	●		●	●	●
集合と命題					
データの分析					
学習指導要領	●	●	●	●	●

第2部

鳥取県の
教員採用試験
実施問題

2024年度　実施問題

【中学校】

【解答の表記の方法について】

　分数で表記する場合は，約分ができる場合は必ず約分をすること。

　根号を使う場は，根号の中をできるだけ簡単な数で表すこと。また，分母を有理化すること。

　円周率はπとする。

【1】次の各問いに答えなさい。

(1)　次の文は，地方公務員法に規定される服務に関する条文である。①～⑥の中で，誤っているものをすべて選び，記号で答えなさい。

---

①　すべて職員は，全体の奉仕者として児童・生徒の利益のために勤務し，且つ，職務の遂行に当つては，全力を挙げてこれに専念しなければならない。

②　職員は，その職務を遂行するに当つて，法令，条例，地方公共団体の規則及び地方公共団体の機関の定める規程に従い，且つ，校長の職務上の命令に忠実に従わなければならない。

③　職員は，その職の信用を傷つけ，又は職員の職全体の不名誉となるような行為をしてはならない。

④　職員は，職務上知り得た秘密を漏らしてはならない。その職を退いた後は，その限りではない。

⑤　職員は，法律又は条例に特別の定がある場合を除く外，その勤務時間及び職務上の注意力のすべてをその職責遂行のために用い，当該地方公共団体がなすべき責を有する職務にのみ従事しなければならない。

⑥　職員は，政党その他の政治的団体の結成に関与し，若し

> くはこれらの団体の役員となつてはならず，又はこれらの
> 団体の構成員となるように，若しくはならないように勧誘
> 運動をしてはならない。

(2) 次の文章は，令和3年1月に中央教育審議会で取りまとめられた
「『令和の日本型学校教育』の構築を目指して～全ての子供たちの可
能性を引き出す，個別最適な学びと，協働的な学びの実現～(答申)」
における「第Ⅰ部　総論」の「3. 2020年代を通じて実現すべき
『令和の日本型学校教育』の姿」に記載された内容の一部である。
(①)～(③)にあてはまる最も適切な語句を答えなさい。

第Ⅰ部　総論

> 3. 2020年代を通じて実現すべき「令和の日本型学校教育」
> 　の姿

(1)子供の学び

○　新型コロナウイルス感染症の感染拡大による臨時休業の
　長期化により，多様な子供一人一人が自立した学習者とし
　て学び続けていけるようになっているか，という点が改め
　て焦点化されたところであり，これからの学校教育におい
　ては，子供が(①)も活用しながら自ら学習を調整しなが
　ら学んでいくことができるよう，「個に応じた指導」を充実
　することが必要である。この「個に応じた指導」の在り方
　を，より具体的に示すと以下のとおりである。

○　全ての子供に基礎的・基本的な知識・技能を確実に習得
　させ，思考力・判断力・表現力等や，自ら学習を調整しな
　がら粘り強く学習に取り組む態度等を育成するためには，
　教師が支援の必要な子供により重点的な指導を行うことな
　どで効果的な指導を実現することや，子供一人一人の特性
　や学習進度，学習到達度等に応じ，指導方法・教材や学習

11

時間等の柔軟な提供・設定を行うことなどの「指導の
(②)」が必要である。

○　基礎的・基本的な知識・技能等や，言語能力，情報活用
能力，問題発見・解決能力等の学習の基盤となる資質・能
力等を土台として，幼児期からの様々な場を通じての体験
活動から得た子供の興味・関心・キャリア形成の方向性等
に応じ，探究において課題の設定，情報の収集，整理・分
析，まとめ・表現を行う等，教師が子供一人一人に応じた
学習活動や学習課題に取り組む機会を提供することで，子
供自身が学習が最適となるよう調整する「学習の(③)」
も必要である。

○　以上の「指導の(②)」と「学習の(③)」を教師視
点から整理した概念が「個に応じた指導」であり，この
「個に応じた指導」を学習者視点から整理した概念が「個別
最適な学び」である。

(3)　次の文章は，中学校学習指導要領(平成29年3月告示)第2章　第3
節　数学の第1　目標で示されたものである。文章中の(①)～
(④)にあてはまる最も適切な語句を答えなさい。

数学的な(①)を働かせ，数学的活動を通して，数学的に
考える資質・能力を次のとおり育成することを目指す。
(1)　数量や図形などについての基礎的な概念や原理・法則な
どを理解するとともに，事象を(②)したり，数学的に解
釈したり，数学的に表現・処理したりする技能を身に付け
るようにする。
(2)　数学を活用して事象を論理的に考察する力，数量や図形
などの性質を見いだし統合的・発展的に考察する力，数学
的な表現を用いて事象を簡潔・明瞭・(③)に表現する力
を養う。

(3) 数学的活動の楽しさや数学のよさを実感して粘り強く考え，数学を生活や学習に生かそうとする態度，問題解決の過程を振り返って(④)・改善しようとする態度を養う。

(4) 次の文章は，中学校学習指導要領(平成29年3月告示)第2章　第3節　数学の第3学年　内容〔数学的活動〕で示されたものである。文章中の(①)・(②)にあてはまる最も適切な語句を答えなさい。

〔数学的活動〕
(1) 「A数と式」，「B図形」，「C関数」及び「Dデータの活用」の学習やそれらを相互に関連付けた学習において，次のような数学的活動に取り組むものとする。
ア　日常の事象や社会の事象を(①)に捉え，数学的に表現・処理し，問題を解決したり，解決の過程や結果を振り返って考察したりする活動
イ　数学の事象から見通しをもって問題を見いだし解決したり，解決の過程や結果を振り返って統合的・発展的に考察したりする活動
ウ　数学的な表現を用いて論理的に説明し(②)活動

(☆☆☆◎◎)

【2】次の各問いに答えなさい。
(1) 方程式$3x^2-2x-1=0$を解きなさい。
(2) 式x^4+x^2-20を因数分解しなさい。
(3) 次の3つの数28，84，180の最大公約数と最小公倍数を求めなさい。
(4) 次の①〜④について，下線部が正しいものは○を，誤っているものは下線部を正しくしなさい。
① $\sqrt{4}+\sqrt{4}=\underline{4}$　　② $\sqrt{64}=\underline{\pm 8}$
③ 7の平方根は$\underline{\sqrt{7}}$　　④ $-\sqrt{(-3)^2}=\underline{3}$
(5) 縦$20a$cm，横$50a$cmの長方形がある($a>0$)。長方形の横の長さを

30％短くするとき，縦の長さを何％長くすれば正方形になるか求めなさい。

(6)　一次関数$y=-\dfrac{2}{3}x+4$において，xの増加量が6のとき，yの増加量を求めなさい。

(7)　二次関数$y=x^2-4x+6$において，xの変域が$a \leqq x \leqq 5$のとき，yの変域は$2 \leqq y \leqq 11$である。

　　このとき，aの値の範囲を求めなさい。

(8)　図1において，AB//EDであるとき，面積が等しい三角形の組をすべて答えなさい。

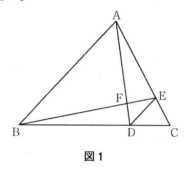

図1

(9)　底面の半径が5cm，高さが12cmの円錐がある。この円錐の表面積を求めなさい。

(10)　3点A(1，4)，B(−3，−2)，C(2，−1)を頂点とする三角形がある。この△ABCはどのような三角形であるか答えなさい。

(11)　1個のサイコロを3回続けて投げるとき，出る目の数の和が5以上になる確率を求めなさい。

(12)　次のデータは，気象庁ホームページより那覇市と鳥取市において，2022年に1mm以上の降水量があった日数を，月ごとに1月から12月まで並べたものである。(単位は日)

> 那覇市：12，14，12，6，21，17，13，15，17，10，15，10
> 鳥取市：21，18，11，6，7，9，14，14，11，11，9，18
> 　　　　　　　　　　　　　　(『気象庁ホームページ』より作成)

このデータから那覇市の箱ひげ図をかくと，図2のようになる。
このとき，以下の各問いに答えなさい。

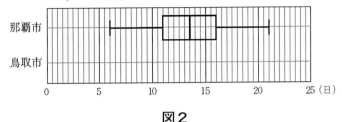

図2

① 上図に鳥取市の箱ひげ図をかきなさい。

② 那覇市と鳥取市の箱ひげ図を比較して読み取れることを，数学的な表現を用いて答えなさい。

(13) 図3のように，円Oと，この円の外部に点Pがある。

このとき，点Pを通る接線をコンパスと定規を使って作図しなさい。

ただし，作図に用いた線は消さないこと。

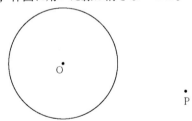

図3

(14) 図4は，AB＜ADである長方形ABCDの紙を，頂点Bが頂点Dに重なるように折り返したもので，線分PQは折り目の線，点Rは頂点Aが移った点をそれぞれ表している。

このとき，QD＝PDとなることを証明しなさい。

15

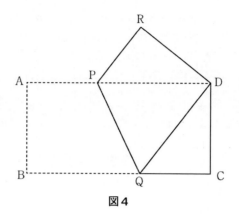

図4

(☆☆◎◎◎◎)

【３】図5において，放物線①である$y=\dfrac{1}{3}x^2$と，直線②である$y=-2x$が原点Oと点Aで交わっており，y軸を対称の軸として，点Aと対称な点をBとする。また，点Pは放物線①上の点Aから点Bまでの間を動く点である。点Pを通り，y軸に平行な直線を引き，線分ABとの交点をQとする。

このとき，以下の各問いに答えなさい。

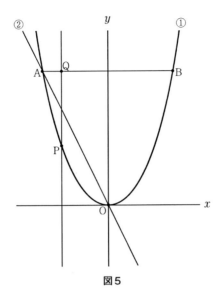

図5

(1) 点Bの座標を求めなさい。

(2) △PABの面積が24になるとき，点Pのx座標を求めなさい。

(3) QP＝QBのとき，直線PBの式を求めなさい。

(4) QP＝QBのとき，直線PBとy軸との交点をRとする。このとき，△PQRと△APBの面積比を，最も簡単な整数の比で表しなさい。

(5) QP＝QBのとき，線分AO上に点Sをとると，△AQSと△PQRの面積が等しくなった。このとき，点Sの座標を求めなさい。
     ただし，点Rは(4)で定めた点のことである。

(☆☆☆◎◎◎)

【4】次の各問いに答えなさい。

(1) 図6のような，AB＝AC＝6cmの直角二等辺三角形ABCがある。頂点Aを底辺BCの方向に，折り目が底辺BCと平行になるよう折り曲げ，その折り目となる線分をDEとする。なお，点Dは辺AB上，点Eは辺AC上の点とする。また，折り曲げた時に△ABCと重なった部分の面積をSとする。

このとき，以下の各問いに答えなさい。

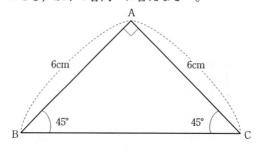

図6

① AD＝$x$cmとするとき，次の[（ア）]～[（ウ）]にあてはまる数や式を答えなさい。

0＜x≦[（ア）]のとき，S＝[（イ）]

[（ア）]＜x＜6のとき，S＝[（ウ）]

② S＝$\dfrac{9}{2}$のとき，xの値を求めなさい。

(2) 図7のような，底面が1辺6cmの正方形で高さが12cmの正四角柱がある。辺AB，BCの中点をそれぞれM，Nとする。この正四角柱を，3点M，N，Pを含む平面で2つに切るとき，以下の各問いに答えなさい。

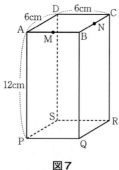

図7

① 切り口の図形を答えなさい。

② 切り口の図形の周の長さを求めなさい。

③ 頂点Bを含む立体の体積を求めなさい。

(☆☆☆◎◎◎)

18

【高等学校】

※問題に特に指示がない場合は，途中過程も含めて解答を記述しなさい。

【1】次の各問いに答えなさい。

(1) 次の文は，地方公務員法に規定される服務に関する条文である。①～⑥の中で，誤っているものをすべて選び，記号で答えなさい。

> ① すべて職員は，全体の奉仕者として児童・生徒の利益のために勤務し，且つ，職務の遂行に当つては，全力を挙げてこれに専念しなければならない。
>
> ② 職員は，その職務を遂行するに当つて，法令，条例，地方公共団体の規則及び地方公共団体の機関の定める規程に従い，且つ，校長の職務上の命令に忠実に従わなければならない。
>
> ③ 職員は，その職の信用を傷つけ，又は職員の職全体の不名誉となるような行為をしてはならない。
>
> ④ 職員は，職務上知り得た秘密を漏らしてはならない。その職を退いた後は，その限りではない。
>
> ⑤ 職員は，法律又は条例に特別の定がある場合を除く外，その勤務時間及び職務上の注意力のすべてをその職責遂行のために用い，当該地方公共団体がなすべき責を有する職務にのみ従事しなければならない。
>
> ⑥ 職員は，政党その他の政治的団体の結成に関与し，若しくはこれらの団体の役員となつてはならず，又はこれらの団体の構成員となるように，若しくはならないように勧誘運動をしてはならない。

(2) 次の文章は，令和3年1月に中央教育審議会で取りまとめられた「『令和の日本型学校教育』の構築を目指して～全ての子供たちの可能性を引き出す，個別最適な学びと，協働的な学びの実現～(答申)」における「第Ⅰ部 総論」の「3．2020年代を通じて実現すべき

『令和の日本型学校教育』の姿」に記載された内容の一部である。
（　①　）～（　③　）にあてはまる最も適切な語句を答えなさい。

第Ⅰ部　総論

> 3. 2020年代を通じて実現すべき「令和の日本型学校教育」
> の姿

---

(1)　子供の学び

○　新型コロナウイルス感染症の感染拡大による臨時休業の
長期化により，多様な子供一人一人が自立した学習者とし
て学び続けていけるようになっているか，という点が改め
て焦点化されたところであり，これからの学校教育におい
ては，子供が（　①　）も活用しながら自ら学習を調整しなが
ら学んでいくことができるよう，「個に応じた指導」を充実
することが必要である。この「個に応じた指導」の在り方
を，より具体的に示すと以下のとおりである。

○　全ての子供に基礎的・基本的な知識・技能を確実に習得
させ，思考力・判断力・表現力等や，自ら学習を調整しな
がら粘り強く学習に取り組む態度等を育成するためには，
教師が支援の必要な子供により重点的な指導を行うことな
どで効果的な指導を実現することや，子供一人一人の特性
や学習進度，学習到達度等に応じ，指導方法・教材や学習
時間等の柔軟な提供・設定を行うことなどの「指導の
（　②　）」が必要である。

○　基礎的・基本的な知識・技能等や，言語能力，情報活用
能力，問題発見・解決能力等の学習の基盤となる資質・能
力等を土台として，幼児期からの様々な場を通じての体験
活動から得た子供の興味・関心・キャリア形成の方向性等
に応じ，探究において課題の設定，情報の収集，整理・分
析，まとめ・表現を行う等，教師が子供一人一人に応じた
学習活動や学習課題に取り組む機会を提供することで，子

供自身が学習が最適となるよう調整する「学習の(③)」も必要である。

○ 以上の「指導の(②)」と「学習の(③)」を教師視点から整理した概念が「個に応じた指導」であり，この「個に応じた指導」を学習者視点から整理した概念が「個別最適な学び」である。

(3) 次の文1，文2は，「高等学校学習指導要領(平成30年3月告示)」の「第2章 第4節 数学」から抜粋したものである。次の(①)～(④)にあてはまる語句として最も適切なものを以下の【選択肢】の(ア)～(コ)から一つ選び，記号で答えなさい。

文1 (第1款「目標」から抜粋)

第1款 目標

(①)を働かせ，数学的活動を通して，数学的に考える資質・能力を次のとおり育成することを目指す。

(1)～(3) (省略)

文2 (第3款「各科目にわたる指導計画の作成と内容の取扱い」から抜粋)

3 各科目の指導に当たっては，数学を学習する意義などを実感できるよう工夫するとともに，次のような数学的活動に取り組むものとする。

(1) (②)などを数理的に捉え，数学的に表現・処理して問題を解決し，解決の過程や結果を振り返って考察する活動。

(2) (③)から自ら問題を見いだし解決して，解決の過程や結果を振り返って(④)考察する活動。

(3) (省略)

【選択肢】

(ア)　思考力・判断力・表現力等　　(イ)　事象を数学化する力

(ウ)　数学的な見方・考え方　　　　(エ)　基本的な概念や原理・法則

(オ)　数学の事象　　　　　　　　　(カ)　各科目の内容

(キ)　日常の事象や社会の事象　　　(ク)　統合的・発展的に

(ケ)　数学的論拠に基づいて　　　　(コ)　数学的な表現を用いて

(☆☆☆◎◎◎◎)

【2】次の各問いに答えなさい。ただし，解答は答えのみ記入しなさい。

(1)　次の(①)，(②)にあてはまる適切な数を答えなさい。

> 関数$y=\left(x+\dfrac{1}{x}\right)\left(x+\dfrac{9}{x}\right)$ $(x>0)$の最小値は(①)であり，そのときのxの値は$x=$(②)である。

(2)　関数$y=(k-1)x^2+(-2k+6)x+1$のグラフがx軸とただ1点を共有するような定数kの値をすべて求めなさい。

(3)　関数$y=-2x^2+4ax-7a+6$ $(0\leqq x\leqq 2)$の最大値が1となるような正の定数aの値をすべて求めなさい。

(4)　次の(①)，(②)にあてはまる適切なものを答えなさい。

> 不等式$\dfrac{1}{n+1}<\log_7 2\leqq\dfrac{1}{n}$を満たす自然数$n$は(①)である。さらに，$\log_7 2$の小数第1位の数字は(②)である。

(5)　次の(①)，(②)にあてはまる適切な式や数を答えなさい。

> 座標平面上に3点O(0, 0)，A_1(10, 0)，B_1(0, 5)がある。$n=$1, 2, 3, …に対し，点A_{n+1}を線分OA_nを1：2に内分する点，点B_{n+1}を線分OB_nの中点として定める。さらに$n=$1, 2, 3, …に対し，三角形OA_nB_nの面積をS_nとする。このとき，nを用いて$S_n=$(①)と表せる。さらに$\displaystyle\sum_{n=1}^{\infty}S_n=$(②)と求められる。

(6)　次の(①)にあてはまる適切な数を答えなさい。また，

(②)にあてはまる最も適切なものを以下の【選択肢】の(ア)〜(キ)から一つ選び，記号で答えなさい。ただし，正規分布表はあとに掲載している。

> 1個のさいころを450回投げて，2以下の目が出る回数をXとする。確率変数Xの標準偏差は(①)である。450は十分に大きいので確率変数Xは近似的に正規分布に従うとみなす。このとき，$140 \leq X \leq 170$となる確率は，正規分布表を用いておよそ(②)であると求められる。

【選択肢】

(ア) 0.32 　(イ) 0.42 　(ウ) 0.52 　(エ) 0.62 　(オ) 0.72

(カ) 0.82 　(キ) 0.92

正規分布表

次の表は，確率変数Zが標準正規分布$N(0, 1)$に従うとき，uの値に対して$0 \leq Z \leq u$となる確率の値を示したものである。

u	.00	.01	.02	.03	.04	.05	.06	.07	.08	.09
0.0	0.0000	0.0040	0.0080	0.0120	0.0160	0.0199	0.0239	0.0279	0.0319	0.0359
0.1	0.0398	0.0438	0.0478	0.0517	0.0557	0.0596	0.0636	0.0675	0.0714	0.0753
0.2	0.0793	0.0832	0.0871	0.0910	0.0948	0.0987	0.1026	0.1064	0.1103	0.1141
0.3	0.1179	0.1217	0.1255	0.1293	0.1331	0.1368	0.1406	0.1443	0.1480	0.1517
0.4	0.1554	0.1591	0.1628	0.1664	0.1700	0.1736	0.1772	0.1808	0.1844	0.1879
0.5	0.1915	0.1950	0.1985	0.2019	0.2054	0.2088	0.2123	0.2157	0.2190	0.2224
0.6	0.2257	0.2291	0.2324	0.2357	0.2389	0.2422	0.2454	0.2486	0.2517	0.2549
0.7	0.2580	0.2611	0.2642	0.2673	0.2704	0.2734	0.2764	0.2794	0.2823	0.2852
0.8	0.2881	0.2910	0.2939	0.2967	0.2995	0.3023	0.3051	0.3078	0.3106	0.3133
0.9	0.3159	0.3186	0.3212	0.3238	0.3264	0.3289	0.3315	0.3340	0.3365	0.3389
1.0	0.3413	0.3438	0.3461	0.3485	0.3508	0.3531	0.3554	0.3577	0.3599	0.3621
1.1	0.3643	0.3665	0.3686	0.3708	0.3729	0.3749	0.3770	0.3790	0.3810	0.3830
1.2	0.3849	0.3869	0.3888	0.3907	0.3925	0.3944	0.3962	0.3980	0.3997	0.4015
1.3	0.4032	0.4049	0.4066	0.4082	0.4099	0.4115	0.4131	0.4147	0.4162	0.4177
1.4	0.4192	0.4207	0.4222	0.4236	0.4251	0.4265	0.4279	0.4292	0.4306	0.4319
1.5	0.4332	0.4345	0.4357	0.4370	0.4382	0.4394	0.4406	0.4418	0.4429	0.4441
1.6	0.4452	0.4463	0.4474	0.4484	0.4495	0.4505	0.4515	0.4525	0.4535	0.4545
1.7	0.4554	0.4564	0.4573	0.4582	0.4591	0.4599	0.4608	0.4616	0.4625	0.4633
1.8	0.4641	0.4649	0.4656	0.4664	0.4671	0.4678	0.4686	0.4693	0.4699	0.4706
1.9	0.4713	0.4719	0.4726	0.4732	0.4738	0.4744	0.4750	0.4756	0.4761	0.4767
2.0	0.4772	0.4778	0.4783	0.4788	0.4793	0.4798	0.4803	0.4808	0.4812	0.4817
2.1	0.4821	0.4826	0.4830	0.4834	0.4838	0.4842	0.4846	0.4850	0.4854	0.4857
2.2	0.4861	0.4864	0.4868	0.4871	0.4875	0.4878	0.4881	0.4884	0.4887	0.4890
2.3	0.4893	0.4896	0.4898	0.4901	0.4904	0.4906	0.4909	0.4911	0.4913	0.4916
2.4	0.4918	0.4920	0.4922	0.4925	0.4927	0.4929	0.4931	0.4932	0.4934	0.4936
2.5	0.4938	0.4940	0.4941	0.4943	0.4945	0.4946	0.4948	0.4949	0.4951	0.4952

（☆☆☆◎◎◎）

【3】1個のさいころを4回続けて投げるとき，出た目の数の種類の数をXとする。例えば，出た目の数が順に1，2，6，2の場合，出た目の数は1，2，6の3種類なので$X=3$，出た目の数が順に5，3，3，5の場合，出た目の数は3，5の2種類なので$X=2$となる。Xの値がkである確率をP_k ($k=1$，2，3，4)とする。

　次の(①)～(④)にあてはまる適切な数を答えなさい。ただし，解答は答えのみ記入しなさい。

　まず，$P_1=$(①)，$P_4=$(②)である。さらに，$P_2=$(③)である。

　Xの期待値は(④)である。

(☆☆☆○○○)

【4】数学Ⅱのすべての内容および数学Cの「ベクトル」と「平面上の曲線と複素数平面」の内容の学習を終えた生徒たちに授業で次の【問題】を扱うことを考えた。ただし，数学Ⅱ，数学Cとは「高等学校学習指導要領(平成30年3月告示)」での数学科の科目を指す。

【問題】

　2つの複素数 $\alpha=4+8i$，$\beta=7+4i$ があり，複素数平面上に原点O，および2点A(α)，B(β)をとる。

　$\theta=\angle AOB$ ($0\leqq\theta\leqq\pi$)として，$\sin\theta$の値を求めよ。

　このとき，次の各問いに答えなさい。

(1)　【問題】の解答を，$\dfrac{\alpha}{\beta}$を計算してそれを利用するという方針により記述しなさい。

(2)　授業において，「この【問題】は複素数$z=x+yi$ (x，yは実数)に対して，複素数平面上の点zを座標平面上の点(x, y)とみなすことで，数学Ⅱの内容や「ベクトル」の内容を用いた解答も作ることができる。」となげかければ，生徒たちから様々な解答が発表されることが想定できる。

　　数学Ⅱの内容または数学Cの「ベクトル」の内容を用いた(1)とは

異なる方針の【問題】の解答を一つ記述しなさい。

(3) 【問題】の場面において，直線OAに関して点Bと対称な点をCとする。三角形OBCの外接円の半径を求めなさい。ただし，解答は答えのみ記入しなさい。

(☆☆☆◎◎)

【5】関数 $f(x)=\dfrac{8}{x^2+3}$ がある。このとき，次の各問いに答えなさい。

(1) 次の(①)～(④)にあてはまる適切な数式や座標を答えなさい。ただし，解答は答えのみ記入しなさい。

$f(x)$の導関数$f'(x)$および第2次導関数$f''(x)$は，$f'(x)=($ ① $)$，$f''(x)=($ ② $)$である。また，曲線$y=f(x)$ $(x\geqq0)$の変曲点Aの座標は(③)である。

さらに，この点Aにおける曲線$y=f(x)$の接線の方程式を$y=g(x)$と表すと，$g(x)=($ ④ $)$である。

(2) $\displaystyle\int_0^1 f(x)dx$を求めなさい。

(3) $g(x)$は(1)で求めたものとする。$\displaystyle\int_0^3 |f(x)-g(x)|dx$を求めなさい。

ただし，解答は答えのみ記入しなさい。

(☆☆☆◎◎◎)

解答・解説

【中学校】

【1】(1) ①，②，④ (2) ① ICT ② 個別化 ③ 個性化
(3) ① 見方・考え方 ② 数学化 ③ 的確 ④ 評価
(4) ① 数理的 ② 伝え合う

〈解説〉(1)　公立学校の教員には地方公務員法が適用され，同法第6節で
その服務について定められている。①　同法第30条「すべて職員は，
全体の奉仕者として公共の利益のために勤務し，且つ，職務の遂行に
当つては，全力を挙げてこれに専念しなければならない」，②　同法
第32条「職員は，その職務を遂行するに当つて，法令，条例，地方公
共団体の規則及び地方公共団体の機関の定める規程に従い，且つ，上
司の職務上の命令に忠実に従わなければならない」，④　同法第34条
第1項「職員は，職務上知り得た秘密を漏らしてはならない。その職
を退いた後も，また，同様とする」とされている。　(2)　「『令和の日
本型学校教育』の構築を目指して～全ての子供たちの可能性を引き出
す，個別最適な学びと，協働的な学びの実現～(答申)」は，中央教育
審議会が2021年1月26日答申したもので，「各学校においては，教科等
の特質に応じ，地域・学校や児童生徒の実情を踏まえながら，授業の
中で『個別最適な学び』の成果を『協働的な学び』に生かし，更にそ
の成果を『個別最適な学び』に還元するなど，『個別最適な学び』と
「協働的な学び」を一体的に充実し，『主体的・対話的で深い学び』の
実現に向けた授業改善につなげていくことが必要である」としている。
『個別最適な学び』では，新型コロナウイルス感染症の感染拡大に伴
う臨時休暇の長期化を受け，学校教育でのICTの活用を踏まえ，児童
生徒一人一人の学習進度，学習到達度等に応じた「指導の個別化」と
個々の児童生徒の興味・関心等に応じた学習活動を行う「学習の個性
化」が必要であることを示している。　(3)　学習指導要領の各教科の
目標は，それぞれの教科の「見方・考え方」を働かせて，「知識及び
技能」，「思考力，判断力，表現力等」，「学びに向かう力，人間性等」
の3つの柱の資質・能力を育成することである。　(4)　学習指導要領
における数学的活動とは，「事象を数理的に捉え，数学の問題を見い
だし，問題を自立的，協働的に解決する過程を遂行すること」であり，
「日常の事象や社会の事象から問題を見いだし解決する活動」，「数学
の事象から問題を見いだし解決する活動」，「数学的な表現を用いて説
明し伝え合う活動」の3つを数学的活動の内容として提示している。

【2】(1) $x=-\dfrac{1}{3}$, 1　　(2) $(x-2)(x+2)(x^2+5)$　　(3) 最大公約数…4
最小公倍数…1260　　(4) ① ○　　② 8　　③ $\pm\sqrt{7}$
④ -3　　(5) 75〔%〕　　(6) -4　　(7) $-1\leqq a\leqq 2$
(8) △ABD＝△ABE, △ADE＝△BDE, △AFE＝△BFD, △ADC＝△
BEC　　(9) 90π〔cm²〕　　(10) 直角二等辺三角形　　(11) $\dfrac{53}{54}$
(12) ①

② ・那覇市の方が，鳥取市より箱が全体的に右に寄っており，中央
値(第2四分位数)も大きいため，雨が降りやすいと考えられる。
・両市とも範囲は同じであるが，鳥取市の方が，四分位範囲が大きい
ため，ばらつきがある。

(13)

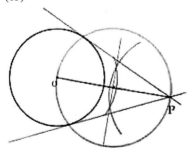

(14) △QCDと△PRDで，長方形ABCDより，
CD＝RD　…①，∠QCD＝∠PRD＝90°…②
また，∠CDP＝∠CDQ＋∠QDP＝90°　…③，∠RDQ＝∠RDP＋
∠QDP＝90°…④
③，④より，∠CDQ＝∠RDP　…⑤

①, ②, ⑤より, 1組の辺とその両端の角がそれぞれ等しいので, △QCD≡△PRD

よって, QD＝PD

〈解説〉(1) $(3x+1)(x-1)=0$ より, $x=-\dfrac{1}{3}$, 1

(2) (与式)$=(x^2-4)(x^2+5)=(x+2)(x-2)(x^2+5)$

(3) $28=2^2\times7$, $84=2^2\times3\times7$, $180=2^2\times3^2\times5$ より, 最大公約数$2^2=4$, 最小公倍数$2^2\times3^2\times5\times7=1260$

(4) ① $\sqrt{4}+\sqrt{4}=2+2=4$ で正しい。　② $\sqrt{64}=8$
③ 7の平方根は$\pm\sqrt{7}$　④ $-\sqrt{(-3)^2}=-\sqrt{9}=-3$

(5) 横の長さ$50a$〔cm〕を30％短くすると, $50a\times(1-0.3)=35a$〔cm〕したがって, 縦の長さを$35a$〔cm〕にすればよいので, $20a\times x=35a$より, $x=\dfrac{35a}{20a}=1.75$

よって, 75％長くすればよい。

(6) 直線の傾きは, $\dfrac{y\text{の増加量}}{x\text{の増加量}}$ で表すことができるので(yの増加量)$=-\dfrac{2}{3}\times6=-4$

(7) $y=2$のとき, $2=x^2-4x+6$

$x^2-4x+4=0$

$(x-2)^2=0$

$x=2$

よって, 頂点が(2, 2)と分かる。

次に, $y=11$のとき, $11=x^2-4x+6$

$x^2-4x-5=0$

$(x-5)(x+1)=0$

$x=-1$, 5

したがって, $-1\leqq a\leqq2$

(8) 辺ABを底辺とみて△ABD＝△ABE, 辺DEを底辺とみて△ADE＝△BDE…②, ②から同一の△DEFを除くので△AFE＝△BFD, ②に同一の△DCEを加えるので△ADC＝△BEC

(9) 円錐の母線(側面の扇形の半径)は, $\sqrt{5^2+12^2}=13$〔cm〕

よって円錐の表面積は，$25\pi + 169\pi \times \dfrac{5}{13} = 25\pi + 65\pi = 90\pi$ 〔cm²〕

(10) $AB = \sqrt{(1+3)^2 + (4+2)^2} = \sqrt{16+36} = \sqrt{52}$

$BC = \sqrt{(-3-2)^2 + (-2+1)^2} = \sqrt{25+1} = \sqrt{26}$

$CA = \sqrt{(2-1)^2 + (-1-4)^2} = \sqrt{1+25} = \sqrt{26}$

したがって，$BC = CA$ かつ $AB^2 = BC^2 + CA^2$ なので，$\angle ACB = 90°$ と分かる。

よって，$\angle C = 90°$ の直角二等辺三角形

(11) 余事象として出る目の和が4以下になる確率を考える。

和が4となるのは，$\{1, 1, 2\}$ の組み合わせなので3通り

和が3となるのは，$\{1, 1, 1\}$ の組み合わせなので1通り

したがって，4以下となるのは $3+1 = 4$ 〔通り〕なので余事象の確率は，$\dfrac{4}{216} = \dfrac{1}{54}$

よって，求める確率は $1 - \dfrac{1}{54} = \dfrac{53}{54}$

(12) ① データを小さい順に並べると，6，7，9，9，11，11，11，14，14，18，18，21

中央値は11，第1四分位数は9，第3四分位数は $\dfrac{14+18}{2} = 16$ である。

② 箱ひげ図は視覚的に中央値，四分位範囲，最大値・最小値を比較することができる。

(13) 線分OPとその垂直二等分線との交点を中心とした直径OPの円と円Oの2つの交点と点Pを結んだ2つの線分が接線となる。

(14) 解答参照。

【3】(1) B(6, 12)　　(2) $\pm 2\sqrt{6}$　　(3) $y = x + 6$　　(4) $1:4$

(5) $S\left(-\dfrac{3}{2},\ 3\right)$

〈解説〉(1) $\dfrac{1}{3}x^2 = -2x$

$x^2 + 6x = 0$

$x(x+6) = 0$

$x=0,\ -6$

よって，A$(-6,\ 12)$

点Bは点Aとy軸に関して対称なので，B$(6,\ 12)$

(2)　AB＝12より，△ABPの高さ(線分PQ)をhとすると，$\frac{1}{2}\times12\times h=$ 24より，$h=4$

つまりPQ＝4より，Pのy座標は$12-4=8$

したがって，$8=\frac{1}{3}x^2$を解いて，$x=\pm2\sqrt{6}$

(3)　QP＝QBなので，△PBQは直角二等辺三角形となり直線PBの傾き は$\frac{\mathrm{QP}}{\mathrm{QB}}=1$

したがって，直線PBの式は，$y-12=1(x-6)$

$y=x+6$

(4)　$\frac{1}{3}x^2=x+6$

$x^2-3x-18=0$

$(x-6)(x+3)=0$

$x=-3,\ 6$

点P≠点Bなので，点Pのx座標は-3

したがって，AQ＝3，QB＝$12-3=9$となるので，

△APQ：△BPQ＝3：9＝1：3，PR：RB＝3：6＝1：2より，

△PQR：△QRB＝1：2

したがって，△PQR：△APB＝1：4

(5)　(4)より，△APQ：△PQR＝1：1と分かるので，点Sは点Pを通る AQとの平行な直線である$y=3$上にある。直線$y=-2x$との交点がSなの で，$-2x=3$より，$x=-\frac{3}{2}$

したがって，S$\left(-\frac{3}{2},\ 3\right)$

【４】(1)　①　(ア)　3　　(イ)　$\frac{1}{2}x^2$　　(ウ)　$-\frac{3}{2}x^2+12x-18$

②　$x=3,\ 5$　　(2)　①　等脚台形　　②　$9\sqrt{2}+6\sqrt{17}$〔cm〕

③　126〔cm³〕

〈解説〉(1) ① 点Aを折り曲げたあとの点をA′とする。

$0<x≦3$ のときは，点A′は辺BCを超えないので，$S=△A′DE=\dfrac{1}{2}×x×$

$x=\dfrac{1}{2}x^2$ 〔cm²〕

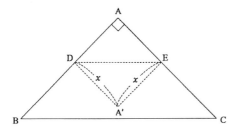

$3<x<6$ のときは，点A′は辺BCを超える。

このとき，線分A′D，A′Eと辺BCの交点をそれぞれF，Gとすると，求める面積Sは台形DFGEの面積となる。したがって，$S=△DA′E-$ $△FA′G$で求められる。

A′D＝A′E＝x，BD＝CE＝DF＝GE＝$6-x$と表せるので，

FA′＝A′G＝$x-(6-x)=2x-6$となる。

よって，$S=\dfrac{1}{2}x^2-\dfrac{1}{2}(2x-6)^2=-\dfrac{3}{2}x^2+12x-18$

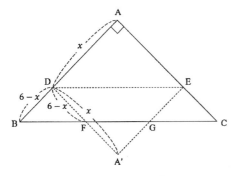

② $0<x≦3$ のとき，$\dfrac{1}{2}x^2=\dfrac{9}{2}$

$x^2=3$

$x=3$ $(∵\ 0<x≦3)$

$3 < x < 6$ のとき，$-\dfrac{3}{2}x^2 + 12x - 18 = \dfrac{9}{2}$

$x^2 - 8x + 15 = 0$

$(x-3)(x-5) = 0$

$x = 5$　（∵　$3 < x < 6$）

(2)　①　切り口は図のような等脚台形MPRNとなる。

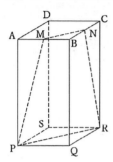

②　$MP = NR = \sqrt{AP^2 + AM^2} = \sqrt{12^2 + 3^2} = \sqrt{153} = 3\sqrt{17}$

$MN = \sqrt{MB^2 + NB^2} = \sqrt{3^2 + 3^2} = 3\sqrt{2}$

$PR = \sqrt{PQ^2 + QP^2} = \sqrt{6^2 + 6^2} = 6\sqrt{2}$

よって，周の長さは，$3\sqrt{17} + 3\sqrt{17} + 3\sqrt{2} + 6\sqrt{2} = 6\sqrt{17} + 9\sqrt{2}$

③　直線PM，QB，RNの交点をTとする。

このとき，三角錐TPQR∽三角錐TMBNで相似比はPQ：MBより，2：1

TB＝12〔cm〕なので，

三角錐TPQRの体積は，$\dfrac{1}{3} \times \triangle PQR \times TQ = \dfrac{1}{3} \times \dfrac{1}{2} \times 6 \times 6 \times 24 = 144$であり，

三角錐TMBNの体積は，$\dfrac{1}{3} \times \triangle MBN \times TB = \dfrac{1}{3} \times \dfrac{1}{2} \times 3 \times 3 \times 12 = 18$である。

したがって，求める立体の体積は$144 - 18 = 126$〔cm³〕

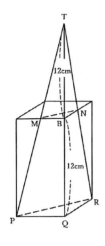

【高等学校】

【1】(1)　①，②，④　(2)　①　ICT　　②　個別化　　③　個性化
(3)　①　(ウ)　　②　(キ)　　③　(オ)　　④　(ク)

〈解説〉(1)　公立学校の教員には地方公務員法が適用され，同法第6節で
その服務について定められている。①　同法第30条「すべて職員は，
全体の奉仕者として公共の利益のために勤務し，且つ，職務の遂行に
当つては，全力を挙げてこれに専念しなければならない」，②　同法
第32条「職員は，その職務を遂行するに当つて，法令，条例，地方公
共団体の規則及び地方公共団体の機関の定める規程に従い，且つ，上
司の職務上の命令に忠実に従わなければならない」，④　同法第34条
第1項「職員は，職務上知り得た秘密を漏らしてはならない。その職
を退いた後も，また，同様とする」とされている。　(2)「『令和の日
本型学校教育』の構築を目指して〜全ての子供たちの可能性を引き出
す，個別最適な学びと，協働的な学びの実現〜(答申)」は，中央教育
審議会が2021年1月26日答申したもので，「各学校においては，教科等
の特質に応じ，地域・学校や児童生徒の実情を踏まえながら，授業の
中で『個別最適な学び』の成果を『協働的な学び』に生かし，更にそ
の成果を『個別最適な学び』に還元するなど，『個別最適な学び』と

「協働的な学び」を一体的に充実し，『主体的・対話的で深い学び』の実現に向けた授業改善につなげていくことが必要である」としている。『個別最適な学び』では，新型コロナウイルス感染症の感染拡大に伴う臨時休暇の長期化を受け，学校教育でのICTの活用を踏まえ，児童生徒一人一人の学習進度，学習到達度等に応じた「指導の個別化」と個々の児童生徒の興味・関心等に応じた学習活動を行う「学習の個性化」が必要であることを示している。　(3)　学習指導要領の各教科の目標は，それぞれの教科の「見方・考え方」を働かせて，「知識及び技能」，「思考力，判断力，表現力等」，「学びに向かう力，人間性等」の3つの柱の資質・能力を育成することである。学習指導要領における数学的活動とは，「事象を数理的に捉え，数学の問題を見いだし，問題を自立的，協働的に解決する過程を遂行すること」であり，「日常の事象や社会の事象から問題を見いだし解決する活動」，「数学の事象から問題を見いだし解決する活動」，「数学的な表現を用いて説明し伝え合う活動」の3つを数学的活動の内容として提示している。「数学の事象から問題を見いだし解決する活動」では，問題解決の結果だけではなく，過程や解決の結果を統合的・発展的に考察することも重要である。

【2】(1)　①　16　　②　$\sqrt{3}$　　(2)　$k=1, 2, 5$　　(3)　$a=1, 3$

(4)　①　2　　②　3　　(5)　①　$25 \cdot \left(\frac{1}{6}\right)^{n-1}$　　②　30

(6)　①　10　　②　(カ)

〈解説〉(1)　$y=x^2+\dfrac{9}{x^2}+10$となるので，相加・相乗平均の関係により，

$$x^2+\frac{9}{x^2} \geqq 2\sqrt{x^2 \times \frac{9}{x^2}}=6$$

したがって，最小値は$y \geqq 6+10=16$

等号成立は$x^2=\dfrac{9}{x^2}$のときなので，$x^4=9$であり，$x>0$より，$x=\sqrt{3}$

(2)　$k=1$のとき，関数は1次関数で傾きが4となるのでx軸とただ1点を共有する。

$k\neq1$のとき，関数は2次関数でx軸とただ1点を共有する場合，判別式 $D=0$なので，

$$\frac{D}{4}=(k-3)^2-(k-1)=0$$

$$k^2-7k+10=0$$

$$(k-2)(k-5)=0$$

$$k=2,\ 5$$

以上より，$k=1,\ 2,\ 5$

(3)　$y=-2(x-a)^2+2a^2-7a+6$より，　軸は$x=a$

(i)　$a<0$のとき，$x=0$で最大値$-7a+6=1$

よって，$a=\dfrac{5}{7}$であるが条件に合わないので不適。

(ii)　$0\leqq a<2$のとき，$x=a$で最大値$2a^2-7a+6=1$

$$2a^2-7a+5=0$$

$$(2a-5)(a-1)=0$$

$$a=1,\ \frac{5}{2}\quad 条件より，\ a=1$$

(iii)　$2\leqq a$のとき，$x=2$で最大値$-8+8a-7a+6=1$より，$a=3$

以上より，$a=1,\ 3$

(4)　$\log_7 2=\dfrac{1}{\log_2 7}$より，　$\dfrac{1}{\log_2 8}<\dfrac{1}{\log_2 7}<\dfrac{1}{\log_2 4}$

$$\frac{1}{\log_2 2^3}<\frac{1}{\log_2 7}<\frac{1}{\log_2 2^2}$$

$$\frac{1}{3}<\frac{1}{\log_2 7}<\frac{1}{2}より，\ n=2$$

したがって，$0.3<\log_7 2<0.5$

また，$2^{2.5}=2^{\frac{5}{2}}=\sqrt{32}<\sqrt{49}=7$なので，

$$\frac{1}{\log_2 2^3}<\frac{1}{\log_2 7}<\frac{1}{\log_2 2^{2.5}}$$

$$\frac{1}{3}<\frac{1}{\log_2 7}<\frac{1}{2.5}$$

$$\frac{1}{3}<\frac{1}{\log_2 7}<\frac{2}{5}$$

つまり，$0.3 < \log_7 2 < 0.4$と分かるので小数第1位の数は3

(5)　A_nの座標を$(a_n,\ 0)$とする。A_{n+1}のx座標a_{n+1}は$a_{n+1} = \dfrac{2 \times 0 + 1 \times a_n}{1+2}$

$= \dfrac{1}{3} a_n$

したがって，数列$\{a_n\}$は初項10，公比$\dfrac{1}{3}$の等比数列より，

$a_n = 10 \cdot \left(\dfrac{1}{3}\right)^{n-1}$

B_nの座標を$(0,\ b_n)$とする。B_{n+1}のx座標b_{n+1}は$b_{n+1} = \dfrac{b_n + 0}{2} = \dfrac{1}{2} b_n$

したがって，数列$\{b_n\}$は初項5，公比$\dfrac{1}{2}$の等比数列より，

$b_n = 5 \cdot \left(\dfrac{1}{2}\right)^{n-1}$

よって，$S_n = \dfrac{1}{2} \times 10 \cdot \left(\dfrac{1}{3}\right)^{n-1} \times 5 \cdot \left(\dfrac{1}{2}\right)^{n-1} = 25 \cdot \left(\dfrac{1}{6}\right)^{n-1}$

$\displaystyle\sum_{n=1}^{\infty} S_n = \sum_{n=1}^{\infty} 25 \cdot \left(\dfrac{1}{6}\right)^{n-1} = \dfrac{25}{1 - \dfrac{1}{6}} = 30$

(6)　二項分布の標準偏差の公式より，分散$V(X)$の平方根の値であるため，

標準偏差 $\sigma(X) = \sqrt{V(X)} = \sqrt{450 \times \dfrac{1}{3} \times \dfrac{2}{3}} = \sqrt{100} = 10$

$Z = \dfrac{X - 150}{10}$より，

$P(140 \leqq X \leqq 170) = P(-1 \leqq Z \leqq 2) = 0.4772 + 0.3413 \fallingdotseq 0.82$

【3】 ① $\dfrac{1}{216}$　② $\dfrac{5}{18}$　③ $\dfrac{35}{216}$　④ $\dfrac{671}{216}$

〈解説〉① P_1は4個とも同じ目がでるので，$P_1 = \dfrac{6}{6^4} = \dfrac{1}{216}$

② P_4は4個とも異なる目が出るので，$P_4 = \dfrac{{}_6P_4}{6^4} = \dfrac{5}{18}$

③ P_2は$\{AABB\}$，$\{AAAB\}$の2つの場合がある。

$\{AABB\}$の場合は$\dfrac{{}_6P_2 \times \dfrac{4!}{2!2!}}{6^4} = \dfrac{15}{216}$，　$\{AAAB\}$の場合は$2 \times \dfrac{{}_6C_2 \times \dfrac{4!}{3!}}{6^4}$

$= \dfrac{20}{216}$

よって，$P_2=\dfrac{15}{216}+\dfrac{20}{216}=\dfrac{35}{216}$

④ P_3はP_1，P_2，P_4の余事象なので，$P_3=1-\left(\dfrac{1}{216}+\dfrac{35}{216}+\dfrac{5}{18}\right)=$

$1-\dfrac{1+35+60}{216}=\dfrac{120}{216}$

したがって，Xの期待値は，

$1\times\dfrac{1}{216}+2\times\dfrac{35}{216}+3\times\dfrac{120}{216}+4\times\dfrac{60}{216}=\dfrac{1}{216}+\dfrac{70}{216}+\dfrac{360}{216}+\dfrac{240}{216}=\dfrac{671}{216}$

【4】 (1) $\dfrac{\alpha}{\beta}=\dfrac{4+8i}{7+4i}=\dfrac{(4+8i)(7-4i)}{(7+4i)(7-4i)}=\dfrac{12+8i}{13}$

$\left|\dfrac{\alpha}{\beta}\right|=\sqrt{\left(\dfrac{12}{13}\right)^2+\left(\dfrac{8}{13}\right)^2}=\dfrac{4\sqrt{13}}{13}$

よって，$\dfrac{\alpha}{\beta}$を極形式で表すと，$\cos\theta'=\dfrac{3}{\sqrt{13}}$，$\sin\theta'=\dfrac{2}{\sqrt{13}}$ $\left(0<\theta'<\dfrac{\pi}{2}\right)$

として

$\dfrac{\alpha}{\beta}=\dfrac{4\sqrt{13}}{13}\left(\dfrac{3}{\sqrt{13}}+\dfrac{2}{\sqrt{13}}i\right)=\dfrac{4\sqrt{13}}{13}(\cos\theta'+i\sin\theta')$

である。したがって，点Aは点Bを点Oを中心にθ'回転してOからの距

離を$\dfrac{4\sqrt{13}}{13}$倍した点であり，これより$\theta=\theta'$である。

ゆえにθについて，$\cos\theta=\dfrac{3}{\sqrt{13}}$，$\sin\theta=\dfrac{2}{\sqrt{13}}$

(答) $\sin\theta=\dfrac{2\sqrt{13}}{13}$

(2) (解答例1)

O(0, 0), A(4, 8), B(7, 4)とみなせる。

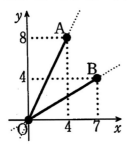

$$\cos\theta=\frac{\overrightarrow{OA}\cdot\overrightarrow{OB}}{|\overrightarrow{OA}||\overrightarrow{OB}|}=\frac{4\times7+8\times4}{\sqrt{4^2+8^2}\sqrt{7^2+4^2}}=\frac{3}{\sqrt{13}}$$

$0\leqq\theta\leqq\pi$ において $\sin\theta\geqq0$ であるから，

$$\sin\theta=\sqrt{1-\cos^2\theta}=\sqrt{1-\left(\frac{3}{\sqrt{13}}\right)^2}=\frac{2\sqrt{13}}{13}\quad\cdots(答)$$

(解答例2)

O(0, 0)，A(4, 8)，B(7, 4)とみなせる。

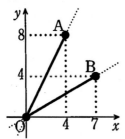

直線OA，直線OBとx軸の正の向きとのなす角をそれぞれ α，β とおく

と，$\tan\alpha=\dfrac{8}{4}=2$，$\tan\beta=\dfrac{4}{7}$

したがって，$\tan\theta=\tan(\alpha-\beta)=\dfrac{\tan\alpha-\tan\beta}{1+\tan\alpha\tan\beta}=\dfrac{2}{3}$

$0\leqq\theta\leqq\pi$，$\tan\theta>0$ であるから，$0<\theta<\dfrac{\pi}{2}$ で，$\cos\theta>0$

$\cos^2\theta=\dfrac{1}{1+\tan^2\theta}=\dfrac{9}{13}$ より，$\cos\theta=\dfrac{3}{\sqrt{13}}$

$\sin\theta=\cos\theta\tan\theta=\dfrac{3}{\sqrt{13}}\cdot\dfrac{2}{3}=\dfrac{2\sqrt{13}}{13}\quad\cdots(答)$

(3)　$\dfrac{13\sqrt{5}}{6}$

〈解説〉(1)　解答参照。　(2)　解答参照。

(3)　$\angle BOC=2\theta$ より，$\sin2\theta=2\sin\theta\cos\theta=2\times\dfrac{2}{\sqrt{13}}\times\dfrac{3}{\sqrt{13}}=\dfrac{12}{13}$

$\cos2\theta=\cos^2\theta-\sin^2\theta=\left(\dfrac{3}{\sqrt{13}}\right)^2-\left(\dfrac{2}{\sqrt{13}}\right)^2=\dfrac{5}{13}$

$OB = OC = \sqrt{65}$ より，余弦定理から $BC^2 = \sqrt{65}^2 + \sqrt{65}^2 - 2\sqrt{65} \times \sqrt{65} \times \frac{5}{13} = 65 + 65 - 50 = 80$ よって，$BC = 4\sqrt{5}$

正弦定理より外接円の半径をRとすると，$2R = \frac{BC}{\sin 2\theta} = \frac{4\sqrt{5}}{\frac{12}{13}} = \frac{13\sqrt{5}}{3}$ よって，$R = \frac{13\sqrt{5}}{6}$

【5】(1) ① $\dfrac{-16x}{(x^2+3)^2}$ ② $\dfrac{48(x-1)(x+1)}{(x^2+3)^3}$ ③ $(1, 2)$

④ $-x+3$

(2) $x = \sqrt{3}\tan\theta$ とおく。$\dfrac{dx}{d\theta} = \dfrac{\sqrt{3}}{\cos^2\theta}$ である。

xとθとの対応は

x	0	→	1
θ	0	→	$\frac{\pi}{6}$

したがって，

$$\int_0^1 f(x)dx = \int_0^{\frac{\pi}{6}} \frac{8}{3\tan^2\theta+3} \cdot \frac{\sqrt{3}}{\cos^2\theta} d\theta$$

$$= \int_0^{\frac{\pi}{6}} \frac{8\sqrt{3}}{3} \cdot \cos^2\theta \cdot \frac{1}{\cos^2\theta} d\theta$$

$$= \int_0^{\frac{\pi}{6}} \frac{8\sqrt{3}}{3} d\theta = \left[\frac{8\sqrt{3}}{3}\theta \right]_0^{\frac{\pi}{6}}$$

$$= \frac{4\sqrt{3}}{9}\pi \quad \cdots (答)$$

(3) $\dfrac{1}{2}$

〈解説〉(1) ① $f'(x) = \dfrac{0 - 8 \times 2x}{(x^2+3)^2} = -\dfrac{16x}{(x^2+3)^2}$

② $f''(x) = \dfrac{-16(x^2+3)^2 + 16x \times 2(x^2+3) \times 2x}{(x^2+3)^4}$

$$= \frac{-16(x^2+3)^2 + 64x^2(x^2+3)}{(x^2+3)^4} = \frac{(x^2+3)(48x^2-48)}{(x^2+3)^4}$$

$$= \frac{48(x^2-1)}{(x^2+3)^3} = \frac{48(x+1)(x-1)}{(x^2+3)^3}$$

③ $f''(x) = 0$ より，$x = -1, 1$

ここで求める変曲点Aのx座標は$x \geqq 0$なので$x=1$

よって，A(1, 2)

④　$y-2=f'(1)(x-1)$ より，$y-2=-\dfrac{16}{16}(x-1)$

よって，$y=-x+3$　つまり，$g(x)=-x+3$

(2)　解答参照。

(3)　$\displaystyle\int_0^3 |f(x)-g(x)|\,dx = \int_0^3 \left| \dfrac{8}{x^2+3} - (-x+3) \right| dx$

(2)より$\displaystyle\int_0^1 f(x)\,dx = \dfrac{4\sqrt{3}}{9}\pi$ なので，

$\displaystyle = \int_0^1 \left\{ -\dfrac{8}{x^2+3} + (-x+3) \right\} dx + \int_1^3 \left\{ \dfrac{8}{x^2+3} - (-x+3) \right\} dx$

$\displaystyle = -\dfrac{4\sqrt{3}}{9}\pi + \left[-\dfrac{1}{2}x^2 + 3x \right]_0^1 + \dfrac{8\sqrt{3}}{3} \left[\theta \right]_{\frac{\pi}{6}}^{\frac{\pi}{3}} - \left[-\dfrac{1}{2}x^2 + 3x \right]_1^3$

$\displaystyle = -\dfrac{4\sqrt{3}}{9}\pi - \dfrac{1}{2} + 3 + \dfrac{8\sqrt{3}}{3}\left(\dfrac{\pi}{3} - \dfrac{\pi}{6} \right) - \left(-\dfrac{9}{2} + 9 + \dfrac{1}{2} - 3 \right)$

$\displaystyle = -\dfrac{4\sqrt{3}}{9}\pi + \dfrac{5}{2} + \dfrac{4\sqrt{3}}{9}\pi - 2 = \dfrac{1}{2}$

2023年度　実施問題

【中学校】

【解答の表記の方法について】

　　分数で表記する場合は，約分ができる場合は必ず約分をすること。

　　根号を使う場合は，根号の中をできるだけ簡単な数で表すこと。また，分母を有理化すること。

　　円周率は π とする。

【1】次の各問いに答えなさい。

(1)　次の文は，教育基本法第2条の条文である。条文中の(①)～(④)にあてはまる語句の組み合わせとして最も適切なものを，以下の(ア)～(カ)から一つ選び，記号で答えなさい。

> 第2条　教育は，その目的を実現するため，(①)を尊重しつつ，次に掲げる目標を達成するよう行われるものとする。
>
> 一　幅広い知識と教養を身に付け，真理を求める態度を養い，豊かな情操と(②)を培うとともに，健やかな身体を養うこと。
>
> 二　個人の価値を尊重して，その能力を伸ばし，(③)を培い，自主及び自律の精神を養うとともに，職業及び生活との関連を重視し，勤労を重んずる態度を養うこと。
>
> 三　正義と責任，男女の平等，自他の敬愛と協力を重んずるとともに，公共の精神に基づき，主体的に社会の形成に参画し，その発展に寄与する態度を養うこと。
>
> 四　生命を尊び，自然を大切にし，環境の保全に寄与する態度を養うこと。
>
> 五　伝統と文化を尊重し，それらをはぐくんできた我が国と郷土を愛するとともに，他国を尊重し，(④)の平和

> と発展に寄与する態度を養うこと。

	①	②	③	④
(ア)	学問の自由	道徳心	創造性	自国
(イ)	表現の自由	道徳心	社会性	自国
(ウ)	学問の自由	道徳心	創造性	国際社会
(エ)	表現の自由	奉仕の心	社会性	国際社会
(オ)	学問の自由	奉仕の心	社会性	自国
(カ)	表現の自由	奉仕の心	創造性	国際社会

(2) 次の文章は，令和元年10月25日付けの文部科学省初等中等教育局長通知である「不登校児童生徒への支援の在り方について」の一部である。(　①　)・(　②　)にあてはまる最も適切な語句を答えなさい。なお，同じ番号の(　　)には，同じ語句が入るものとする。

1　不登校児童生徒への支援に対する基本的な考え方
　(1)　支援の視点
　　　不登校児童生徒への支援は，「学校に登校する」という結果のみを目標にするのではなく，児童生徒が自らの進路を主体的に捉えて，(　①　)的に自立することを目指す必要があること。また，児童生徒によっては，不登校の時期が休養や自分を見つめ直す等の(　②　)的な意味を持つことがある一方で，学業の遅れや進路選択上の不利益や(　①　)的自立へのリスクが存在することに留意すること。

---

(3) 次の文章は，中学校学習指導要領(平成29年3月告示)第2章　第3節　数学の第1目標　で示されたものである。文中の空欄(　①　)〜(　③　)にあてはまる最も適切な語句を答えなさい。

42

　　数学的な見方・考え方を働かせ，数学的活動を通して，数学的に考える資質・能力を次のとおり育成することを目指す。

(1)　数量や図形などについての基礎的な概念や原理・法則などを理解するとともに，事象を数学化したり，数学的に解釈したり，数学的に表現・処理したりする(　①　)を身に付けるようにする。

(2)　数学を活用して事象を論理的に考察する力，数量や図形などの性質を見いだし統合的・発展的に考察する力，数学的な表現を用いて事象を(　②　)・明瞭・的確に表現する力を養う。

(3)　数学的活動の楽しさや(　③　)を実感して粘り強く考え，数学を生活や学習に生かそうとする態度，問題解決の過程を振り返って評価・改善しようとする態度を養う。

(4)　次の文章は，中学校学習指導要領(平成29年3月告示)第2章　第3節　数学の第2学年　内容　に記載されている〔D　データの活用〕の一部である。文中の空欄(　①　)・(　②　)にあてはまる最も適切な語句を答えなさい。

　D　データの活用

　(1)　データの分布について，数学的活動を通して，次の事項を身に付けることができるよう指導する。

　　ア　次のような知識及び技能を身に付けること。

　　(ア)　(　①　)や箱ひげ図の必要性と意味を理解すること。

　　(イ)　コンピュータなどの情報手段を用いるなどしてデータを整理し箱ひげ図で表すこと。

　　イ　次のような思考力，判断力，表現力等を身に付けること。

　　(ア)　(　①　)や箱ひげ図を用いてデータの分布の傾向

を比較して読み取り，(　②　)に考察し判断すること。

(5)　次の文章は，中学校学習指導要領(平成29年3月告示)第2章　第3節　数学の第3学年　内容　について一部を抜き出したものである。次の(ア)～(キ)の中から第3学年の内容として正しいものをすべて選び，記号で答えなさい。

(ア)　平行線と線分の比についての性質を見いだし，それらを確かめること。

(イ)　二元一次方程式とその解の意味を理解すること。

(ウ)　いろいろな事象の中に，関数関係があることを理解すること。

(エ)　多数回の試行によって得られる確率と関連付けて，場合の数を基にして得られる確率の必要性と意味を理解すること。

(オ)　コンピュータなどの情報手段を用いるなどして無作為に標本を取り出し，整理すること。

(カ)　円周角と中心角の関係の意味を理解し，それが証明できることを知ること。

(キ)　関数関係の意味を理解すること。

(☆☆☆☆◎◎)

【2】次の各問いに答えなさい。

(1)　式 $\dfrac{5}{3+\sqrt{2}}-\dfrac{2}{\sqrt{2}-1}$ について，分母を有理化して計算しなさい。

(2)　次の連立不等式を解きなさい。

$$\begin{cases} \dfrac{1}{6}x+2>-\dfrac{1}{3}x+\dfrac{7}{4} \\ -\dfrac{5}{2}x+4>-2x+\dfrac{3}{2} \end{cases}$$

(3)　n を整数とするとき，$-5<\sqrt{5n}<5$ となるような n の値はいくつあるか，求めなさい。

(4)　$xyz-xy+yz+zx-x-y+z-1$ を因数分解しなさい。

44

(5) 点$\left(-3, \frac{1}{2}\right)$と直線$3x+4y-5=0$の距離を求めなさい。

(6) 二次関数$y=x^2-8x+a$ $(-2\leqq x\leqq 6)$の最大値が27のとき，最小値を求めなさい。

(7) 次の図1で，$\angle x$の大きさを求めなさい。

図1

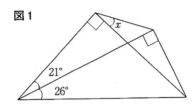

(8) 次の図2は，1辺が6cmの正方形ABCDの中に，点B，点Cを中心として半径6cm，中心角90°のおうぎ形をかいたものである。

このとき，色のついている部分の面積を求めなさい。

図2

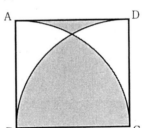

(9) 半径2cmの半球の表面積を求めなさい。

(10) T，O，T，T，O，R，Iの7文字を1列に並べるとき，並べ方は全部で何通りあるか，求めなさい。

(11) あるイベントのくじびきでは，全部で25本のくじの中にあたりが3本入っている。このくじを，同時に2本ひくとき，少なくとも1本があたりである確率を求めなさい。ただし，どのくじをひくのも同様に確からしいものとする。

(12) 次の【箱ひげ図】は，生徒数がいずれも29人のA組，B組，C組の3つの組に，50点満点のテストを行った結果をまとめたものであ

る。この【箱ひげ図】から読みとれることとして，以下の(ア)～
(オ)の中から正しいものをすべて選び，記号で答えなさい。

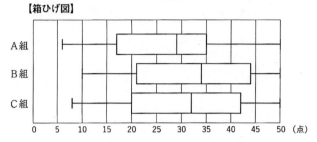

(ア) 点数が15点以下の生徒が一番多いのは，A組である。

(イ) 平均点が一番高いのは，B組である。

(ウ) 点数が20点の生徒が必ずいるのは，C組である。

(エ) 30点以上の生徒が学級の半数以上いるのは，B組とC組である。

(オ) すべての学級に35点以上の生徒が7人以上いる。

(13) 次の図3のように，平行四辺形ABCDがある。この図を用いて，
以下の①・②の条件を満たす点Pをコンパスと定規を用いて作図し
なさい。

ただし，作図に用いた線は消さないこと。

図3

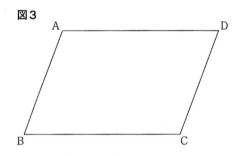

【条件】
① 点Pは，辺BC上にある。
② 点Pは，2辺AB，ADから等しい距離にある。

46

(14) 次の図4のように，△ABCがある。∠Aの二等分線と辺BCとの交点をDとするとき，AB：AC＝BD：DCであることを証明しなさい。

図4

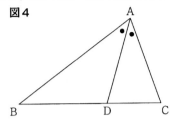

(☆☆☆◎◎◎◎)

【3】次の図5において放物線①は，関数$y=\dfrac{1}{3}x^2$のグラフであり，点Oは原点である。2点A，Bはこの放物線上の点であり，そのx座標はそれぞれ－3，6である。また直線②は，2点A，Bを通る直線であり，直線②とx軸との交点を点Cとする。

このとき，以下の各問いに答えなさい。

図5

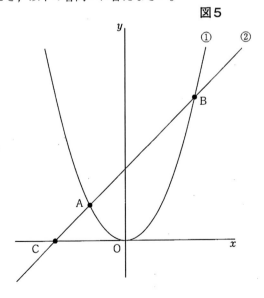

(1)　点Cの座標を求めなさい。

(2)　放物線①上に原点Oとは異なる点Pをとり，△AOBの面積と等しい面積の△APBをつくるとき，点Pのx座標をすべて求めなさい。

(3)　線分ABを対角線とする平行四辺形AOBQを作るとき，次の(ア)，(イ)に答えなさい。

(ア)　点Qの座標を求めなさい。

(イ)　点(0，10)を通り，平行四辺形AOBQの面積を2等分する直線の式を求めなさい。

(4)　放物線①上にAR＝BRとなる点Rがある。このとき，点Rのx座標を求めなさい。ただし，点Rのx座標は正の数である。

(☆☆☆◎◎)

【４】次の各問いに答えなさい。

(1)　次の図6のように，AB＝3cm，AD＝4cm，∠ABC＝60°の平行四辺形ABCDがある。辺BC上に点Eをとり，点Eを通りBDに平行な直線と辺CDとの交点をF，BDとAEとの交点をGとする。

このとき，以下の各問いに答えなさい。

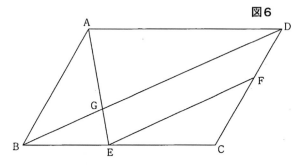

図6

①　∠ADBと大きさの等しい角を，すべて書きなさい。

②　次の図7は，図6の図形で，△ABEが正三角形となるように，点Eの位置をかえ，BDとAFとの交点をHとしたものである。

このとき，以下の(ア)，(イ)に答えなさい。

図7

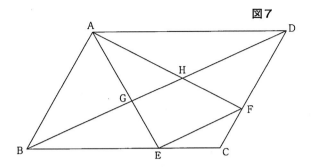

(ア) GDの長さを求めなさい。

(イ) 平行四辺形ABCDの面積は，△AEFの面積の何倍になるか求めなさい。

(2) 次の図8のように，OA＝OB＝CA＝CB＝6cm，AB＝CO＝4cmの四面体OABCがある。

このとき，以下の各問いに答えなさい。

図8

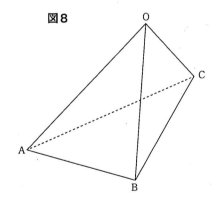

① △OABの面積を求めなさい。

② 辺ABの中点をP，辺OCの中点をQとするとき，PQの長さを求めなさい。

③ 四面体OABCの体積を求めなさい。

(☆☆☆☆◎◎◎◎)

【高等学校】

【１】次の各問いに答えなさい。

(1) 次の文は，学校教育法において「第6章　高等学校」にある条文の一部である。(出題の都合上，途中，省略した部分がある。)各条文中の(①)～(④)にあてはまる語句の組み合わせとして，最も適切なものを以下の(ア)～(ク)から一つ選び，記号で答えなさい。なお，同じ番号の( )には，同じ語句が入るものとする。

> 第50条　高等学校は，中学校における教育の基礎の上に，心身の発達及び(①)に応じて，高度な普通教育及び専門教育を施すことを目的とする。
>
> 第51条　高等学校における教育は，前条に規定する目的を実現するため，次に掲げる目標を達成するよう行われるものとする。
>
> １　義務教育として行われる普通教育の成果を更に発展拡充させて，豊かな人間性，(②)及び健やかな身体を養い，国家及び社会の形成者として必要な資質を養うこと。
>
> ２　社会において果たさなければならない使命の自覚に基づき，個性に応じて将来の(①)を決定させ，一般的な教養を高め，専門的な知識，技術及び技能を習得させること。
>
> ３　個性の確立に努めるとともに，社会について，広く深い理解と健全な(③)を養い，社会の発展に寄与する態度を養うこと。
>
> 第52条　高等学校の学科及び教育課程に関する事項は，(中略)，(④)が定める。

	①	②	③	④
(ア)	学力	自立性	批判力	文部科学大臣
(イ)	進路	創造性	批判力	教育長
(ウ)	学力	創造性	貢献力	文部科学大臣
(エ)	進路	自立性	貢献力	地方公共団体の長
(オ)	学力	自立性	貢献力	教育長
(カ)	進路	自立性	貢献力	文部科学大臣
(キ)	学力	創造性	批判力	地方公共団体の長
(ク)	進路	創造性	批判力	文部科学大臣

(2)　次の文章は,「高等学校学習指導要領(平成30年3月告示)」におい
て「第1章　総則」に記載された,道徳教育に関する内容の一部で
ある。(出題の都合上,途中,省略した部分がある。)(　①　)〜
(　③　)にあてはまる,最も適切な語句を答えなさい。なお,同じ
番号の(　)には,同じ語句が入るものとする。

第1款　高等学校教育の基本と教育課程の役割
　道徳教育や体験活動,多様な表現や鑑賞の活動等を通して,
豊かな心や創造性の涵養を目指した教育の充実に努めること。
　学校における道徳教育は,(　①　)に関する教育を学校の教
育活動全体を通じて行うことによりその充実を図るものとし,
各教科に属する科目(以下「各教科・科目」という。),総合的
な探究の時間及び特別活動(以下「各教科・科目等」という。)
のそれぞれの特質に応じて,適切な指導を行うこと。
　道徳教育は,教育基本法及び学校教育法に定められた教育
の根本精神に基づき,生徒が自己探求と自己実現に努め国
家・社会の一員としての自覚に基づき行為しうる発達の段階
にあることを考慮し,(　①　)を考え,主体的な判断の下に行
動し,自立した人間として他者と共によりよく生きるための
基盤となる道徳性を養うことを目標とすること。

第7款　道徳教育に関する配慮事項

　道徳教育を進めるに当たっては，道徳教育の特質を踏まえ，第6款までに示す事項に加え，次の事項に配慮するものとする。

1　各学校においては，（　中略　）道徳教育の目標を踏まえ，道徳教育の全体計画を作成し，校長の方針の下に，道徳教育の推進を主に担当する教師(「（　②　）」という。)を中心に，全教師が協力して道徳教育を展開すること。なお，道徳教育の全体計画の作成に当たっては，生徒や学校の実態に応じ，指導の方針や重点を明らかにして，各教科・科目等との関係を明らかにすること。その際，公民科の「公共」及び「倫理」並びに（　③　）が，（　①　）に関する中核的な指導の場面であることに配慮すること。

(3)　次の文1，文2は，「高等学校学習指導要領(平成30年3月告示)」の「第2章　第4節　数学」から抜粋したものである。(出題の都合上，一部，省略した部分がある。)次の（　①　）〜（　④　）に入る語句として適切なものを以下の【選択肢】の(ア)〜(セ)から一つ選び，記号で答えなさい。

文1　(第2款「各科目」から抜粋)

第1　数学Ⅰ

1　目標

（　省略　）

(1)　数と式，図形と計量，二次関数及び（　①　）についての基本的な概念や原理・法則を体系的に理解するとともに，事象を数学化したり，数学的に解釈したり，数学的に表現・処理したりする技能を身に付けるようにする。

(2), (3)　（　省略　）

文2　(第3款「各科目にわたる指導計画の作成と内容の取扱い」か

ら抜粋)

1　指導計画の作成に当たっては，次の事項に配慮するものと
する。

(1)　単元など内容や時間のまとまりを見通して，その中で
育む資質・能力の育成に向けて，数学的活動を通して，
生徒の主体的・対話的で深い学びの実現を図るようにす
ること。その際，（　②　）を働かせながら，日常の事象
や社会の事象を数理的に捉え，数学の問題を見いだし，
問題を自立的，協働的に解決し，学習の過程を振り返り，
概念を形成するなどの学習の充実を図ること。

(2)　（　省略　）

(3)　「数学A」については，「数学Ⅰ」と並行してあるいは
「数学Ⅰ」を履修した後に履修させ，「数学B」及び「数学
C」については，（　③　）を原則とすること。

(4)　各科目を履修させるに当たっては，当該科目や数学科
に属する他の科目の内容及び（　④　），この章に示す理
数科等の内容を踏まえ，相互の関連を図るとともに，学
習内容の系統性に留意すること。

(5)　（　省略　）

【選択肢】

(ア)　数学と人間の活動　　　(イ)　場合の数と確率

(ウ)　データの分析　　　　　(エ)　統計的な推測

(オ)　思考力・判断力・表現力等　(カ)　数学的な見方・考え方

(キ)　数学的に考察し表現する力

(ク)　「数学Ⅰ」を履修した後に履修させること

(ケ)　「数学Ⅰ」及び「数学A」を履修した後に履修させること

(コ)　「数学A」,「数学B」,「数学C」の順に履修させること

(サ)　「数学Ⅱ」と並行してあるいは「数学Ⅱ」を履修した後に履修
させること

(シ)　理科，家庭科，情報科

(ス)　学校設定科目

(セ)　中学校で学習した内容

(☆☆☆☆◎◎)

【２】次の各問いに答えなさい。ただし解答は答えのみ記入しなさい。

(1)　次の(　①　)，(　②　)にあてはまる適切な数を答えなさい。

> △ABCにおいて，辺の長さがAB＝5，BC＝6，CA＝3である
> とする。このときcos∠BCA＝(　①　)である。また，辺BCを
> 1：2に内分する点をDとすると，線分ADの長さは(　②　)で
> ある。

(2)　次の(　①　)にあてはまる適切な数を答えなさい。また，
(　②　)にあてはまる適切なものを，以下の【選択肢】から一つ選
び，記号で答えなさい。

> 表と裏の出方に偏りがない1枚のコインを8回投げたとき，
> 表がちょうど7回出る確率は(　①　)である。
> ある1枚のコインXを8回投げたところ，表がちょうど7回出
> た。仮説検定の考え方によると，このコインXは表と裏の出方
> に(　②　)。ただし，仮説検定で基準となる確率は0.05とする。

【選択肢】

(ア)　偏りがあると判断できる

(イ)　偏りがないと判断できる

(ウ)　偏りがあるともないとも判断できない

(3)　無限級数 $\displaystyle\sum_{n=1}^{\infty} \frac{1}{n^2+3n+2}$ について，収束するならばその和を求め，
発散するならば「発散」と答えなさい。

(4)　次の(　①　)，(　②　)にあてはまる適切な数の組や数を答えな
さい。

> 座標空間の4点O(0, 0, 0), A($-2s+1$, $t+1$, $-t+5$), B($2t+2$, $s+3$, $s-2$), C(4, 0, 2)がある。
> $\overrightarrow{OA}$ と $\overrightarrow{OC}$, および, $\overrightarrow{OB}$ と $\overrightarrow{OC}$ がそれぞれ垂直になるときの定数s, tの組は$(s, t)=($ ① $)$であり, このときの四面体OABCの体積は(②)である。

(5) 次の(①), (②)にあてはまる適切な不等式や値を答えなさい。

> 関数$f(x)=4^{x+1}+4^{-x}-2^{x+3}-2^{-x+2}-4$がある。$t=2^{x+1}+2^{-x}$とおくとき, tのとり得る値の範囲が(①)であることを用いて, $f(x)$の最小値が(②)であることがわかる。

(6) 授業で, グラフ表示ソフトを用いて関数$y=(x-a)^2(x+2a)-a^2+4a+7$ …① (aは定数)のグラフを考察させることにした。aを$a>0$の範囲で変化させてみるように指示したところ, ある生徒が極小値のとり得る値の範囲が限られていることに気がついた。$a>0$における①の極小値mのとり得る値の範囲を求めなさい。

(7) 次の(①), (②)にあてはまる適切な数を答えなさい。

> 方程式$z^6=-8i$ …(＊)がある。(＊)の解を, 偏角$\arg z$を$0\leq\arg z<2\pi$となるような範囲で考えたとき, 偏角が最小の解αは$\alpha=($ ① $)$である。また(＊)の解のすべてを複素数平面上に表したとき, それらの点を頂点とする多角形の面積は(②)である。

(☆☆☆☆◎◎◎)

【３】媒介変数表示

$$\begin{cases} x = 2\cos\theta \\ y = \sin 2\theta \end{cases} \left(0 \leqq \theta \leqq \frac{\pi}{2} \right)$$

で表される曲線*C*は次の図のようになる。曲線*C*と*x*軸とで囲まれた図形の面積*S*を求めなさい。

図

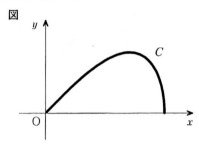

(☆☆☆☆◎◎◎)

【４】数学Ⅱのすべての内容と，数学Cの「平面上の曲線と複素数平面」の内容を学習した生徒たちに対し，次の【問題】を授業で扱うことにした。

【問題】

　実数*x*，*y*が$x^2 + y^2 = 4$を満たしながら変化するとき，$-3x + 4y$の最大値とそのときの*x*，*y*の値を求めなさい。

このとき，次の各問いに答えなさい。

(1)　生徒の1人の太郎さんは，「点と直線の距離の公式」を利用して【問題】を解決できると考えた。太郎さんの考え方に沿った解答をかきなさい。

(2)　生徒の1人の花子さんは，「円の媒介変数表示」を利用して【問題】を解決できると考えた。花子さんの考え方に沿った解答をかきなさい。

(☆☆☆☆◎◎◎)

【5】袋の中に，赤玉3個と白玉2個が入っている。袋の中をよくかき混ぜて2個の玉を取り出す。これを1回の試行とし，取り出した赤玉の個数を得点とする。なお，1回の試行が終われば取り出した玉を袋に戻し，同じ試行を繰り返すことにする。

　　n回の試行の後に得点の合計が偶数となる確率をp_nとする。このとき，次の各問いに答えなさい。

(1)　p_1，p_2をそれぞれ求めなさい。ただし，解答は答えのみ記入しなさい。

(2)　p_nを求めなさい。

(3)　n回の試行の後の得点の合計が偶数であったとき，各回の試行で得た得点がすべて偶数である条件付き確率を求めなさい。

(☆☆☆☆○○○○)

【6】関数$f(x) = \dfrac{x^3}{x^2-4}$がある。このとき，次の各問いに答えなさい。

(1)　$f'(x)$および$f''(x)$をそれぞれ求めなさい。ただし，解答は答えのみ記入しなさい。

(2)　関数$f(x)$の極値とそのときのxの値を求めなさい。また，曲線$y = f(x)$における変曲点の座標，漸近線の方程式を求めなさい。

(3)　方程式$\dfrac{x^3}{x^2-4} = a(x-1)$が異なる3つの実数解$x = \alpha$，$\beta$，$\gamma$（$\alpha < \beta < \gamma$）をもち，かつ，$\gamma \geqq 4$を満たすような定数$a$の値の範囲を求めなさい。ただし解答は答えのみ記入しなさい。

(☆☆☆☆○○○○)

解答・解説

【中学校】

【1】(1) （ウ）　(2) ① 社会　② 積極　(3) ① 技能
② 簡潔　③ 数学のよさ　(4) ① 四分位範囲　② 批判的
(5) （ア），（ウ），（オ），（カ）

〈解説〉(1) 教育が学問の自由の保護下にあることを明示し，教育の目標について示している。　(2) 支援の目標を学校への登校ではなく生徒の社会的な自立と示し，不登校期間のリスク・リターンについて留意することが示されている。　(3) 学習指導要領における各科目の目標は育成を目指す資質・能力である「知識及び技能」，「思考力，判断力，表現力等」，「学びに向かう力，人間性等」の3つの柱で構成されている。　(4) データの活用では，四分位範囲や箱ひげ図について取り扱い，生徒がデータを比較して批判的に考察できるよう指導する。
(5) イ　第2学年の内容である。　エ　第2学年の内容である。
キ　第1学年の内容である。

【2】(1) $\dfrac{1-19\sqrt{2}}{7}$　(2) $-\dfrac{1}{2}<x<5$　(3) 5つ
(4) $(x+1)(y+1)(z-1)$　(5) $\dfrac{12}{5}$　(6) -9　(7) 26〔度〕
(8) $36-18\sqrt{3}+6\pi$〔cm³〕　(9) 12π〔cm³〕　(10) 420〔通り〕　(11) $\dfrac{23}{100}$　(12) （エ），（オ）
(13)

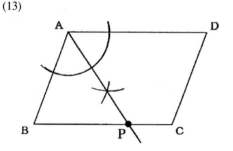

(14) 点Cを通り，DAに平行な直線と，BAを延長した直線との交点を
Eとする。

AD//ECから，平行線の同位角は等しいので，∠BAD＝∠AEC

また，平行線の錯角は等しいので，∠DAC＝∠ACE

仮定より，∠BAD＝∠DAC

したがって，∠AEC＝∠ACE

2つの角が等しいから，△ACEは二等辺三角形となり，

AE＝AC　…①

△BECで，AD//ECから

BA：AE＝BD：DC　…②

①，②から，AB：AC＝BD：DCである。

〈解説〉(1)　$\dfrac{5(3-\sqrt{2})}{(3+\sqrt{2})(3-\sqrt{2})}-\dfrac{2(\sqrt{2}+1)}{(\sqrt{2}-1)(\sqrt{2}+1)}$

$=\dfrac{15-5\sqrt{2}-14\sqrt{2}-14}{7}=\dfrac{1-19\sqrt{2}}{7}$

(2)　$\begin{cases} 2x+24>-4x+21 \\ -5x+8>-4x+3 \end{cases}$　$\begin{cases} 6x>-3 \\ -x>-5 \end{cases}$　$\begin{cases} x>-\dfrac{1}{2} \\ x<5 \end{cases}$　$-\dfrac{1}{2}<x<5$

(3)　$n=0$，1，2，3，4の5つ

(4)　(与式)$=xy(z-1)+x(z-1)+y(z-1)+(z-1)$

$=(z-1)(xy+x+y+1)=(z-1)\{x(y+1)+(y+1)\}$

$=(x+1)(y+1)(z-1)$

(5)　$\dfrac{\left|3\times(-3)+4\times\dfrac{1}{2}-5\right|}{\sqrt{3^2+4^2}}=\dfrac{|-12|}{5}=\dfrac{12}{5}$

(6)　$y=(x-4)^2+a-16$　$(-2\leqq x\leqq6)$なので，$x=-2$で最大値$a+20=27$

$a=7$より，最小値は$x=4$で$a-16=7-16=-9$

(7)　2つの90度から，円周角の定理の逆により，この四角形は円に内接する。したがって，円周角の定理より$x=26$〔度〕

(8)　図のように，斜線部分をS_1とS_2とし，2つの扇形の交点をEとする。
△BCEは1辺6cmの正三角形なので△BCE$=\dfrac{1}{2}\times6\times6\times\sin60°=9\sqrt{3}$〔cm²〕

扇形BEAとCDEは半径6cm，中心角30°なので，面積は，$36\pi \times \dfrac{30°}{360°} = 3\pi$ 〔cm²〕

よって，$S_1 = $ 正方形ABCD$-\triangle$BCE$-3\pi-3\pi = 36-9\sqrt{3}-6\pi$ 〔cm²〕

また，点Bを中心とした弧CEの扇形と点Cを中心とした弧EBの扇形は，

中心角60°，半径6cmなので面積は$36\pi \times \dfrac{60°}{360°} = 6\pi$ 〔cm²〕

よって，$S_2 = 6\pi+6\pi-\triangle$BCE$ = 12\pi-9\sqrt{3}$ 〔cm²〕

以上より，求める面積は$S_1+S_2 = 36-9\sqrt{3}-6\pi+12\pi-9\sqrt{3} = 36-18\sqrt{3}+6\pi$ 〔cm²〕

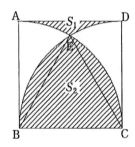

(9) $\dfrac{4\pi \times 2^2}{2} + \pi \times 2^2 = 12\pi$ 〔cm³〕

(10) $\dfrac{7!}{3! \times 2!} = 420$ 〔通り〕

(11) 少なくとも一本あたりである確率は，すべてはずれの場合の余事象の確率なので，$1-\dfrac{{}_{22}C_2}{{}_{25}C_2} = 1-\dfrac{77}{100} = \dfrac{23}{100}$

(12) (ア) 箱ひげ図から15点以下の人数を読み取ることはできない。

(イ) 箱ひげ図から平均点を読み取ることはできない。

(ウ) 標本数が29人なので，第1四分位数ちょうどの生徒がいるか判断できない。

(エ) B組とC組は中央値が30点以上なので，30点以上に半数(15人)以上いるといえる。

(オ) A組は第3四分位数がちょうど35点なので，上位7名は必ず35点以上である。また，B組とC組についても第3四分位数が40点を超えてい

るので上位7名は必ず35点以上である。

(13) 角の二等分線は，その角を作る2辺から等しい距離にあるため，∠Aの二等分線と辺BCの交点が点Pである。 (14) 解答参照。

【3】 (1) C$(-6, 0)$ (2) $x=3$，$\dfrac{3\pm3\sqrt{17}}{2}$ (3) (ア) Q$(3, 15)$

(イ) $y=-\dfrac{5}{3}x+10$ (4) $x=\dfrac{-3+3\sqrt{13}}{2}$

〈解説〉 (1) ②はA$(-3, 3)$，B$(6, 12)$を通る直線なので，

$y-3=\dfrac{12-3}{6+3}(x+3)$より，$y=x+6$ よって，点C$(-6, 0)$

(2) 直線②と平行で原点を通る直線は$y=x$ …③

①と③の交点は$\dfrac{1}{3}x^2=x$ $(x\neq0)$から，$x=3$より，$(3, 3)$

P$(3, 3)$のとき，AB//OPとなるので，△OAB＝△PAB

よって，点Pのx座標は$x=3$

直線②と平行で直線②のy切片の2倍の高さの点$(0, 12)$を通る直線は，$y=x+12$ …④

①と④の交点をPとすると，AB//OPとなるので，△OAB＝△PABとなる。

したがって，点Pのx座標は，$\dfrac{1}{3}x^2=x+12$

これを解いて，$x=\dfrac{3\pm\sqrt{9+144}}{2}=\dfrac{3\pm3\sqrt{17}}{2}$

(3) (ア) Q(q_1, q_2)とすると，直線AOとBQの傾きは等しいので，$\dfrac{3-0}{-3-0}=\dfrac{q_2-12}{q_1-6}$

よって，$q_1+q_2=18$ …①

直線OBとAQの傾きは等しいので，$\dfrac{12-0}{6-0}=\dfrac{q_2-3}{q_1+3}$

よって，$2q_1-q_2=-9$ …②

①，②を解いて，$q_1=3$，$q_2=15$ よって，点Q$(3, 15)$

(イ) 平行四辺形の対角線の交点は$\left(\dfrac{3}{2}, \dfrac{15}{2}\right)$

求める直線はこの交点と(0, 10)を通ればよいので，

$$y-10=\frac{\frac{15}{2}-10}{\frac{3}{2}-0}(x-0)$$

よって，$y=-\frac{5}{3}x+10$

(4)　$R\left(r, \frac{1}{3}r^2\right)$とすると，AR＝BRより，AR²＝BR²

よって，$(r+3)^2+\left(\frac{1}{3}r^2-3\right)^2=(r-6)^2+\left(\frac{1}{3}r^2-12\right)^2$

$r^2+6r+9+\frac{1}{9}r^4-2r^2+9=r^2-12r+36+\frac{1}{9}r^4-8r^2+144$

$6r^2+18r-162=0$

$r^2+3r-27=0$

$r=\frac{-3+3\sqrt{13}}{2}$

点Rのx座標は$x=\frac{-3+3\sqrt{13}}{2}$

【４】(1)　①　∠DBC，∠FEC　　②　(ア)　$\frac{4\sqrt{37}}{7}$〔cm〕

(イ)　$\frac{32}{7}$〔倍〕　　(2)　①　$8\sqrt{2}$〔cm²〕　　②　$2\sqrt{7}$〔cm〕

③　$\frac{16\sqrt{7}}{3}$〔cm³〕

〈解説〉(1)　①　平行線の錯角は等しいので∠ADB＝∠DBC，同様に同位角は等しいので∠DBC＝∠FEC

②　(ア)　∠BAD＝120°なので△ABDで余弦定理より，

BD²＝3²＋4²－2×3×4cos120°＝37　　よって，BD＝$\sqrt{37}$

次に△AGD∽△EGBなので，AD：EB＝4：3より，DG：BG＝4：3

したがって，GD＝$\frac{4}{7}$BD＝$\frac{4\sqrt{37}}{7}$

(イ)　平行四辺形ABCDの面積をSとする。BE：EC＝3：1より，

△ABE＝$\frac{3}{4}$△ABC＝$\frac{3}{4}×\frac{1}{2}S=\frac{3}{8}S$

△CBD∽△CEFなので,

CF：FD＝1：3より, $\triangle\text{AFD}=\dfrac{3}{4}\triangle\text{ACD}=\dfrac{3}{4}\times\dfrac{1}{2}S=\dfrac{3}{8}S$

CE：CB＝1：4より, △CEF：△CBD＝1：16 よって, $\triangle\text{CEF}=\dfrac{1}{16}\triangle$
$\text{CBD}=\dfrac{1}{16}\times\dfrac{1}{2}S=\dfrac{1}{32}S$

したがって, △AEF＝S－（△ABE＋△AFD＋△CEF）

$=S-\left(\dfrac{3}{8}S+\dfrac{3}{8}S+\dfrac{1}{32}S\right)=\dfrac{7}{32}S$

よって, 平行四辺形の面積は△AEFの$\dfrac{32}{7}$〔倍〕

(2) ① ヘロンの公式より, $s=\dfrac{6+6+4}{2}=8$として,

$\triangle\text{OAB}=\sqrt{8\times(8-6)(8-6)(8-4)}=8\sqrt{2}$ 〔cm²〕

② △OAPは直角三角形なので, $\text{OP}=\sqrt{6^2-2^2}=4\sqrt{2}$ 〔cm〕

△OPQも直角三角形なので, $\text{PQ}=\sqrt{(4\sqrt{2})^2-2^2}=2\sqrt{7}$ 〔cm〕

③ $\triangle\text{OPQ}=\dfrac{1}{2}\times\text{OC}\times\text{PQ}=4\sqrt{7}$ 〔cm³〕

点Cから線分OPに垂線CHを引くと,

$\triangle\text{OPQ}=\dfrac{1}{2}\times\text{OP}\times\text{CH}=2\sqrt{2}\,\text{CH}$

よって, $2\sqrt{2}\,\text{CH}=4\sqrt{7}$ より, $\text{CH}=\dfrac{2\sqrt{7}}{\sqrt{2}}$ 〔cm〕

よって, 四面体OABCの体積は,

$\dfrac{1}{3}\times\triangle\text{OAB}\times\text{CH}=\dfrac{1}{3}\times8\sqrt{2}\times\dfrac{2\sqrt{7}}{\sqrt{2}}=\dfrac{16\sqrt{7}}{3}$ 〔cm³〕

【高等学校】

【1】(1) （ク） (2) ① 人間としての在り方生き方 ② 道徳教育推進教師 ③ 特別活動 (3) ① （ウ） ② （カ） ③ （ク） ④ （シ）

〈解説〉(1) 学校教育法第50条では高等学校では心身の発達に加えてそれぞれの進路に応じた教育を施すという目的について, 同51条では,

同50条を受けて，高等学校の教育における目標について，同52条では高等学校の学科，教育課程に関する事項は文部科学大臣が定めることがそれぞれ示されている。　(2)　道徳教育の目標は，生徒が人間としての在り方生き方をかなえる機会を設けることであり，そのために，道徳教育推進教師を中心に全教師が学校の教育活動全体で道徳教育を展開することが学習指導要領では示されている。　(3)　①　数学Ⅰでは数と式，図形と数量，二次関数，データの分析を取り扱う。

②　各教科の指導の中では，生徒が教科に応じた見方・考え方を働かせながら学習活動を行えるよう指導をすることが示されている。

③　数学B及び数学Cは数学Ⅰと数学Aの履修後の履修が原則である。なお，数学Bと数学Cの間には履修順序は設定されていない。

④　他の科目との相互の関連を図ることが示されている。数学科の場合，理科，家庭科，情報科との関連については特に明記されている。

【2】(1) ① $\dfrac{5}{9}$ 　② $\dfrac{\sqrt{105}}{3}$ 　(2) ① $\dfrac{1}{32}$ 　② （ア）

(3) $\dfrac{1}{2}$ 　(4) ① $(2, -1)$ 　② 25 　(5) ① $t \geqq 2\sqrt{2}$

② $-8\sqrt{2}$ 　(6) $m \leqq 11$ 　(7) ① $1+i$ 　② $3\sqrt{3}$

〈解説〉(1)　①　余弦定理より，$\angle \text{BCA} = \dfrac{6^2+3^2-5^2}{2\times 6\times 3} = \dfrac{6^2+3^2-5^2}{2\times 6\times 3} = \dfrac{5}{9}$

②　DC＝4より，△ADCで余弦定理より，$\text{AD}^2 = 4^2+3^2-2\times 4\times 3\times \dfrac{5}{9}$

$= \dfrac{35}{3}$ 　よって，AD＞0より，$\text{AD} = \dfrac{\sqrt{105}}{3}$

(2)　①　${}_8\text{C}_7 \left(\dfrac{1}{2}\right)^7 \left(\dfrac{1}{2}\right)^1 = \dfrac{1}{32}$

②　①の確率は0.03125であり，基準となる確率の0.05より低い。したがって，「偏りがある」と判断できる。

(3)　(与式)$= \displaystyle\sum_{n=1}^{\infty} \dfrac{1}{(n+1)(n+2)} = \displaystyle\sum_{n=1}^{\infty} \left(\dfrac{1}{n+1} - \dfrac{1}{n+2}\right)$

$= \displaystyle\lim_{n\to\infty} \sum_{k=1}^{n} \left(\dfrac{1}{k+1} - \dfrac{1}{k+2}\right) = \displaystyle\lim_{n\to\infty} \left(\dfrac{1}{2} - \dfrac{1}{3} + \dfrac{1}{3} - \dfrac{1}{4} + \cdots + \dfrac{1}{n+1} - \dfrac{1}{n+2}\right)$

$$= \lim_{n \to \infty} \left(\frac{1}{2} - \frac{1}{n+2} \right) = \frac{1}{2}$$

(4) ① $\overrightarrow{OA} \cdot \overrightarrow{OC} = 0$ より，$4(-2s+1)+0+2(-t+5)=0$

よって，$4s+t-7=0$ …(i)

$\overrightarrow{OB} \cdot \overrightarrow{OC} = 0$ より，$4(2t+2)+0+2(s-2)=0$

よって，$s+4t+2=0$ …(ii)

(i), (ii)より$(s, t)=(2, -1)$

② ①の結果より，A$(-3, 0, 6)$，B$(0, 5, 0)$とわかる。

△OACが底面，BOが高さとすればよいので，四面体の体積は，

$$\frac{1}{3} \times △OAC \times BO = \frac{1}{3} \times \frac{1}{2} \times OA \times OC \times OB$$

$$= \frac{1}{6} \times \sqrt{9+0+36} \times \sqrt{16+0+4} \times \sqrt{0+25+0}$$

$$= \frac{1}{6} \times \sqrt{45} \times \sqrt{20} \times 5 = \frac{1}{6} \times 3\sqrt{5} \times 2\sqrt{5} \times 5 = 25$$

(5) ① 2^{x+1}，2^{-x}はともに正で相加平均と相乗平均の大小関係より，

$t = 2^{x+1} + 2^{-x} \geqq 2\sqrt{2^{x+1} \times 2^{-x}} = 2\sqrt{2}$

② $f(x) = (2^{x+1} + 2^{-x})^2 - 4 - 4(2^{x+1} + 2^{-x}) - 4 = t^2 - 4t - 8 = (t-2)^2 - 12$

①より，$t \geqq 2\sqrt{2}$ なので，$f(x)$は$t = 2\sqrt{2}$ のとき，最小値$-8\sqrt{2}$

(6) $y = x^3 - 3a^2x + 2a^3 - a^2 + 4a + 7$ より，

$y' = 3x^2 - 3a^2 = 3(x+a)(x-a)$

よって，$a > 0$ より，増減表は次のようになる。

x	……	$-a$	……	a	……
y'	$+$	0	$-$	0	$+$
y	↘	極大	↗	極小	↗

したがって極小値は，$m = a^3 - 3a^3 + 2a^3 - a^2 + 4a + 7 = -a^2 + 4a + 7 = -(a-2)^2 + 11$

$a > 0$なので，mのとりうる値の範囲は$m \leqq 11$

(7) ① $z = r(\cos\theta + i\sin\theta)$として，

$z^6=r^6(\cos\theta+i\sin\theta)^6=r^6(\cos6\theta+i\sin6\theta)$　…(i)

(i)は$z^6=-8i$なので，$r^6=8$，$\cos6\theta=0$，$\sin6\theta=-1$

$r=\sqrt{2}$，$6\theta=\dfrac{3}{2}\pi$　整理して，$r=\sqrt{2}$，$\theta=\dfrac{\pi}{4}$より，

$\alpha=\sqrt{2}\left(\cos\dfrac{\pi}{4}+i\sin\dfrac{\pi}{4}\right)=1+i$

②　①より，zは半径$\sqrt{2}$の円周上に頂点をもつ正六角形なので$6\times\dfrac{1}{2}$
$\times\sqrt{2}\times\sqrt{2}\times\sin60°=3\sqrt{3}$

【３】$\dfrac{dx}{d\theta}=-2\sin\theta$，$\dfrac{dy}{d\theta}=2\cos2\theta$である。

$\theta=0$のとき$(x,\ y)=(2,\ 0)$，$\theta=\dfrac{\pi}{2}$のとき　$(x,\ y)=(0,\ 0)$

xとθの対応は次表のようになる。

x	0	→	2
θ	$\dfrac{\pi}{2}$	→	0

したがって，求める面積は

$S=\displaystyle\int_0^2 ydx=\int_{\frac{\pi}{2}}^0\sin2\theta\cdot(-2\sin\theta)d\theta=\int_0^{\frac{\pi}{2}}4\sin^2\theta\cos\theta\,d\theta$

$=\left[\dfrac{4}{3}\sin^3\theta\right]_0^{\frac{\pi}{2}}=\dfrac{4}{3}$　　（答）

〈解説〉解答参照。

【４】(1)　$-3x+4y=k$…①　とおく。

直線①が円$x^2+y^2=4$…②と共有点をもつようなkの値の範囲を求める。
(円②の中心$(0,\ 0)$と直線①との距離)≦(円②の半径)　であるから，点
と直線の距離の公式により

$\dfrac{|-k|}{\sqrt{(-3)^2+4^2}}\leqq2$

これより，$-10\leqq k\leqq10$

$k=10$のとき，直線①と円②とは接する。

このとき直線①は　$y=\dfrac{3}{4}x+\dfrac{5}{2}$ …①′

直線①′に垂直で円の中心を通る直線の方程式は　$y=-\dfrac{4}{3}x$ …③

接点は直線①′と直線③との交点であるから　$\left(-\dfrac{6}{5},\ \dfrac{8}{5}\right)$

(答)　最大値…10$\left(x=-\dfrac{6}{5},\ y=\dfrac{8}{5}のとき\right)$

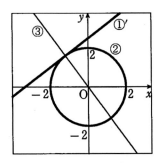

(2)　$x^2+y^2=4$を満たす$(x,\ y)$は

$x=2\cos\theta,\ y=2\sin\theta\ (0\leqq\theta<2\pi)$　とおける。

このとき，$-3x+4y=-6\cos\theta+8\sin\theta=10\sin(\theta+\alpha)$ …①

$\left(ただし，\ \alpha は\sin\alpha=-\dfrac{3}{5},\ \cos\alpha=\dfrac{4}{5},\ -\dfrac{\pi}{2}<\alpha<0\right)$

$0\leqq\theta<2\pi$ より，$\alpha\leqq\theta+\alpha<2\pi+\alpha$であるから，

①は，$\theta+\alpha=\dfrac{\pi}{2}$，すなわち$\theta=\dfrac{\pi}{2}-\alpha$のときに最大値$-3x+4y=10$

をとる。

このとき，$x=2\cos\theta=2\cos\left(\dfrac{\pi}{2}-\alpha\right)=2\sin\alpha=-\dfrac{6}{5}$

$y=2\sin\theta=2\sin\left(\dfrac{\pi}{2}-\alpha\right)=2\cos\alpha=\dfrac{8}{5}$

(答)　最大値…10$\left(x=-\dfrac{6}{5},\ y=\dfrac{8}{5}のとき\right)$

〈解説〉解答参照。

【５】(1)　$p_1 = \dfrac{2}{5}$　　$p_2 = \dfrac{13}{25}$

(2)　$(n+1)$回の試行の後に合計得点が偶数になる場合は，

i)　n回目までの合計得点が偶数で，かつ$(n+1)$回目の得点が偶数となるとき

ii)　n回目までの合計得点が奇数で，かつ$(n+1)$回目の得点が奇数となるとき

のいずれかで，これらは互いに排反である。

1回の試行で得点が偶数となるのは$p_1 = \dfrac{2}{5}$，奇数となるのは$1 - p_1 = \dfrac{3}{5}$であるから，

$$p_{n+1} = p_n \times \dfrac{2}{5} + (1 - p_n) \times \dfrac{3}{5}$$

すなわち，$p_{n+1} = -\dfrac{1}{5} p_n + \dfrac{3}{5}$

$p_{n+1} - \dfrac{1}{2} = -\dfrac{1}{5}\left(p_n - \dfrac{1}{2}\right)$であるから，数列$\left\{p_n - \dfrac{1}{2}\right\}$は，初項$p_1 - \dfrac{1}{2} = -\dfrac{1}{10}$，公比$-\dfrac{1}{5}$の等比数列である。

ゆえに，$p_n - \dfrac{1}{2} = \left(-\dfrac{1}{10}\right)\left(-\dfrac{1}{5}\right)^{n-1}$

すなわち　$p_n = \dfrac{1}{2}\left(-\dfrac{1}{5}\right)^n + \dfrac{1}{2}$　　（答）

(3)　n回の試行とも得点が偶数である確率は$\left(\dfrac{2}{5}\right)^n$であるから，求める

確率は　$\dfrac{\left(\dfrac{2}{5}\right)^n}{\dfrac{1}{2}\left(-\dfrac{1}{5}\right)^n + \dfrac{1}{2}} = \dfrac{2^{n+1}}{(-1)^n + 5^n}$　　（答）

〈解説〉(1)　p_1について，1回の試行で赤玉を2個取り出す(2点)の確率は，$\dfrac{{}_3C_2}{{}_5C_2} = \dfrac{3}{10}$

1回の試行で赤玉と白玉を1個ずつ取り出す(1点)の確率は，$\dfrac{{}_3C_1 \times {}_2C_1}{{}_5C_2} = \dfrac{6}{10}$

1回の試行で白玉を2個取り出す(0点)の確率は，$\dfrac{{}_2C_2}{{}_5C_2}=\dfrac{1}{10}$

したがって，$p_1=\dfrac{3}{10}+\dfrac{1}{10}=\dfrac{2}{5}$

p_2について，2回の試行で0点，2点または4点となればよい。

(i)　2回とも0点の場合，$\dfrac{1}{10}\times\dfrac{1}{10}=\dfrac{1}{100}$

(ii)　2回中1回は2点，1回は0点の場合，${}_2C_1\times\dfrac{3}{10}\times\dfrac{1}{10}=\dfrac{6}{100}$

(iii)　2回とも1点の場合，$\dfrac{6}{10}\times\dfrac{6}{10}=\dfrac{36}{100}$

(iv)　2回とも2点の場合，$\dfrac{3}{10}\times\dfrac{3}{10}=\dfrac{9}{100}$

以上より，$p_2=\dfrac{1}{100}+\dfrac{6}{100}+\dfrac{36}{100}+\dfrac{9}{100}=\dfrac{52}{100}=\dfrac{13}{25}$

(2), (3)　解答参照。

【6】(1)　$f'(x)=\dfrac{x^4-12x^2}{(x^2-4)^2}$　　$f''(x)=\dfrac{8x^3+96x}{(x^2-4)^3}$

(2)　$f(x)=\dfrac{x^3}{x^2-4}=\dfrac{x^3}{(x-2)(x+2)}$であるから，定義域は$x\neq2$, $x\neq-2$

また，$f'(x)=\dfrac{x^2(x-2\sqrt{3})(x+2\sqrt{3})}{(x-2)^2(x+2)^2}$, $f''(x)=\dfrac{8x(x^2+12)}{(x-2)^3(x+2)^3}$

したがって，増減，凹凸は次表のとおり。

x	$\cdots$	$-2\sqrt{3}$	$\cdots$	-2	$\cdots$	0	$\cdots$	2	$\cdots$	$2\sqrt{3}$	$\cdots$
$f'(x)$	$+$	0	$-$	/	$-$	0	$-$	/	$-$	0	$+$
$f''(x)$	$-$	$-$	$-$	/	$+$	0	$-$	/	$+$	$+$	$+$
$f(x)$	↗	$-3\sqrt{3}$	↘	/	↘	0	↘	/	↘	$3\sqrt{3}$	↗

$\displaystyle\lim_{x\to2+0}f(x)=\lim_{x\to2+0}\dfrac{x^3}{x^2-4}=\infty$, $\displaystyle\lim_{x\to2-0}f(x)=\lim_{x\to2-0}\dfrac{x^3}{x^2-4}=-\infty$

$\displaystyle\lim_{x\to-2+0}f(x)=\lim_{x\to-2+0}\dfrac{x^3}{x^2-4}=\infty$, $\displaystyle\lim_{x\to-2-0}f(x)=\lim_{x\to-2-0}\dfrac{x^3}{x^2-4}=-\infty$　である。

さらに　$f(x)=x+\dfrac{4x}{x^2-4}$であるから，

$$\lim_{x\to\infty} \{f(x)-x\} = \lim_{x\to\infty} \frac{4x}{x^2-4} = \lim_{x\to\infty} \frac{\dfrac{4}{x}}{1-\dfrac{4}{x^2}} = 0$$

$$\lim_{x\to-\infty} \{f(x)-x\} = \lim_{x\to-\infty} \frac{4x}{x^2-4} = \lim_{x\to-\infty} \frac{\dfrac{4}{x}}{1-\dfrac{4}{x^2}} = 0 \quad である。$$

したがって，直線$x=2$，$x=-2$，$y=x$は$y=f(x)$の漸近線である。

(答)　極大値…$-3\sqrt{3}$ $(x=-2\sqrt{3}$ のとき$)$

　　　　極小値…$3\sqrt{3}$ $(x=2\sqrt{3}$ のとき$)$

　　　　変曲点…$(0,\ 0)$

　　　　漸近線…$x=2$，$x=-2$，$y=x$

(3)　$1<a\leqq\dfrac{16}{9}$

〈解説〉(1)　$f'(x) = \dfrac{3x^2(x^2-4)-x^3\times 2x}{(x^2-4)^2} = \dfrac{x^4-12x^2}{(x^2-4)^2} = \dfrac{x^2(x^2-12)}{(x^2-4)^2}$

$f''(x) = \dfrac{(4x^3-24x)(x^2-4)^2-(x^4-12x^2)\times 4x(x^2-4)}{(x^2-4)^4} = \dfrac{8x^3+96x}{(x^2-4)^3}$

$= \dfrac{8x(x^2+12)}{(x^2-4)^3}$

(2)　解答参照。

(3)　点$(1,\ 0)$を定点とする直線を$y=a(x-1)$として，この直線と$y=f(x)$のグラフ，漸近線$y=x$は下図のようになる。$y=f(x)$と直線$y=a(x-1)$との共有点が3つあるような条件を調べる。

3つの共有点のx座標がα，β，γであり，$\alpha<\beta<\gamma$，$\gamma\geqq 4$を満たすので，$x=4$を交点にもつときは，$\dfrac{64}{16-4}=3a$より，$a=\dfrac{16}{9}$

したがって，$a\leqq\dfrac{16}{9}$

また，$a=1$のときは$y=f(x)$の漸近線$y=x$と平行になるので，$a>1$

以上より，$1<a\leqq\dfrac{16}{9}$

70

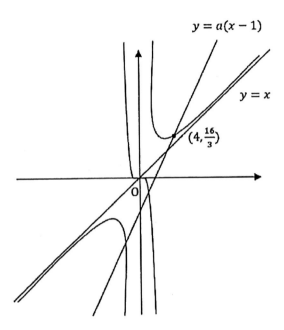

2022年度　実施問題

【中学校】

【1】次の各問いに答えなさい。

(1) 次の文は，教育基本法第4条の条文である。条文中の[　]に入る共通の語句として適切なものを以下の(ア)〜(オ)から一つ選び，記号で答えなさい。

> 第4条　すべて国民は，ひとしく，その能力に応じた教育を受ける機会を与えられなければならず，人種，信条，性別，社会的身分，経済的地位又は門地によって，教育上差別されない。
>
> 2　[　]は，障害のある者が，その障害の状態に応じ，十分な教育を受けられるよう，教育上必要な支援を講じなければならない。
>
> 3　[　]は，能力があるにもかかわらず，経済的理由によって修学が困難な者に対して，奨学の措置を講じなければならない。

(ア)　国民　　　　　　　　　(イ)　教育委員会
(ウ)　国及び地方公共団体　　(エ)　父母その他の保護者
(オ)　教育長

(2) 次の文章が説明する制度の名称として，最も適切なものを答えなさい。

> 平成16年に法制化され，その後，平成29年の法改正により，その設置が教育委員会の努力義務となっている。学校と地域住民等が力を合わせて学校の運営に取り組むことが可能となる「地域とともにある学校」への転換を図るための有効な仕組みである。

　　　学校運営に地域の声を積極的に生かし，地域と一体となっ
　　て特色ある学校づくりを進めていくことができる。
　　　なお，法律に基づいて教育委員会が学校に設置するこの制
　　度に関する機関には，主な役割として以下の3つがある。
　　○校長が作成する学校運営の基本方針を承認する。
　　○学校運営に関する意見を教育委員会又は校長に述べること
　　　ができる。
　　○教職員の任用に関して，教育委員会規則に定める事項につ
　　　いて，教育委員会に意見を述べることができる。

(3)　次の文章は，令和3年1月26日に中央教育審議会で取りまとめられ
　　た「『令和の日本型学校教育』の構築を目指して〜全ての子供たち
　　の可能性を引き出す，個別最適な学びと，協働的な学びの実現〜
　　(答申)」における「第Ⅱ部　各論」の「6. 遠隔・オンライン教育を
　　含むICTを活用した学びの在り方について」に記載された内容の一
　　部である。(　①　)〜(　④　)にあてはまる，最も適切な語句の組
　　合せを以下の(ア)〜(ク)から一つ選び，記号で答えなさい。

　　第Ⅱ部　各論

　　　6. 遠隔・オンライン教育を含むICTを活用した学びの在
　　　り方について

　　(1)　基本的な考え方
　　○　これからの学校教育を支える基盤的なツールとして，ICT
　　　は必要不可欠なものであり，1人1台の端末環境を生かし，
　　　端末を日常的に活用していく必要がある。また，ICTを利用
　　　して(　①　)制約を緩和することによって，他の学校・地域
　　　や海外との交流なども含め，今までできなかった学習活動
　　　が可能となる。
　　○　学校教育におけるICTの活用に当たっては，新学習指導要
　　　領の趣旨を踏まえ，各教科等において育成するべき資質・

能力等を把握し，心身に及ぼす影響にも留意しつつ，まずはICTを日常的に活用できる環境を整え，児童生徒が「（　②　）」として活用できるようにし，「主体的・対話的で深い学び」の実現に向けた(　③　)に生かしていくことが重要である。

○　また，AI技術が高度に発達するSociety5.0時代にこそ，教師による(　④　)や児童生徒同士による学び合い，地域社会での多様な学習体験の重要性がより一層高まっていくものである。もとより，学校教育においては，教師が児童生徒一人一人の日々の様子，体調や授業の理解度を直接に確認・判断することで，児童生徒の理解を深めたり，生徒指導を行ったりすることが重要であり，あわせて，児童生徒の怪我や病気，災害の発生等の不測のリスクに対する安全管理への対応にも万全を期す必要がある。

	①	②	③	④
(ア)	集団的・画一的	文房具	環境構築	オンライン授業
(イ)	集団的・画一的	教科書	環境構築	オンライン授業
(ウ)	集団的・画一的	文房具	環境構築	対面指導
(エ)	集団的・画一的	教科書	授業改善	対面指導
(オ)	空間的・時間的	文房具	授業改善	対面指導
(カ)	空間的・時間的	教科書	授業改善	対面指導
(キ)	空間的・時間的	文房具	授業改善	オンライン授業
(ク)	空間的・時間的	教科書	環境構築	オンライン授業

(4)　次の文章は，中学校学習指導要領(平成29年3月告示)第2章第3節数学の目標で示されたものである。文中の空欄(　①　)～(　⑥　)にあてはまる最も適切な語句を以下の【語群】の中からそれぞれ一つずつ選び，記号で答えなさい。

数学的な見方・考え方を働かせ，数学的活動を通して，(　①　)資質・能力を次のとおり育成することを目指す。

(1)　数量や図形などについての基礎的な概念や原理・法則な

どを理解するとともに，事象を(②)したり，数学的に解釈したり，数学的に表現・処理したりする技能を身に付けるようにする。

(2) 数学を活用して事象を(③)力，数量や図形などの性質を見いだし(④)・発展的に考察する力，数学的な表現を用いて事象を簡潔・明瞭・(⑤)に表現する力を養う。

(3) 数学的活動の楽しさや数学のよさを実感して粘り強く考え，数学を生活や学習に生かそうとする態度，問題解決の(⑥)を振り返って評価・改善しようとする態度を養う。

【語群】

(ア) 創造的   (イ) 抽象化   (ウ) 論理的に考察する

(エ) 方法   (オ) 過程   (カ) 演繹的

(キ) 数学化   (ク) 正確   (ケ) 数学的に考える

(コ) 統合的   (サ) 的確

(5) 次の文章は，中学校学習指導要領(平成29年3月告示)第2章第3節数学の第1学年の内容に記載されている〔数学的活動〕の一部を抜粋・省略し，4か所を空欄にしたものである。文中の空欄(①)～(④)にあてはまる最も適切な語句を答えなさい。

(1) 「A(①)」，「B図形」，「C関数」及び「D(②)」の学習やそれらを相互に関連付けた学習において，次のような数学的活動に取り組むものとする。

ア 日常の事象を(③)的に捉え，数学的に表現・処理し，問題を解決したり，解決の過程や結果を振り返って考察したりする活動

イ 〈‥省略‥〉

ウ 数学的な表現を用いて筋道立てて(④)し伝え合う活動

(6) 中学校学習指導要領(平成29年3月告示)第2章第3節数学の第2学年の内容または内容の取扱いに示されている事柄を(ア)～(カ)の中か

らすべて選び，記号で答えなさい。

(ア)　四分位範囲や箱ひげ図の必要性と意味を理解すること

(イ)　誤差や近似値，$a \times 10^n$ の形の表現を取り扱うものとする

(ウ)　多数の観察や多数回の試行によって得られる確率の必要性と意味を理解すること

(エ)　用語「平均値，中央値，最頻値，階級」

(オ)　用語「反例」

(カ)　自然数を素数の積として表すことを取り扱うものとする

(7)　次の(ア)〜(キ)の用語・記号のうち，中学校学習指導要領(平成29年3月告示)第2章第3節数学の第3学年の内容に示されていないものをすべて選び，記号で答えなさい。

(ア)　根号　　(イ)　因数　　(ウ)　弦　　(エ)　有理数

(オ)　∞　　(カ)　全数調査　　(キ)　素数

(☆☆☆◎◎◎)

【解答の表記の方法について】

　　分数で表記する場合は，約分ができる場合は必ず約分をすること。

　　根号を使う場合は，根号の中をできるだけ簡単な数で表すこと。また，分母を有理化すること。

【2】次の各問いに答えなさい。

(1)　整数 a を9で割ると7余り，整数 b を9で割ると5余る。整数 $b-a$ を9で割ったときの余りを求めなさい。

(2)　等式 $\dfrac{4}{a}-\dfrac{2}{b}=1$ を満たす自然数 a，b の組をすべて求めなさい。

(3)　$a^2-3b^2-2ab+a-7b-2$ を因数分解しなさい。

(4)　$x=\dfrac{1+\sqrt{5}}{2}$ のとき，x^4-3x^3 の値を求めなさい。

(5)　次の図のように，同じ長さの棒を接続具で固定しながら，立方体

をつなげた模型をつくっていく。立方体を横方向にa個，垂直方向にb段積み上げていくとき，必要な棒の本数をa，bを用いて表しなさい。

図

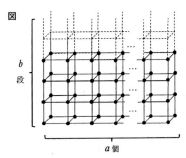

(6) 次の図をもとにして，以下の条件を満たす三角形をコンパスと定規を用いて作図しなさい。ただし，作図に用いた線は消さないこと。

図

B　　　C

> 【条件】
> ① 点Aは直線BCの上側にとること。
> ② ∠BAC＝45°，AB＝ACとなる点Aをとること。
> ③ 条件①，②を満たす△ABCを作図すること。

(☆☆☆◎◎◎)

【3】次の各問いに答えなさい。
(1) 次の図のような△ABCがある。辺ABを2：1に分ける点をPとし，辺BCと辺CAの中点をそれぞれR，Qとする。また，点Dは線分PQと線分ARの交点である。AD＝6cmのとき，DRの長さを求めなさい。

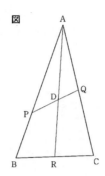

(2) 次の図で，AB//CD//EF，AB＝8cm，EF＝6cm，BG＝10cm，GF＝2cmのとき，CDの長さを求めなさい。

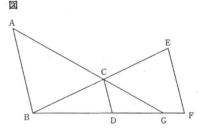

(3) 次の図のように，半径8cmの円に内接する正八角形の面積を求めなさい。

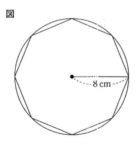

(4) 次の図は，AB＝10cm，BC＝CD＝5cm，AD：DB＝CE：ED＝2：3である。BEの延長線とACとの交点をFとするとき，以下の①，②に答えなさい。

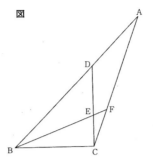

図

① △ABC∽△BDEとなることを証明しなさい。

② BF：CFを求めなさい。

(☆☆☆◎◎◎)

【4】次の各問いに答えなさい。

(1) 次の図の放物線は，関数$y=ax^2$のグラフであり，点Oは原点である。2点A，Bはこの放物線上の点であり，その座標はA(-6，12)，B(3，b)である。以下の各問いに答えなさい。

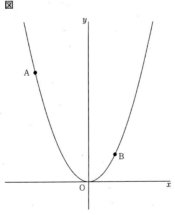

図

① 上の図の関数$y=ax^2$について，xの変域が$-3 \leqq x \leqq 1$のとき，yの変域を求めなさい。

また，直線ABとx軸との交点を点Cとするとき，点Cの座標を求

めなさい。

② △AOB＝△AOPとなる点Pを放物線上にとるとき，点Pの座標を求めなさい。ただし，点Pのx座標は負の数とする。

③ △AOBについて，x軸を回転の軸として1回転させたときにできる立体の体積を求めなさい。ただし，円周率はπとする。

(2) 容器Aには，12％の食塩水，容器Bには5％の食塩水が入っている。容器Aに入っている食塩水の$\dfrac{2}{5}$の量を取り出して，容器Bに入れて混ぜたところ，7.8％の食塩水が2000gできた。容器A，Bには，はじめにそれぞれ食塩水が何g入っていたのかを求めなさい。

(3) Aの袋には，白玉1個と赤玉1個，Bの袋には，白玉1個と赤玉2個，Cの袋には，白玉3個と赤玉1個がそれぞれ入っている。A，B，Cの袋の中からそれぞれ玉を1個ずつ取り出すとき，少なくとも1個は白玉が出る確率を求めなさい。

ただし，それぞれの袋において，どの玉の取り出し方も同様に確からしいものとする。

(☆☆☆◎◎◎)

【5】次の箱ひげ図は，河川敷清掃ボランティアに参加したA町60人とB町75人の年齢についてのデータを整理したものである。以下の各問いに答えなさい。

【箱ひげ図】

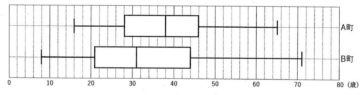

(1) このデータについて，次の[　]にあてはまる数を書きなさい。

① A町から参加した人の年齢の四分位範囲は，[　ア　]歳である。

② B町から参加した人の年齢の第3四分位数は，年齢が低いほうから数えて[　イ　]番目の参加者の年齢である。

③ B町から参加した32歳以上43歳以下の人数は[　ウ　]人以下で

ある。

(2)　次の①〜③の各文の内容について，このデータからわかることとして正しいものには○，正しくないものには×を書きなさい。

①　A町とB町から参加した人の平均年齢は，A町の方が高い。

②　A町から参加した人の年齢の第1四分位数は，年齢が低いほうから29人分のデータの中央値である。

③　B町から参加した人の中には，30歳代が1人しかいない可能性も考えられる。

(☆☆☆◎◎)

【高等学校】

【1】次の各問いに答えなさい。

(1)　次の文は，教育基本法第4条の条文である。条文中の[　]に入る共通の語句として適切なものを以下の(ア)〜(オ)から一つ選び，記号で答えなさい。

> 第4条　すべて国民は，ひとしく，その能力に応じた教育を受ける機会を与えられなければならず，人種，信条，性別，社会的身分，経済的地位又は門地によって，教育上差別されない。
>
> 2　[　]は，障害のある者が，その障害の状態に応じ，十分な教育を受けられるよう，教育上必要な支援を講じなければならない。
>
> 3　[　]は，能力があるにもかかわらず，経済的理由によって修学が困難な者に対して，奨学の措置を講じなければならない。

(ア)　国民　　　　　　　　(イ)　教育委員会

(ウ)　国及び地方公共団体　(エ)　父母その他の保護者

(オ)　教育長

(2)　次の文章が説明する制度の名称として，最も適切なものを答えなさい。

> 　　平成16年に法制化され，その後，平成29年の法改正により，その設置が教育委員会の努力義務となっている。学校と地域住民等が力を合わせて学校の運営に取り組むことが可能となる「地域とともにある学校」への転換を図るための有効な仕組みである。
>
> 　　学校運営に地域の声を積極的に生かし，地域と一体となって特色ある学校づくりを進めていくことができる。
>
> 　　なお，法律に基づいて教育委員会が学校に設置するこの制度に関する機関には，主な役割として以下の3つがある。
>
> ○校長が作成する学校運営の基本方針を承認する。
>
> ○学校運営に関する意見を教育委員会又は校長に述べることができる。
>
> ○教職員の任用に関して，教育委員会規則に定める事項について，教育委員会に意見を述べることができる。

(3)　次の文章は，令和3年1月26日に中央教育審議会で取りまとめられた「『令和の日本型学校教育』の構築を目指して〜全ての子供たちの可能性を引き出す，個別最適な学びと，協働的な学びの実現〜(答申)」における「第Ⅱ部　各論」の「6.遠隔・オンライン教育を含むICTを活用した学びの在り方について」に記載された内容の一部である。(　①　)〜(　④　)にあてはまる，最も適切な語句の組合せを以下の(ア)〜(ク)から一つ選び，記号で答えなさい。

> 第Ⅱ部　各論
>
> > 6.　遠隔・オンライン教育を含むICTを活用した学びの在り方について
>
> (1)　基本的な考え方
>
> ○　これからの学校教育を支える基盤的なツールとして，ICTは必要不可欠なものであり，1人1台の端末環境を生かし，端末を日常的に活用していく必要がある。また，ICTを利用

して(①)制約を緩和することによって，他の学校・地域や海外との交流なども含め，今までできなかった学習活動が可能となる。

○ 学校教育におけるICTの活用に当たっては，新学習指導要領の趣旨を踏まえ，各教科等において育成するべき資質・能力等を把握し，心身に及ぼす影響にも留意しつつ，まずはICTを日常的に活用できる環境を整え，児童生徒が「(②)」として活用できるようにし，「主体的・対話的で深い学び」の実現に向けた(③)に生かしていくことが重要である。

○ また，AI技術が高度に発達するSociety5.0時代にこそ，教師による(④)や児童生徒同士による学び合い，地域社会での多様な学習体験の重要性がより一層高まっていくものである。もとより，学校教育においては，教師が児童生徒一人一人の日々の様子，体調や授業の理解度を直接に確認・判断することで，児童生徒の理解を深めたり，生徒指導を行ったりすることが重要であり，あわせて，児童生徒の怪我や病気，災害の発生等の不測のリスクに対する安全管理への対応にも万全を期す必要がある。

	①	②	③	④
(ア)	集団的・画一的	文房具	環境構築	オンライン授業
(イ)	集団的・画一的	教科書	環境構築	オンライン授業
(ウ)	集団的・画一的	文房具	環境構築	対面指導
(エ)	集団的・画一的	教科書	授業改善	対面指導
(オ)	空間的・時間的	文房具	授業改善	対面指導
(カ)	空間的・時間的	教科書	授業改善	対面指導
(キ)	空間的・時間的	文房具	授業改善	オンライン授業
(ク)	空間的・時間的	教科書	環境構築	オンライン授業

(4) 次の文は，「高等学校学習指導要領(平成30年3月告示)」の「第2章第4節 数学」の第1款で示された目標である。空欄(①)〜(④)にあてはまる最も適切な語句を答えなさい。

　　数学的な見方・考え方を働かせ，(①)を通して，数学的
　に考える資質・能力を次のとおり育成することを目指す。
　(1)　数学における基本的な概念や原理・法則を(②)に理解
　　するとともに，事象を数学化したり，数学的に解釈したり，
　　数学的に表現・処理したりする技能を身に付けるようにす
　　る。
　(2)　数学を活用して事象を論理的に考察する力，事象の本質
　　や他の事象との関係を認識し(③)・発展的に考察する
　　力，数学的な表現を用いて事象を簡潔・明瞭・的確に表現
　　する力を養う。
　(3)　(④)を認識し積極的に数学を活用しようとする態度，
　　粘り強く考え数学的論拠に基づいて判断しようとする態度，
　　問題解決の過程を振り返って考察を深めたり，評価・改善
　　したりしようとする態度や創造性の基礎を養う。

(☆☆☆◎◎◎)

【2】次の各問いに答えなさい。ただし，解答は答えのみ記入しなさい。

(1)　座標空間の4点A(1, 1, −1)，B(3, −2, 0)，C(−2, 2, 1)，D(a,
　　$a+2$, 3)が同一平面上にあるとき，定数aの値を求めなさい。

(2)　$0 \leqq x \leqq \dfrac{\pi}{6}$のとき，関数$y = \cos^2 x + 2\sin x \cos x - \sin^2 x$の最大値を求めな
　　さい。ただし，そのときのxの値は答えなくてもよい。

(3)　0でない複素数α，βが$|\alpha - \beta| = 3$，$\alpha^2 - 2\alpha\beta + 4\beta^2 = 0$を満た
　　している。次の各問いに答えなさい。
　　①　$\dfrac{\alpha}{\beta}$の値を求めなさい。
　　②　複素数平面において3点O(0)，A(α)，B(β)のつくる三角形の面
　　　積を求めなさい。

(4)　次の各問いに答えなさい。
　　①　次の(ア)，(イ)にあてはまる最も適切なものを答えな
　　　さい。

関数$f(x)$が$x=a$において連続であることの定義は，極限値（　ア　）が存在し，かつ，等式（　ア　）＝（　イ　）が成り立つことである。

② 次の関数$g(x)$が連続関数となるような定数aの値を答えなさい。

$$g(x)=\begin{cases} \dfrac{\cos 5x-1}{x^2} & (x\neq 0) \\ a & (x=0) \end{cases}$$

(5) 0でない整数x，y，zが$\dfrac{y+z}{2x}=\dfrac{z+x}{2y}=\dfrac{x+y}{2z}$を満たすとき，$\dfrac{y+z}{2x}$のとり得る値をすべて求めなさい。

(6) 和$S_n=10\cdot 1+18\cdot 3^1+26\cdot 3^2+\cdots+(8n+2)\cdot 3^{n-1}$を求めなさい。

(7) 次の（　①　），（　②　）に入る最も適切なものを答えなさい。

> 直線l：$(3k+1)x+(4k-2)y+(-11k+3)=0$は定数$k$の値にかかわらず定点Aを通る。その点Aの座標は（　①　）である。kの値を変化させることでlは点Aを通るさまざまな直線を表すことができるが，点Aを通る直線（　②　）$=0$だけは，どのようなkを代入しても表すことはできない。

(☆☆☆◎◎◎)

【3】1個のさいころをくり返し投げ，1回目からn回目までに出た目の積が18になる確率をP_nとする。ただし，さいころを1回投げるときの目の出方は同様に確からしいものとする。次の各問いに答えなさい。

(1) 次の（　①　）〜（　④　）にあてはまる確率を答えなさい。ただし解答は，答えのみ記入しなさい。

$P_2=$（　①　）である。

次にP_3を求める。「1回目から3回目までに1の目が1回も出ず，かつそれらの目の積が18である」という事象の確率は（　②　），「1回目から3回目までに1の目が少なくとも1回は出て，かつそれらの目の積が18である」という事象の確率は（　③　）であるから，$P_3=$（　④　）である。

(2) nを4以上の自然数とする。P_nを求めなさい。

(3)　nを4以上の自然数とする。1回目からn回目までに出た目の積が18であったとき，1回目から$(n-1)$回目までの出た目の積は18ではないという条件つき確率を求めなさい。

(☆☆◎◎◎)

【4】数学Ⅰ，数学Aを履修し，さらに，数学Ⅱの「いろいろな式」と「図形と方程式」の内容を教科書で学習した生徒たちに対し，次の【問題】を授業で扱うことにした。

> 【問題】
> 　　実数tが$t \geq 0$で変化するとき，直線$y=4(t-1)x-2t^2-1$が通過する領域Dを図示しなさい。

次の各問いに答えなさい。

(1)　この【問題】を解決する道筋を生徒に考えさせるために，授業で
「点$(-1, 4)$は領域Dに含まれるかどうか？」
を発問することにした。この「　　」について，授業で期待する正解例を答案の形でまとめなさい。
　　また，この正解例を解説するにあたり，ポイントとなるところにアンダーラインを引きなさい。

(2)　【問題】を解きなさい。

(☆☆☆◎◎◎)

【5】関数$f(x)=\dfrac{\log x}{x^2}$ $(x>0)$がある。次の各問いに答えなさい。
(1)　① $f'(x)$, ② $f''(x)$をそれぞれ求めなさい。ただし，解答は答えのみ記入しなさい。
(2)　関数$f(x)$の極値と，曲線$y=f(x)$の変曲点の座標を求めなさい。
(3)　曲線$y=f(x)$に原点から引いた接線をlとする。lの方程式を求めなさい。
(4)　(3)の接線lと曲線$y=f(x)$とx軸とで囲まれた部分の面積を求めなさい。

(☆☆☆◎◎◎)

解答・解説

【中学校】

【1】(1) （ウ）　　(2)　学校運営協議会(制度)(コミュニティ・スクール)

(3) （オ）　(4) ① （ケ）　② （キ）　③ （ウ）　④ （コ）

⑤ （サ）　⑥ （オ）　(5) ① 数と式　② データの活用

③ 数理　④ 説明　(6) （ア），（オ）　(7) （ウ），（キ）

〈解説〉学習指導要領や学習指導要領解説のみでなく，教育基本法やその他の教育に関する制度などについての出題も見られるので，教育に関する最新情報を得て理解しておく必要がある。

【2】(1) 7　(2) $(a, b)=(2, 2), (3, 6)$　(3) $(a+b+2)(a-3b-1)$

(4) $\dfrac{-5-3\sqrt{5}}{2}$　(5) $1+3a+3b+5ab$〔本〕

(6)

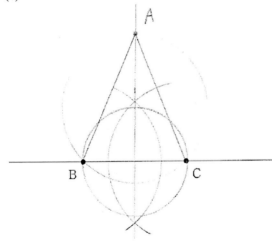

〈解説〉(1)　題意より，p, qを整数とすると，

$a=9p+7$, $b=9q+5$　と表せるので，

$b-a=(9q+5)-(9p+7)=9(q-p)-2=9(q-p-1)+7$

よって，余りは7となる。

(2)　$\dfrac{4}{a}=1+\dfrac{2}{b}$　…①より，$\dfrac{4}{a}\geqq1$　($\because$　bは自然数)

よって，$a\leqq4$なので，$a=1$，2，3，4　が考えられる。

$a=1$のとき，①は，$\dfrac{4}{1}=4=1+\dfrac{2}{b}$　より，bは自然数にならない。

$a=2$のとき，①は，$\dfrac{4}{2}=2=1+\dfrac{2}{b}$　より，$b=2$

$a=3$のとき，①は，$\dfrac{4}{3}=1+\dfrac{2}{b}$　より，$b=6$

$a=4$のとき，①は，$\dfrac{4}{4}=1=1+\dfrac{2}{b}$　より，bは自然数にならない。

以上より，条件を満たす組は，$(a,\ b)=(2,\ 2)$，$(3,\ 6)$

(3)　(与式)$=a^2-(2b-1)a-(3b^2+7b+2)=a^2-(2b-1)a-(3b+1)(b+2)$
$$=(a+b+2)(a-3b-1)$$

(4)　$x=\dfrac{1+\sqrt{5}}{2}$より，$2x-1=\sqrt{5}$

両辺を2乗して，$4x^2-4x+1=5$

$x^2=x+1$

したがって，$x^4-3x^3=(x+1)^2-3x(x+1)=-2x^2-x+1$
$$=-2(x+1)-x+1$$
$$=-3x-1=-3\times\dfrac{1+\sqrt{5}}{2}-1$$
$$=\dfrac{-5-3\sqrt{5}}{2}$$

(5)　横方向に使う棒の本数は，1番下の面だけを考えると，

立方体1個では4本，2個では7本，3個では10本，…，a個では$4+(a-1)\times3=3a+1$〔本〕

また，b段まで立方体をつなげると，面の数が$b+1$より，必要な棒の本数は，

$(3a+1)(b+1)=3ab+3a+b+1$〔本〕

次に，垂直方向に使う棒は，1段目だけを考えると，

立方体1個では4本，2個では6本，3個では8本，…，a個では$4+(a-$

1)×2＝2(*a*＋1)〔本〕

*b*段まで立方体をつなげると，

2(*a*＋1)×*b*＝2*ab*＋2*b*〔本〕

よって，必要な棒の総数は，

(3*ab*＋3*a*＋*b*＋1)＋(2*ab*＋2*b*)＝5*ab*＋3*a*＋3*b*＋1〔本〕

(6) 条件②より，△ABCはAB＝AC，∠BAC＝45°の二等辺三角形なので，

(i) まずはBCの垂直二等分線を引く。

(ii) (i)の垂直二等分線とBCとの交点Oを中心に，BCが直径となる円を描く。

(iii) 点Oと(i)の垂直二等分線の交点O′を中心に，OB(またはOC)が半径となる円を描くと，(i)の垂直二等分線との交点がAとなる。

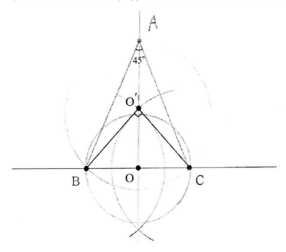

【3】 (1) $\dfrac{9}{2}$〔cm〕(4.5〔cm〕) (2) $\dfrac{40}{13}$〔cm〕 (3) $128\sqrt{2}$〔cm²〕

(4) ① △ABCと△BDEで， AB：BD＝10：6＝5：3

　　　　　　　　　　　 BC：DE＝5：3

したがって， AB：BD＝BC：DE …①

BC＝CD　より，∠ABC＝∠BDE　…②

①，②より　2組の辺の比とその間の角がそれぞれ等しいので，

△ABC∽△BDE

② BF：CF＝5：2

〈解説〉(1)　直線BCと直線PQの交点をSとする。

メネラウスの定理より，$\dfrac{AP}{PB} \cdot \dfrac{BS}{SC} \cdot \dfrac{CQ}{QA} = 1$

$$\dfrac{2}{1} \cdot \dfrac{BS}{SC} \cdot \dfrac{1}{1} = 1$$

$$\dfrac{BS}{SC} = \dfrac{1}{2}$$

つまり，BS：SC＝1：2

したがって，SB：BR：RC＝2：1：1　なので，SC：RS＝4：3

よって，メネラウスの定理より，$\dfrac{AD}{DR} \cdot \dfrac{RS}{SC} \cdot \dfrac{CQ}{QA} = 1$

$$\dfrac{6}{DR} \cdot \dfrac{3}{4} \cdot \dfrac{1}{1} = 1$$

$$DR = \dfrac{9}{2} \ \text{〔cm〕}$$

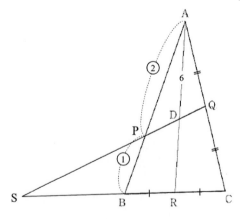

(2)　直線AGと直線EFの交点をHとする。

対頂角および平行線の錯角は等しいので，△ABG∽△HFGより，

AB：HF＝BG：FG

8：HF＝10：2

HF＝$\frac{8}{5}$〔cm〕なので，EH＝6＋$\frac{8}{5}$＝$\frac{38}{5}$〔cm〕

次に，同様に考えると，△ABC∽△HECより，

AB：HE＝BC：EC

8：$\frac{38}{5}$＝BC：EC

つまり，BC：EC＝20：19　より，BC：BE＝20：39

さらに，△BDC∽△BFEより，　CD：EF＝BC：BE

CD：6＝20：39

CD＝$\frac{40}{13}$〔cm〕

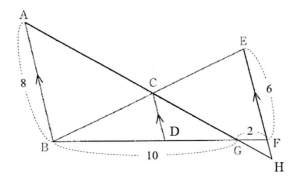

(3)　この正八角形は，2辺が8cm，これらに挟まれる角が$\frac{360°}{8}$＝45°の二等辺三角形が8つ集まってできている。

よって，求める面積は，$8 \cdot \frac{1}{2} \cdot 8 \cdot 8 \cdot \sin 45° = 128\sqrt{2}$〔cm²〕

(4)　①　以下の図を参照。

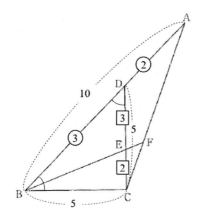

② メネラウスの定理より，$\dfrac{\mathrm{AB}}{\mathrm{BD}} \cdot \dfrac{\mathrm{DE}}{\mathrm{EC}} \cdot \dfrac{\mathrm{CF}}{\mathrm{FA}} = 1$

$$\dfrac{10}{6} \cdot \dfrac{3}{2} \cdot \dfrac{\mathrm{CF}}{\mathrm{FA}} = 1$$

$$\mathrm{FA} : \mathrm{CF} = 5 : 2$$

また，①の結果より，∠BAF＝∠FBAとなるので，△FABは二等辺三角形であり，

BF＝AFより，BF：CF＝5：2

【4】(1) ① yの変域…$0 \leqq y \leqq 3$　　C(6，0)　　② P(－9，27)

③ 270π　　(2) 容器Aの食塩水…2000〔g〕　　容器Bの食塩水…1200〔g〕　　(3) $\dfrac{11}{12}$

〈解説〉(1) ① $y = ax^2$は点A(－6，12)を通るので，これらを代入して，$a = \dfrac{1}{3}$

つまり，この放物線の方程式は，$y = \dfrac{1}{3}x^2$

したがって，$-3 \leqq x \leqq 1$ におけるyの変域は　$0 \leqq y \leqq 3$

次に，点B(3，b)より，これらを代入して，$b = \dfrac{1}{3} \times 3^2 = 3$

よって，直線ABの方程式は，$y - 12 = \dfrac{3-12}{3+6}(x+6)$

$$y=-x+6$$

よって，直線ABとx軸との交点Cの座標は，C(6，0)

② 直線OAの方程式は，$y=-2x$ であり，

ABを底辺とする△PABを考えると，

点Pは点Bを通り，傾きが直線OAと等しい直線と放物線との交点である。

直線BPの方程式は，$y-3=-2(x-3)$

$$y=-2x+9$$

つまり，放物線 $y=\dfrac{1}{3}x^2$ と 直線 $y=-2x+9$ の交点のうち，

点Bでない方の点がPとなるので，

$\dfrac{1}{3}x^2=-2x+9$ を解いて，

$x=3，-9$

したがって，点Pのx座標は，$x=-9$ より，P(-9，27)

③ 点Aからx軸におろした垂線とx軸の交点をD(-6，0)とすると，

△ADCについて，x軸を回転の軸として1回転させたときにできる立体の体積は，

$\dfrac{1}{3}\cdot\pi\cdot12^2\cdot12=576\pi$

△ADOについて，x軸を回転の軸として1回転させたときにできる立体の体積は，

$\dfrac{1}{3}\cdot\pi\cdot12^2\cdot6=288\pi$

△BOCについて，x軸を回転の軸として1回転させたときにできる立体の体積は，

$\dfrac{1}{3}\cdot\pi\cdot3^2\cdot6=18\pi$

よって，△AOBについて，x軸を回転の軸として1回転させたときにできる立体の体積は，

$576\pi-288\pi-18\pi=270\pi$

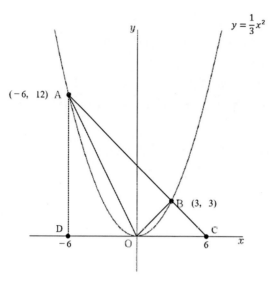

(2) 容器A，Bにはじめに入っていた食塩水をそれぞれa〔g〕，b〔g〕とすると，

容器A，Bにはじめに入っている食塩の量はそれぞれ0.12a〔g〕，0.05b〔g〕である。

容器Aに入っている食塩水の$\dfrac{2}{5}$の量を取り出して，容器Bに入れたので，

その後の容器Bの食塩水の量は，$b+\dfrac{2}{5}a$〔g〕となり，それが2000gなので，

$\dfrac{2}{5}a+b=2000$ …①

　また，容器Bの食塩の量は，$0.05b+\dfrac{2}{5}\times0.12a=0.048a+0.05b$〔g〕となり，

それが$2000\times0.078=156$〔g〕なので，

$0.048a+0.05b=156$ …②

①の両辺を5倍して，$2a+5b=10000$ …①'

②の両辺を1000倍して，$48a+50b=156000$ …②'

①′, ②′を解いて, $a=2000$, $b=1200$

よって, はじめに入っていた容器Aの食塩水は2000g, 容器Bの食塩水は1200g

(3) A, B, Cの袋の中からそれぞれ玉を1個ずつ取り出すとき,

「少なくとも1個は白玉が出る」事象の余事象は,「すべて赤玉が出る」なので,

求める確率は, $1-\dfrac{1}{2}\times\dfrac{2}{3}\times\dfrac{1}{4}=1-\dfrac{1}{12}=\dfrac{11}{12}$

【5】(1) ア　18　　イ　57　　　ウ　18　　(2) ①　×　　②　×　③　○

〈解説〉(1)　ア　四分位範囲は, 箱ひげ図の箱の範囲なので, $46-28=18$〔歳〕　イ　B町の参加人数は75人なので, 第1四分位数に1人, 中央値に1人, 第3四分位数に1人いて, 最小値と第1四分位数の間, 第1四分位数と中央値の間, 中央値と第3四分位数の間, 第3四分位数と最大値の間には, それぞれ18人ずついることになる。したがって, 第3四分位数の年齢は低いほうから数えて, $18+1+18+1+18+1=57$〔番目〕　ウ　B町の32歳以上43歳以下は, 中央値と第3四分位数の間にすべて入るので, 18人以下とわかる。　(2)　①　問題の箱ひげ図からは, 平均値は分からない。　②　A町の参加人数は60人なので, 最小値と第1四分位数の間, 第1四分位数と中央値の間, 中央値と第3四分位数の間には, それぞれ15人ずついることになる。したがって, A町の参加者の第1四分位数は, 年齢が低いほうから15人目と16人目の平均値となる。　③　B町からの参加者の箱ひげ図において, 中央値は31歳, 第3四分位数は44歳なので, この間の範囲にいる人が全員40歳代である可能性があり, 第1四分位数の21歳と中央値の31歳の間の範囲にいる人が全員20歳代である可能性もある。この場合は, 30歳代が中央値を示す1人になっているので正しい。

【高等学校】

【１】(1)　（ウ）　　(2)　学校運営協議会(制度)(コミュニティ・スクール)
(3)　（オ）　　(4)　①　数学的活動　　②　体系的　　③　統合的
④　数学のよさ

〈解説〉学習指導要領や学習指導要領解説のみでなく，教育基本法やその
他の教育に関する制度などについての出題も見られるので，教育に関
する最新情報を得て理解しておく必要がある。

【２】(1)　$a=-2$　　(2)　$\sqrt{2}$　　(3)　①　$1\pm\sqrt{3}\,i$　　②　$\dfrac{3\sqrt{3}}{2}$

(4)　①　ア　$\displaystyle\lim_{x\to a}f(x)$　　イ　$f(a)$　　②　$a=-\dfrac{25}{2}$

(5)　$\dfrac{y+z}{2x}=1,\ -\dfrac{1}{2}$　　(6)　$S_n=(4n-1)\cdot 3^n+1$

(7)　①　$(1,\ 2)$　　②　$3x+4y-11$

〈解説〉(1)　4点A，B，C，Dが同一平面上にあるので，実数s，tを用い
て，

$\overrightarrow{\text{AD}}=s\overrightarrow{\text{AB}}+t\overrightarrow{\text{AC}}$　　と表すことができる。

$\overrightarrow{\text{AD}}=(a-1,\ a+1,\ 4)$，　$\overrightarrow{\text{AB}}=(2,\ -3,\ 1)$，　$\overrightarrow{\text{AC}}=(-3,\ 1,\ 2)$より，

$$\begin{cases} a-1=2s-3t & \cdots(\text{i}) \\ a+1=-3s+t & \cdots(\text{ii}) \\ 4=s+2t & \cdots(\text{iii}) \end{cases}$$

(i)－(ii)より，　$-2=5s-4t$　$\cdots$(iv)

$2\times$(iii)＋(iv)より，　$6=7s$

$s=\dfrac{6}{7}$

(iii)に代入すると，　$4=\dfrac{6}{7}+2t$

$t=\dfrac{11}{7}$

(i)に代入すると，　$a-1=\dfrac{12}{7}-\dfrac{33}{7}=-3$

$a = -2$

(2) 2倍角の公式より，$\cos^2 x - \sin^2 x = \cos 2x$，$2\sin x \cos x = \sin 2x$

したがって，$y = \sin 2x + \cos 2x = \sqrt{2}\,\sin\left(2x + \dfrac{\pi}{4}\right)$ （∵　合成公式より）

ここで，$0 \leq x \leq \dfrac{\pi}{6}$ より，$\dfrac{\pi}{4} \leq 2x + \dfrac{\pi}{4} \leq \dfrac{7}{12}\pi$　なので，

$\dfrac{1}{\sqrt{2}} \leq \sin\left(2x + \dfrac{\pi}{4}\right) \leq 1$ より，$1 \leq \sqrt{2}\,\sin\left(2x + \dfrac{\pi}{4}\right) \leq \sqrt{2}$

よって，求める最大値は $\sqrt{2}$

(3)　①　$\alpha^2 - 2\alpha\beta + 4\beta^2 = 0$　両辺を β^2 で割って，

$\left(\dfrac{\alpha}{\beta}\right)^2 - 2 \cdot \dfrac{\alpha}{\beta} + 4 = 0$

$\dfrac{\alpha}{\beta} = 1 \pm \sqrt{3}\,i$

②　①より，$\dfrac{\alpha}{\beta} = 1 \pm \sqrt{3}\,i = 2\left(\dfrac{1}{2} \pm \dfrac{\sqrt{3}}{2}i\right) = 2\left\{\cos\left(\pm\dfrac{\pi}{3}\right) + i\sin\left(\pm\dfrac{\pi}{3}\right)\right\}$

したがって，点A(α)は点B(β)を点O(0)を中心として $\pm\dfrac{\pi}{3}$ だけ回転させた点であり，OBを2倍に拡大した点となる。

$|\beta| = x$　とすると，$|\alpha| = 2x$

$|\alpha - \beta| = 3$ より，

△OABにおいて，余弦定理より，$3^2 = x^2 + 4x^2 - 2 \cdot x \cdot 2x \cdot \cos\dfrac{\pi}{3}$

$x = \sqrt{3}$

したがって，△OAB $= \dfrac{1}{2} \cdot \sqrt{3} \cdot 2\sqrt{3} \cdot \sin\dfrac{\pi}{3} = \dfrac{3\sqrt{3}}{2}$

(4)　①　解答参照。

②　$\displaystyle\lim_{x \to 0} \dfrac{\cos 5x - 1}{x^2} = \lim_{x \to 0} \dfrac{(\cos 5x - 1)(\cos 5x + 1)}{x^2(\cos 5x + 1)} = \lim_{x \to 0} \dfrac{\cos^2 5x - 1}{x^2(\cos 5x + 1)}$

$= \displaystyle\lim_{x \to 0} \dfrac{-\sin^2 5x}{x^2(\cos 5x + 1)} = \lim_{x \to 0} \dfrac{\sin^2 5x}{x^2} \times \dfrac{-1}{\cos 5x + 1}$

$= \displaystyle\lim_{x \to 0} 25 \times \dfrac{\sin^2 5x}{(5x)^2} \times \dfrac{-1}{\cos 5x + 1} = 25 \times 1 \times \left(-\dfrac{1}{2}\right)$

$= -\dfrac{25}{2}$

したがって，$x=0$で連続となるとき，$a=-\dfrac{25}{2}$

(5)　$\dfrac{y+z}{2x}=\dfrac{z+x}{2y}=\dfrac{x+y}{2z}=k$　とすると(kは実数),

$y+z=2kx$　…(i),　$z+x=2ky$　…(ii),　$x+y=2kz$　…(iii)

(i)＋(ii)＋(iii)より，$2(x+y+z)=2k(x+y+z)$

したがって，$k=1$　または　$x+y+z=0$

$x+y+z=0$　のとき$\dfrac{y+z}{2x}=\dfrac{-x}{2x}=-\dfrac{1}{2}$

$k=1$のとき，$\dfrac{y+z}{2x}=1$

よって，$\dfrac{y+z}{2x}=1,\ -\dfrac{1}{2}$

(6)　$S_n=10\cdot1+18\cdot3^1+26\cdot3^2+\cdots+(8n+2)\cdot3^{n-1}$

$3\cdot S_n=10\cdot3^1+18\cdot3^2+\cdots+(8n-6)\cdot3^{n-1}+(8n+2)\cdot3^n$

$S_n-3S_n=10\cdot1+8\cdot3^1+8\cdot3^2+\cdots+8\cdot3^{n-1}-(8n+2)\cdot3^n$

$-2S_n=10\cdot1+8\cdot\dfrac{3\cdot(3^{n-1}-1)}{3-1}-(8n+2)\cdot3^n$

$=10+4\cdot3^n-12-(8n+2)\cdot3^n$

$=-2-(8n-2)\cdot3^n$

$S_n=(4n-1)\cdot3^n+1$

(7)　①　与式をkについて整理すると，$(3x+4y-11)k+(x-2y+3)=0$

よって，定数kの値によらないので，

　　$3x+4y-11=0$　かつ　$x-2y+3=0$　が成り立てばよいので，

この連立方程式を解いて，$x=1,\ y=2$　となるので，定点A(1，2)

②　①より，$k=\dfrac{1-(x-2y+3)}{3x+4y-11}$となるので，$3x+4y-11=0$を満たす$k$は存在しない。

【３】(1)　①　$\dfrac{1}{18}$　②　$\dfrac{1}{72}$　③　$\dfrac{1}{36}$　④　$\dfrac{1}{24}$

(2)　18を2以上6以下の自然数の積で作る方法は　$18=3\times6=2\times3\times3$

だけである。

したがって，1回目からn回目までの積が18になる場合とその確率は，次の(i)，(ii)の通り。

(i) 3の目が1回，6の目が1回，1の目が$(n-2)$回出るとき

確率は $\dfrac{n!}{1!\,1!\,(n-2)!}\left(\dfrac{1}{6}\right)\left(\dfrac{1}{6}\right)\left(\dfrac{1}{6}\right)^{n-2}=\dfrac{n(n-1)}{6^n}$

(ii) 2の目が1回，3の目が2回，1の目が$(n-3)$回出るとき

確率は $\dfrac{n!}{1!\,2!\,(n-3)!}\left(\dfrac{1}{6}\right)\left(\dfrac{1}{6}\right)^{2}\left(\dfrac{1}{6}\right)^{n-3}=\dfrac{n(n-1)(n-2)}{2\cdot 6^n}$

(i)と(ii)は互いに排反であるから，

$$P_n=\dfrac{n(n-1)}{6^n}+\dfrac{n(n-1)(n-2)}{2\cdot 6^n}$$
$$=\dfrac{n(n-1)\{2+(n-2)\}}{2\cdot 6^n}$$
$$=\dfrac{n^2(n-1)}{2\cdot 6^n}\quad\cdots\text{(答)}$$

(3) まず「1回目からn回目までに出た目の積が18になる」かつ「1回目から$(n-1)$回目までの積は18ではない」…(*)ときは，n回目に1以外の目が出るから，(2)の(i)，(ii)にそって次のように場合分けする。

(i-i) 3が1回，1が$(n-2)$回出て，n回目に6が出るとき

確率は $_{n-1}C_1\left(\dfrac{1}{6}\right)\left(\dfrac{1}{6}\right)^{n-2}\left(\dfrac{1}{6}\right)=\dfrac{n-1}{6^n}$

(i-ii) 6が1回，1が$(n-2)$回出て，n回目に3が出るとき

確率は $_{n-1}C_1\left(\dfrac{1}{6}\right)\left(\dfrac{1}{6}\right)^{n-2}\left(\dfrac{1}{6}\right)=\dfrac{n-1}{6^n}$

(ii-i) 3が2回，1が$(n-3)$回出て，n回目に2が出るとき

確率は $_{n-1}C_2\left(\dfrac{1}{6}\right)^{2}\left(\dfrac{1}{6}\right)^{n-3}\left(\dfrac{1}{6}\right)=\dfrac{(n-1)(n-2)}{2\cdot 6^n}$

(ii-ii) 2が1回，3が1回，1が$(n-3)$回出て，n回目に3が出るとき

確率は $\dfrac{(n-1)!}{1!\,1!\,(n-3)!}\left(\dfrac{1}{6}\right)\left(\dfrac{1}{6}\right)\left(\dfrac{1}{6}\right)^{n-3}\left(\dfrac{1}{6}\right)=\dfrac{(n-1)(n-2)}{6^n}$

以上，4つの事象は互いに排反であるから，(*)の確率は，

$$\dfrac{n-1}{6^n}+\dfrac{n-1}{6^n}+\dfrac{(n-1)(n-2)}{2\cdot 6^n}+\dfrac{(n-1)(n-2)}{6^n}$$

$$= \frac{(n-1)(3n-2)}{2 \cdot 6^n}$$

したがって，求める条件つき確率は

$$\frac{\dfrac{(n-1)(3n-2)}{2 \cdot 6^n}}{\dfrac{n^2(n-1)}{2 \cdot 6^n}} = \frac{3n-2}{n^2} \quad \cdots(答)$$

〈解説〉(1)　①　2回目までに出た目の積が18となる確率なので，

(1回目，2回目)＝(3，6)，(6，3)の2通りより，$P_2 = \dfrac{2}{36} = \dfrac{1}{18}$

②　1回目から3回目までに，2が1回，3が2回出る確率なので，

$$\frac{3!}{1!2!}\left(\frac{1}{6}\right)^1\left(\frac{1}{6}\right)^2 = 3 \cdot \frac{1}{6} \cdot \frac{1}{36} = \frac{1}{72}$$

③　1回目から3回目までに，1が1回，3が1回，6が1回出る確率なので，

$$\frac{3!}{1!1!1!}\left(\frac{1}{6}\right)^1\left(\frac{1}{6}\right)^1\left(\frac{1}{6}\right)^1 = 6 \cdot \frac{1}{6} \cdot \frac{1}{6} \cdot \frac{1}{6} = \frac{1}{36}$$

④　②と③は互いに排反なので，$P_3 = \dfrac{1}{72} + \dfrac{1}{36} = \dfrac{1}{24}$

(2)(3)　解答参照。

【4】(1)　点$(-1, 4)$がDに含まれるとは，直線の方程式に$x = -1$，$y = 4$を代入した　$4 = 4(t-1) \times (-1) - 2t^2 - 1$　すなわち　$\underline{2t^2 + 4t + 1 = 0}$　…①を満たす実数$t$$(t \geq 0)$が存在するということである。

①より　$t = \dfrac{-2 \pm \sqrt{2}}{2}$

$\dfrac{-2 + \sqrt{2}}{2}$，$\dfrac{-2 - \sqrt{2}}{2}$はいずれも負であり，$t \geq 0$を満たさない。

したがって，点$(-1, 4)$は領域Dに含まれない。　…(答)

(2)　点(X, Y)が領域Dに含まれるとは，$Y = 4(t-1)X - 2t^2 - 1$　すなわち　$2t^2 - 4Xt + (4X + Y + 1) = 0$　…②を満たす実数$t$$(t \geq 0)$が存在するということである。

$f(t) = 2t^2 - 4Xt + (4X + Y + 1)$とおくと，

$f(t) = 2(t - X)^2 + (-2X^2 + 4X + Y + 1)$

放物線$y = f(t)$とt軸との共有点を考える。

100

(i)　軸$t=X$について，$X \leq 0$のとき

$f(0) \leq 0$であるから，$4X+Y+1 \leq 0$である。すなわち　$Y \leq -4X-1$

(ii)　軸$t=X$について，$X>0$のとき

$y=f(t)$の頂点のy座標について$f(X) \leq 0$であるから，$-2X^2+4X+Y+1 \leq 0$である。すなわち　$Y \leq 2(X-1)^2-3$

以上(i)，(ii)により，領域Dは図の斜線部(境界線を含む)。

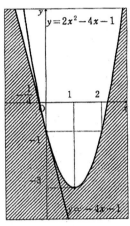

〈解説〉解答参照。

【5】(1)　①　$\dfrac{-2\log x+1}{x^3}$　　②　$\dfrac{6\log x-5}{x^4}$

(2)　$f'(x)>0$とすると　$-2\log x+1>0$より　$0<x<\sqrt{e}$

$f''(x)>0$とすると　$6\log x-5>0$より　$x>e^{\frac{5}{6}}$

増減，凹凸は次の表の通りである。

x	0	$\cdots$	$\sqrt{e}$	$\cdots$	$e^{\frac{5}{6}}$	$\cdots$
$f'(x)$	/	+	0	−	−	−
$f''(x)$	/	−	−	−	0	+
$f(x)$	/	↗	$\dfrac{1}{2e}$	↘	$\dfrac{5}{6e^{\frac{5}{3}}}$	↘

したがって，

極大値　$\dfrac{1}{2e}$　$(x=\sqrt{e}$のとき$)$

極小値　なし

変曲点の座標—$\left(e^{\frac{5}{6}},\ \dfrac{5}{6e^{\frac{5}{3}}}\right)$　…(答)

(3)　lの接点を$\left(t,\ \dfrac{\log t}{t^2}\right)(t>0)$ とおくと，接線lの方程式は

$y-\dfrac{\log t}{t^2}=\dfrac{-2\log t+1}{t^3}(x-t)$　…①

原点を通るので

$0-\dfrac{\log t}{t^2}=\dfrac{-2\log t+1}{t^3}\cdot(-t)$

$\log t=\dfrac{1}{3}$

$t=e^{\frac{1}{3}}$ $(t>0$を満たす$)$

lの方程式は，①より

$y-\dfrac{1}{3e^{\frac{2}{3}}}=\dfrac{1}{3e}\left(x-e^{\frac{1}{3}}\right)$

つまり　$y=\dfrac{1}{3e}x$　…(答)

(4)　$\dfrac{\log x}{x^2}=0$とすると　$x=1$

考える部分は図の斜線部。

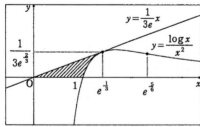

したがって，面積Sは

$$S = \frac{1}{2} \cdot e^{\frac{1}{3}} \cdot \frac{1}{3e^{\frac{2}{3}}} - \int_1^{e^{\frac{1}{3}}} \frac{\log x}{x^2} dx$$

$$= \frac{1}{6e^{\frac{1}{3}}} - \int_1^{e^{\frac{1}{3}}} \left(-\frac{1}{x}\right)' \log x \, dx$$

$$= \frac{1}{6e^{\frac{1}{3}}} - \left[-\frac{1}{x}\log x\right]_1^{e^{\frac{1}{3}}} + \int_1^{e^{\frac{1}{3}}} \left(-\frac{1}{x}\right) \cdot \frac{1}{x} dx$$

$$= \frac{1}{6e^{\frac{1}{3}}} + \frac{1}{e^{\frac{1}{3}}} \log e^{\frac{1}{3}} + \left[\frac{1}{x}\right]_1^{e^{\frac{1}{3}}}$$

$$= \frac{1}{2e^{\frac{1}{3}}} - 1 \quad \cdots(答)$$

〈解説〉(1) ① $f(x) = \frac{\log x}{x^2}$ より,

$$f'(x) = \frac{(\log x)' \cdot x^2 - \log x \cdot (x^2)'}{(x^2)^2} = \frac{\frac{1}{x}x^2 - 2x\log x}{x^4} = \frac{x - 2x\log x}{x^4}$$

$$= \frac{-2\log x + 1}{x^3}$$

② $f''(x) = \frac{(-2\log x + 1)' \cdot x^3 - (-2\log x + 1) \cdot (x^3)'}{(x^3)^2}$

$$= \frac{\left(-\frac{2}{x}\right) \cdot x^3 - (-2\log x + 1) \cdot 3x^2}{x^6}$$

$$= \frac{-2x^2 - 3x^2(-2\log x + 1)}{x^6}$$

$$= \frac{6\log x - 5}{x^4}$$

(2)〜(4) 解答参照。

103

【中学校】

【１】次の各問いに答えなさい。

(1) 次の文は，教育公務員特例法に規定された条文である。条文中の空欄(　①　)・(　②　)にあてはまる最も適切な語句の組み合わせをア～カから一つ選び，記号で答えなさい。

> 第21条　教育公務員は，その職責を遂行するために，絶えず(　①　)と(　②　)に努めなければならない。

	①	②
ア	研修	修養
イ	研修	実践
ウ	研究	研鑽
エ	研究	修養
オ	教育	実践
カ	教育	研鑽

(2) 次の①～③の法令に規定されている条文を，ア～カからそれぞれ一つずつ選び，記号で答えなさい。

①　教育基本法　　②　学校教育法　　③　地方公務員法

ア　第30条　すべて職員は，全体の奉仕者として公共の利益のために勤務し，且つ，職務の遂行に当つては，全力を挙げてこれに専念しなければならない。

イ　第7条　文部科学大臣は，教育職員の健康及び福祉の確保を図ることにより学校教育の水準の維持向上に資するため，教育職員が正規の勤務時間及びそれ以外の時間において行う業務の量の適切な管理その他教育職員の服務を監督する教育委員会が教育職員

の健康及び福祉の確保を図るために講ずべき措置に関する指針(次項において単に「指針」という。)を定めるものとする。

ウ 第1条 教育は，人格の完成を目指し，平和で民主的な国家及び社会の形成者として必要な資質を備えた心身ともに健康な国民の育成を期して行われなければならない。

エ 第23条 公立の小学校等の教諭等の任命権者は，当該教諭等(臨時的に任用された者その他の政令で定める者を除く。)に対して，その採用(現に教諭等の職以外の職に任命されている者を教諭等の職に住命する場合を含む。附則第5条第1項において同じ。)の日から一年間の教諭又は保育教諭の職務の遂行に必要な事項に関する実践的な研修(以下「初任者研修」という。)を実施しなければならない。

オ 第66条 小学校は，当該小学校の教育活動その他の学校運営の状況について，自ら評価を行い，その結果を公表するものとする。
※第79条，第79条の8，第104条，第135条において，それぞれ中学校，義務教育学校，高等学校，特別支援学校に準用。

カ 第34条 小学校においては，文部科学大臣の検定を経た教科用図書又は文部科学省が著作の名義を有する教科用図書を使用しなければならない。
※第49条，第49条の8，第62条，第82条において，それぞれ中学校，義務教育学校，高等学校，特別支援学校に準用。

(3) 次の文章は，中学校学習指導要領(平成29年3月告示)第2章第3節数学の第3学年の目標で示されたものである。文中の空欄(①)〜(⑥)にあてはまる最も適切な語句をあとのア〜スの中からそれぞれ一つずつ選び，記号で答えなさい。ただし，同じ番号には同じ語句が入るものとする。

---

(1) 数の平方根，多項式と二次方程式，図形の(①)，円周角と中心角の関係，三平方の定理，関数$y＝ax^2$，標本調査などについての基礎的な概念や原理・法則などを理解するとともに，事象を数学化したり，数学的に解釈したり，数学的に表現・処理したりする(②)を身に付けるようにする。

(2) 数の範囲に着目し，数の性質や計算について考察したり，文字を用いて数量の関係や法則などを考察したりする力，図形の構成要素の関係に着目し，図形の性質や計量について論理的に考察し表現する力，関数関係に着目し，その特徴を表，式，グラフを相互に関連付けて考察する力，標本と母集団の関係に着目し，母集団の傾向を推定し(③)したり，調査の方法や結果を(④)に考察したりする力を養う。

(3) 数学的活動の楽しさや数学のよさを実感して粘り強く考え，数学を生活や学習に生かそうとする態度，(⑤)の過程を振り返って評価・改善しようとする態度，(⑥)な考えを認め，よりよく(⑤)しようとする態度を養う。

ア　肯定的　　イ　技能　　ウ　判断　　エ　証明　　オ　多様
カ　創造的　　キ　合同　　ク　思考　　ケ　工夫　　コ　問題解決
サ　批判的　　シ　相似　　ス　類推

(4) 次の文章は，中学校学習指導要領(平成29年3月告示)第2章第3節数学の第1学年の内容を一部抜粋し，(α)(β)(γ)の3か所を空欄にしたものである。文章を読んで，あとの各問いに答えなさい。

106

2 内容
　B　図形
　(2)　空間図形について，数学的活動を通して，次の事項を身に付けることができるよう指導する。
　　イ　次のような思考力，判断力，表現力等を身に付けること。
　　　(ア)　空間図形を直線や平面図形の運動によって構成されるものと捉えたり，空間図形を平面上に表現して平面上の表現から空間図形の性質を見いだしたりすること。

3　内容の取扱い
　(6)　内容の「B図形」の(2)のイの(ア)については，（ α ）図や（ β ）図，（ γ ）図を取り扱うものとする。

① （ α ），（ β ），（ γ ）にあてはまる最も適切な語句を答えなさい。ただし，解答の順序は問わないもの(順序不同)とする。
② 正四角錐の（ α ）図，（ β ）図，（ γ ）図をそれぞれ以下に記入しなさい。ただし，1(4)①で答えた解答に対応した図を記入すること，辺の長さ等はそれぞれの図について以下に入るよう各自で適切に定めること。また，以下の方眼の升目を利用し，定規のみを用いることとする。

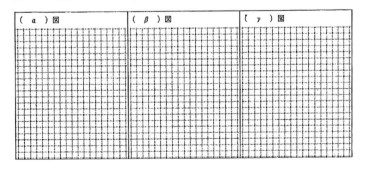

(☆☆☆○○○)

【２】次の各問いに答えなさい。

(1) $a=\dfrac{1}{3}$, $b=-\dfrac{3}{2}$ のとき，$6a^3b^2\div(-2ab)\times3ab^2$ の値を求めなさい。

(2) $\dfrac{x}{4}=\dfrac{y}{3}=\dfrac{z}{2}$ のとき，$\dfrac{x^2+y^2+z^2}{(x+y+z)^2}$ の値を求めなさい。

(3) $9.01\times2.9\times3.1-4.01\times1.9\times2.1$ を計算しなさい。

(4) $\dfrac{2}{3-\sqrt{8}}$ の整数部分を x，小数部分を y とするとき，次の値を求めなさい。

　① $x^2+y^2+2xy-12x-12y+36$

　② $y^2-14+\dfrac{49}{y^2}-y+\dfrac{7}{y}$

(5) $xy+5=2x+4y$ を満たす自然数 x，y の組をすべて求めなさい。

(6) 次の図のように，線分ABと線分AB上にない点Cがある。下の①～③の条件をすべて満たす点Pを作図しなさい。(作図に使った線は消さずに残しておくこと。)

図

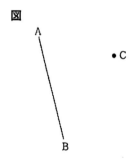

| 【条件①】線分ABについて点Cと反対側にある。 |
| 【条件②】AB⊥CPとなる。 |
| 【条件③】∠APB＝90°となる。 |

(☆☆☆◎◎◎)

【3】 次の平行四辺形ABCDで，辺ADを1：2に分ける点をE，辺CDを3：1に分ける点をFとする。また，対角線ACと2つの線分BE，BFとの交点をそれぞれ点P，点Qとし，辺ADを点Dの方向へ延長させた線と線分BFをFの方向へ延長させた線との交点を点Rとする。
このとき，下の問いに答えなさい。

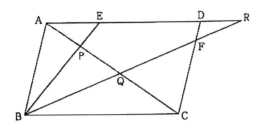

(1) △AQRと△CQBの面積の比を求めなさい。

(2) 対角線ACの長さが10cmのとき，線分APの長さを求めなさい。

(3) △BCQと△QCFの面積の比を求めなさい。

(4) △QCFの面積をSとするとき，△ABEの面積をSを使って表しなさい。

(☆☆☆◎◎◎)

【4】 次の図のように，座標平面上に原点Oと2点A(2, 6)，B(4, 3)がある。1つのさいころを2回投げて，1回目に出た目の数をa，2回目に出た目の数をbとする試行を行う。このとき，点Pの座標は(a, b)とする。ただし，どの目が出ることも同様に確からしいものとする。このとき，あとの問いに答えなさい。

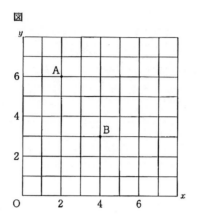

図

(1) ２直線$y=\dfrac{b}{a}x$と$y=-x+5$の交点の座標が，x座標，y座標ともに自然数となる確率を求めなさい。

(2) 直線$y=\dfrac{b}{a}x$と，線分ABが共有点をもつ確率を求めなさい。

(3) △PABの面積が，3より大きくなる確率を求めなさい。

(4) △PABが，鋭角三角形となる確率を求めなさい。

(☆☆☆◎◎◎)

【5】次の各問いに答えなさい。

(1) 循環小数0.4̇7̇が有理数であることを説明しなさい。

(2) 次の図のような星形の先端にできる5つの角の和∠a＋∠b＋∠c＋∠d＋∠eを，五角形FGHIJの外角の性質を用いて求めなさい。ただし，求める過程も記述すること。

図

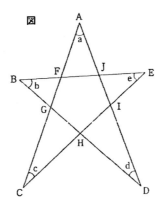

(3)　次の箱ひげ図は，ある中学校のA組36人とB組36人のある1日の家庭学習時間を調べた結果を表している。

下の各問いに答えなさい。

【A組　36人】

【B組　36人】

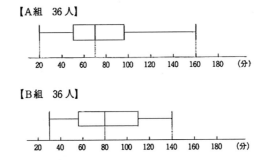

①　A組の箱ひげ図に対応するヒストグラムとして矛盾しないものを次の(ア)～(ウ)の中から一つ選び，記号で答えなさい。

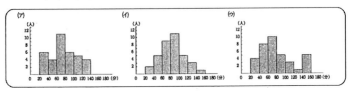

② A組とB組の2つの箱ひげ図から，ある1日の家庭学習時間が100分以上の生徒数が多い組はどちらなのかを，理由もつけて答えなさい。

(☆☆☆○○○)

【6】ある商店では，同じ種類の空き瓶をいくつか集めるとジュース1本と交換できるサービスをしている。ジュース1本と交換するには，「酢」の空き瓶では5本，「ジュース」の空き瓶では7本，「牛乳」の空き瓶では10本が必要となる。AくんとBさんはこのサービスを利用しようと考えた。次の各問いに答えなさい。

(1) Aくんは，この商店でジュースを13本買って，その場ですべて飲んだ。このあと，このサービスを利用したとき，ジュースをあと何本飲むことができるか求めなさい。ただし，その場で飲んだ「ジュース」の空き瓶も，このサービスに利用できるものとする。

(2) Bさんは，近所の知り合いにも協力してもらい，「酢」の空き瓶15本を含む205本の空き瓶を集めることができた。このサービスを利用したとき，ジュース25本と交換でき，交換後空き瓶は1本も余らなかった。集めた「ジュース」と「牛乳」の空き瓶はそれぞれ何本だったのか求めなさい。

(☆☆☆○○○)

【7】次の図のように，底面が1辺4cmの正六角形で，高さが8cmである正六角柱ABCDEF－GHIJKLがある。点Pは，毎秒1cmの速さで，点Aから点IまでA→B→H→Iの順に，辺AB，BH，HI上を動く。点Pが，点Aを出発してからx秒後の△AHPの面積を$y$cm²とする。ただし，点Pが点Hにあるときは，$y=0$とする。

このとき，あとの各問いに答えなさい。

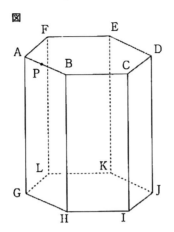

図

(1) 点Pが，点Aを出発してから3秒後の△AHPの面積を求めなさい。

(2) △AHPの面積が10cm²になるのは，点Pが点Aを出発してから何秒後か。すべて求めなさい。

(3) 点Pが，点Aを出発してから9秒後の六角錐P−GHIJKLの体積を求めなさい。

(4) 12≦x≦16のとき，BP＋PKの値が最も小さくなるのは何秒後か求めなさい。

(☆☆☆◎◎◎)

【高等学校】

【1】次の各問いに答えなさい。

(1) 次の文は，教育公務員特例法に規定された条文である。条文中の空欄(①)・(②)にあてはまる最も適切な語句の組み合わせをア〜カから一つ選び，記号で答えなさい。

> 第21条　教育公務員は，その職責を遂行するために，絶えず(①)と(②)に努めなければならない。

	①	②
ア	研修	修養
イ	研修	実践
ウ	研究	研鑽
エ	研究	修養
オ	教育	実践
カ	教育	研鑽

(2)　次の①～③の法令に規定されている条文を，ア～カからそれぞれ一つずつ選び，記号で答えなさい。

①　教育基本法　　②　学校教育法　　③　地方公務員法

ア　第30条　すべて職員は，全体の奉仕者として公共の利益のために勤務し，且つ，職務の遂行に当つては，全力を挙げてこれに専念しなければならない。

イ　第7条　文部科学大臣は，教育職員の健康及び福祉の確保を図ることにより学校教育の水準の維持向上に資するため，教育職員が正規の勤務時間及びそれ以外の時間において行う業務の量の適切な管理その他教育職員の服務を監督する教育委員会が教育職員の健康及び福祉の確保を図るために講ずべき措置に関する指針(次項において単に「指針」という。)を定めるものとする。

ウ　第1条　教育は，人格の完成を目指し，平和で民主的な国家及び社会の形成者として必要な資質を備えた心身ともに健康な国民の育成を期して行われなければならない。

エ　第23条　公立の小学校等の教諭等の任命権者は，当該教諭等(臨時的に任用された者その他の政令で定める者を除く。)に対して，その採用(現に教諭等の職以外の職に任命されている者を教諭等の職に任命する場合を含む。附則第5条第1項において同じ。)の日から一年間の教諭又は保育教諭の職務の遂行に必要な事項に関する実践的な研修(以下「初任者研修」という。)を実施しなけれ

114

ばならない。

オ 第66条 小学校は，当該小学校の教育活動その他の学校運営の状況について，自ら評価を行い，その結果を公表するものとする。

※第79条，第79条の8，第104条，第135条において，それぞれ中学校，義務教育学校，高等学校，特別支援学校に準用。

カ 第34条 小学校においては，文部科学大臣の検定を経た教科用図書又は文部科学省が著作の名義を有する教科用図書を使用しなければならない。

※第49条，第49条の8，第62条，第82条において，それぞれ中学校，義務教育学校，高等学校，特別支援学校に準用。

(3) 次の文は，「高等学校学習指導要領(平成21年3月告示)」で示された「第4節 数学 第1款 目標」である。空欄(①)〜(③)にあてはまる最も適切な語句を答えなさい。

> 数学的活動を通して，数学における(①)や原理・法則の体系的な理解を深め，事象を数学的に考察し表現する能力を高め，(②)の基礎を培うとともに，数学のよさを認識し，それらを積極的に活用して(③)に基づいて判断する態度を育てる。

(☆☆☆◎◎◎)

【2】次の各問いに答えなさい。ただし，解答は答えのみ記入しなさい。

(1) 7163と2639の最大公約数を求めなさい。

(2) $0°≦θ≦180°$のとき，$\tan θ=-2$である。このとき，$\cos θ$の値を求めなさい。

(3) aを実数とする。次の連立不等式を満たす整数解が1つとなるような定数aの値の範囲を求めなさい。

$$\begin{cases} x^2-2x-8>0 \\ x^2-(1+a)x+a≦0 \end{cases}$$

(4) 梨5個，スイカ2個，ブドウ4個がある。この中から5個の果物を選

んでフルーツセットを作るとき，何通りのフルーツセットを作ることができるか求めなさい。

(5)　2^{100}は何桁の数か求めなさい。ただし，$\log_{10}2 = 0.3010$とする。

(☆☆☆◎◎)

【３】次の極限値を求めなさい。

$$\lim_{n \to \infty} \sum_{k=1}^{n} \frac{1}{\sqrt{n}}\left(\frac{1}{\sqrt{n+k}}\right)$$

(☆☆☆◎◎)

【４】初項46，公差-3の等差数列$\{a_n\}$について，次の各問いに答えなさい。

(1)　一般項を求めなさい。

(2)　初項から第何項までの和が最大となるかを求めなさい。また，その和を求めなさい。

(3)　$\displaystyle\sum_{k=1}^{32}|a_k|$を求めなさい。

(☆☆☆◎◎)

【５】$AB = AC$，$BC = 1$，$\angle ABC = 72°$である△ABCについて，$\angle ABC$の二等分線と辺ACの交点をD，頂点Aから辺BCに下ろした垂線と線分BDとの交点をEとする。次の各問いに答えなさい。

(1)　辺ACの長さを求めなさい。

(2)　$\cos 72°$を求めなさい。

(3)　△ABCの面積をSとするとき，△ABEの面積をSを用いて表しなさい。

(☆☆☆◎◎)

【6】座標平面上に円$C：x^2+y^2=25$と直線$l：x+3y=5$があり，円Cと直線lの2つの共有点をA，Bとする。点Pは円C上の動点とする。このとき，次の各問いに答えなさい。

(1) 点A，Bの座標をそれぞれ求めなさい。ただし，(点Aのx座標)＜(点Bのx座標)とする。

(2) 点A，B，Pを頂点とする△ABPの重心Gの軌跡を求めなさい。

(☆☆☆◎◎◎)

【7】△ABCにおいて，△ABCの内部の点Pが

$$\frac{\overrightarrow{PA}}{|\overrightarrow{PA}|}+\frac{\overrightarrow{PB}}{|\overrightarrow{PB}|}+\frac{\sqrt{2}\overrightarrow{PC}}{|\overrightarrow{PC}|}=\overrightarrow{0}$$

を満たしている。このとき，∠APB，∠APCをそれぞれ求めなさい。

(☆☆☆◎◎◎)

【8】次の各問いに答えなさい。

(1) ① 関数$f(x)=(2x-1)e^x$のグラフをCとする。$f(x)$の増減，グラフの凹凸，漸近線を調べ，グラフの概形をかきなさい。また，関数の極値，グラフの変曲点の座標を求めなさい。ただし，$\lim_{x\to\infty}\frac{x}{e^x}=0$であることは証明せず用いてもよい。

② 曲線C上の点$(0，-1)$における接線をlとして，直線lと曲線Cとx軸で囲まれた部分の面積を求めなさい。

(2) kは定数とする。方程式$2x-1=ke^{-x}$の異なる実数解の個数を求めなさい。

(3) ① aは定数とする。関数$g(x)=x^2-x+ae^{-x}$がちょうど2つの極値をもつように，aのとりうる値の範囲を求めなさい。

② 関数$g(x)$が$x=0$で極値をもつような定数aの値を求めなさい。

(☆☆☆◎◎◎)

解答・解説

【中学校】

【1】(1)　エ　　(2)　①　ウ　　②　カ　　③　ア　　(3)　①　シ

②　イ　　③　ウ　　④　サ　　⑤　コ　　⑥　オ

(4)　①　α　見取　　β　展開　　γ　投影

②

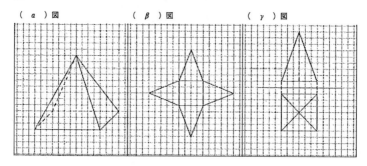

〈解説〉(1)　教育公務員特例法は，教育公務員の職務とその責任の特殊性に基づき，その任免・分限・懲戒・服務などについて地方公務員法に対する特例を規定する法律で，研修について定めた同法第21条第1項からの出題。「法律に定める学校の教員は，自己の崇高な使命を深く自覚し，絶えず研究と修養に励み，その職責の遂行に努めなければならない」としている教育基本法第9条第1項，「職員には，その勤務能率の発揮及び増進のために，研修を受ける機会が与えられなければならない」としている地方公務員法第39条第1項との文言の違いに注意しておくこと。　(2)　ア　地方公務員の服務の根本基準を定めた地方公務員法第30条である。　イ　教育職員の業務量の適切な管理等に関する指針の策定等を定めた公立の義務教育諸学校等の教育職員の給与等に関する特別措置法第7条第1項である。　ウ　教育の目的を定めた教育基本法第1条である。　エ　初任者研修について定めた教育公務員特例法第23条第1項である。　オ　小学校の学校評価について定

めた学校教育法施行規則第66条第1項である。　カ　検定を経た教科用図書の使用義務を定めた学校教育法第34条第1項である。

(3)　解答参照。　(4)　解答参照。

【2】(1)　$\dfrac{9}{8}$　(2)　$\dfrac{29}{81}$　(3)　65　(4)　①　32　②　110

(5)　$(x,\ y)=(5,\ 5),\ (7,\ 3),\ (1,\ 1)$

(6)

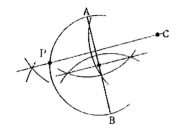

〈解説〉(1)　$(与式)=6a^3b^2\times\left(-\dfrac{1}{2ab}\right)\times3ab^2=-9a^3b^3=-9\times\left(\dfrac{1}{3}\right)^3\times\left(-\dfrac{3}{2}\right)^3$

$=\dfrac{9}{8}$

(2)　$\dfrac{x}{4}=\dfrac{y}{3}=\dfrac{z}{2}=k$とすると，$x=4k$，$y=3k$，$z=2k$とおけるので，これを式に代入して，$\dfrac{(4k)^2+(3k)^2+(2k)^2}{(4k+3k+2k)^2}=\dfrac{16k^2+9k^2+4k^2}{(9k)^2}=\dfrac{29k^2}{81k^2}=\dfrac{29}{81}$

(3)　$(与式)=(9+0.01)(3-0.1)(3+0.1)-(4+0.01)(2-0.1)(2+0.1)$

$=(9+0.01)(9-0.01)-(4+0.01)(4-0.01)$

$=81-0.0001-(16-0.0001)=81-16=65$

(4)　分母を有利化して，$\dfrac{2(3+\sqrt{8})}{(3-\sqrt{8})(3+\sqrt{8})}=6+4\sqrt{2}$ となる。$4\sqrt{2}$

$=\sqrt{32}$なので，$5<4\sqrt{2}<6$ より　$11<6+4\sqrt{2}<12$　と分かるので，整数部分xは$x=11$，小数部分yは$y=6+4\sqrt{2}-11=4\sqrt{2}-5$

①　$(与式)=(x+y)^2-12(x+y)+36=(x+y-6)^2=(6+4\sqrt{2}-6)^2$

$=(4\sqrt{2})^2=32$

② (与式) $=\left(y-\dfrac{7}{y}\right)^2-\left(y-\dfrac{7}{y}\right)=\left(y-\dfrac{7}{y}\right)\left(y-\dfrac{7}{y}-1\right)$

$=\left(4\sqrt{2}-5-\dfrac{7}{4\sqrt{2}-5}\right)\left(4\sqrt{2}-5-\dfrac{7}{4\sqrt{2}-5}-1\right)$

$=\left\{4\sqrt{2}-5-\dfrac{7(4\sqrt{2}+5)}{(4\sqrt{2}-5)(4\sqrt{2}+5)}\right\}\left\{4\sqrt{2}-5\right.$

$\left.-\dfrac{7(4\sqrt{2}+5)}{(4\sqrt{2}-5)(4\sqrt{2}+5)}-1\right\}$

$=\{4\sqrt{2}-5-(4\sqrt{2}+5)\}\{4\sqrt{2}-5-(4\sqrt{2}+5)-1\}$

$=(-10)\times(-11)=110$

(5)　$xy+5=2x+4y$,　$xy-2x=4y-5$,

$x(y-2)=4(y-2)+3$,　$(x-4)(y-2)=3$

x, yが自然数なので，$x-4$と$y-2$は整数になるので，3の約数の組み合わせを考えて，

$(x-4,\ y-2)=(1,\ 3),\ (3,\ 1),\ (-1,\ -3),\ (-3,\ -1)$

よって，$(x,\ y)=(5,\ 5),\ (7,\ 3),\ (3,\ -1),\ (1,\ 1)$

x, yは自然数なので，

$(x,\ y)=(5,\ 5),\ (7,\ 3),\ (1,\ 1)$

(6)　手順①：線分ABの垂直二等分線を引き，線分ABとの交点を中心として，線分ABを直径とする円を描く。手順②：点Cから線分ABに垂直に交わる直線を引き，手順①の円との交点をPとする。

【3】(1)　$\triangle\mathrm{AQR}:\triangle\mathrm{CQB}=16:9$　　(2)　$\dfrac{5}{2}$〔cm〕

(3)　$\triangle\mathrm{BCQ}:\triangle\mathrm{QCF}=4:3$　　(4)　$\dfrac{28}{27}S$

〈解説〉(1)　$\triangle\mathrm{ABQ}\backsim\triangle\mathrm{CFQ}$でAB：CF＝4：3よりAQ：CQ＝4：3となる。したがって，$\triangle\mathrm{AQR}\backsim\triangle\mathrm{CQB}$なので，相似比は4：3より面積比は16：9　(2)　$\triangle\mathrm{APE}\backsim\triangle\mathrm{CPB}$でAE：CB＝1：3よりAP：CP＝1：3となるので，AP＝$\dfrac{1}{1+3}\times\mathrm{AC}=\dfrac{1}{4}\times10=\dfrac{5}{2}$〔cm〕　(3)　(1)において$\triangle\mathrm{ABQ}\backsim$ $\triangle\mathrm{CFQ}$よりBQ：FQ＝4：3といえるので，$\triangle\mathrm{BCQ}:\triangle\mathrm{QCF}=4:3$

(4)　(3)より△BCQ：△QCF＝4：3なので△BCQ：S＝4：3となり，

△BCQ＝$\frac{4}{3}S$となる。また，AQ：QC＝4：3なので△ABQ：△BCQ＝

4：3より△ABQ：$\frac{4}{3}S$＝4：3となる。よって　　△ABQ＝$\frac{16}{9}S$となる。

したがって，△ABC＝△ABQ＋△BCQ＝$\frac{16}{9}S$＋$\frac{4}{3}S$＝$\frac{28}{9}S$となる。次に，

△ABE：△ABC＝AE：BC＝1：3より△ABE：$\frac{28}{9}S$＝1：3となるので

△ABE＝$\frac{28}{27}S$

【4】(1)　$\frac{1}{6}$　　(2)　$\frac{7}{12}$　　(3)　$\frac{1}{3}$　　(4)　$\frac{5}{18}$

〈解説〉P(a, b)は次の図の○36個のいずれかである。

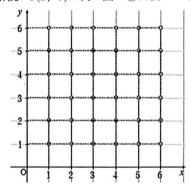

(1)　次の図の●6個が当てはまるので，確率は，$\frac{6}{36}＝\frac{1}{6}$

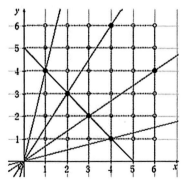

(2)　次の図の斜線部分に入っている●21個なので，確率は，$\dfrac{21}{36}=\dfrac{7}{12}$

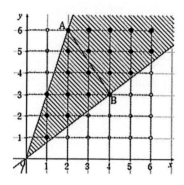

(3)　Pが(4，6)のときと，(2，3)のときがちょうど△PABの面積が3となるので，3より大きくなる点Pは直線ABと平行で(2，3)を通る直線の下側の点と直線ABと平行で(4，6)を通る直線の上側の点より，次の図の●12個である。よって，確率は，$\dfrac{12}{36}=\dfrac{1}{3}$

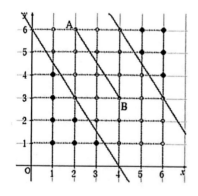

(4)　「ABを直径とする円の外側」かつ「点Aを通る直線ABに垂直な直線の下側」かつ「点Bを通る直線ABに垂直な直線の上側」の領域にある点なので，次の図の●10個である。よって確率は，$\dfrac{10}{36}=\dfrac{5}{18}$

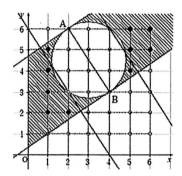

【5】(1) $0.\overset{\cdot}{4}\overset{\cdot}{7}=x$ とおく

$$100x=47.4747\cdots$$

$$-)\quad x=0.4747\cdots$$

$$99x=47$$

$$x=\frac{47}{99}$$

したがって，$0.\overset{\cdot}{4}\overset{\cdot}{7}=\frac{47}{99}$ となり，分数の形に表すことができるので有理数である。

(2) [解1] △ACI, △EBH, △DAG, △ECF, △DBJにおいて，外角の性質より，

∠DIH $=\angle a+\angle c$ …①

∠CHG$=\angle b+\angle e$ …②

∠BGF $=\angle a+\angle d$ …③

∠AFJ $=\angle c+\angle e$ …④

∠EJI $=\angle b+\angle d$ …⑤

五角形FGHIJの外角の和は360°だから①+②+③+④+⑤より

$2(\angle a+\angle b+\angle c+\angle d+\angle e)=360°$

よって

$\angle a+\angle b+\angle c+\angle d+\angle e=180°$

[解2]　△AFJ，△BGF，△CHG，△DIH，△EJIの内角の和より

$180°×5＝900°$　…①

五角形FGHIJの外角の和は360°だから△AFJ，△BGF，△CHG，△DIH，

△EJIの$∠a$，$∠b$，$∠c$，$∠d$，$∠e$以外の角の和は

$360°×2＝720°$　…②

①，②より

$∠a+∠b+∠c+∠d+∠e＝180°$

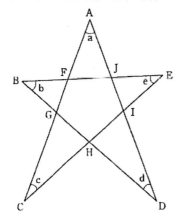

(3)　①　(ウ)　②　A組の「第3四分位数」は，100分未満。つまり
36人÷4＝9より，100分未満の数人を入れて9人だから，100分以上の
生徒数は9人以下と考えられる。一方，B組の「第3四分位数」は，100
分より大きい。36人÷4＝9より，100分より多い数人を入れずに9人だ
から，100分以上の生徒数は，9人より多いと考えられる。したがって，
B組の方が多い。

〈解説〉(1)　解答参照。　(2)　解答参照。　(3)　①　A組の最大値は160
　　分なので，(ア)は違う。中央値は70分なので(イ)は違う。よって，A組
　　は(ウ)と分かる。　②　解答参照。

【6】(1)　2〔本〕　　(2)　「ジュース」の空き瓶…70〔本〕　　「牛乳」の空き瓶…120〔本〕

〈解説〉(1)　13本の空き瓶のうち7本を1本のジュースに交換し，残りの空き瓶は6本。もらった1本を足して7本の空き瓶となるので，さらに1本のジュースと交換できる。したがって，ジュースをあと2本飲むことができる。　　(2)　ジュースの空き瓶をx本，牛乳の空き瓶をy本とする。酢の空き瓶15本と合わせて205本なので，$x+y+15=205$つまり$x+y=190$…①，つぎに交換できるジュースの本数に着目して，酢の空き瓶15本で$15\div5=3$本交換できる。ジュースの空き瓶x本で$\frac{x}{7}$本，牛乳の空き瓶y本で$\frac{y}{10}$本のジュースと交換できるので，全部で25本のジュースと交換して余りの空き瓶がないので，$3+\frac{x}{7}+\frac{y}{10}=25$つまり$10x+7y=1540$…②，したがって，①，②より$x=70$，$y=120$つまりジュースが70本，牛乳が120本。

【7】(1)　12〔cm²〕　　(2)　$\frac{5}{2}$秒後，7秒後，$12+\frac{10\sqrt{19}}{19}$秒後

(3)　$24\sqrt{3}$〔cm³〕　　(4)　$28-8\sqrt{3}$〔秒後〕

〈解説〉(1)　3秒後の点Pは線分AB上にあり，△AHPは次の図のように平面AGHB上の三角形である。したがって$\triangle\mathrm{AHP}=\frac{1}{2}\times3\times8=12$〔cm²〕

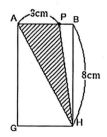

(2)　△AHPの面積が10cm²となるのがx秒後とする。

(i)　$0\leqq x\leqq4$のとき，点Pは線分AB上にあり，次の図より

$\triangle AHP = \dfrac{1}{2} \times x \times 8 = 10$ より $x = \dfrac{5}{2}$ 〔秒後〕

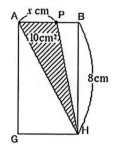

(ii)　$4 \leqq x \leqq 12$ のとき，点Pは線分BH上にあり，次の図より

$\triangle AHP = \dfrac{1}{2} \times (12-x) \times 4 = 10$ より $x = 7$ 〔秒後〕

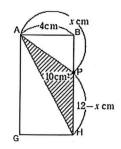

(iii)　$12 \leqq x \leqq 16$ のとき，点Pは線分HI上にある。直角三角形ABHで三平方の定理より，

$AH = \sqrt{8^2 + 4^2} = \sqrt{80} = 4\sqrt{5}$ 〔cm〕，$\triangle HIG$ において，$HG = HI = 4$ 〔cm〕，

$\angle GHI = 120°$ より $GI = 4\sqrt{3}$ 〔cm〕，よって $\triangle AGI$ は直角三角形なので

三平方の定理より $AI = \sqrt{8^2 + (4\sqrt{3})^2} = \sqrt{112} = 4\sqrt{7}$ 〔cm〕

よって $\triangle AHI$ は次の図のようになる。

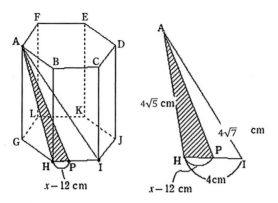

余弦定理より，

$$\cos\angle AHI = \frac{4^2 + (4\sqrt{5})^2 - (4\sqrt{7})^2}{2\times 4\times 4\sqrt{5}} = \frac{16 + 80 - 112}{32\sqrt{5}} = \frac{-16}{32\sqrt{5}} = -\frac{\sqrt{5}}{10}$$

よって，$\sin\angle AHI = \sqrt{1 - \left(-\frac{\sqrt{5}}{10}\right)^2} = \sqrt{\frac{95}{100}} = \frac{\sqrt{95}}{10}$

$PH = x - 12$ 〔cm〕 より $\triangle AHP = \frac{1}{2}\times(x-12)\times 4\sqrt{5}\times\frac{\sqrt{95}}{10} = 10$

となり $5\sqrt{19}(x-12) = 50$

よって，$x = 12 + \dfrac{10\sqrt{19}}{19}$ 〔秒後〕

(3) 点Pは，点Aを出発してから9秒後には，辺BH上で，PH＝12－9＝3〔cm〕の位置にいるので，六角錐の高さは3cm。また，底面は1辺が4cmの正六角形なので，底面積は，

$$\frac{\sqrt{3}}{4}\cdot 4^2\times 6 = 24\sqrt{3}\ 〔cm^2〕$$

よって，六角錐P－GHIJKLの体積は，$\dfrac{1}{3}\times 24\sqrt{3}\times 3 = 24\sqrt{3}$ 〔cm³〕

(4) $12 \leqq x \leqq 16$ のときは，辺HI上に点Pがあるときなので，下の展開図で考えると，直線BK′上にPがあるとき，BP＋PKの値が最も小さくなる。直線BK′と直線HIの交点をP′とする。

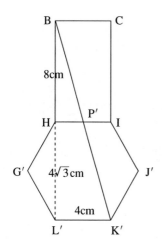

底面は1辺が4cmの正六角形なので，HL'の長さは$4\sqrt{3}$ cm，L'K'の長さは4cmである。

△BHP'∽△BL'K'なので，BH：BL'＝HP'：L'K'より，$8：(8＋4\sqrt{3})＝$HP'：4

よって，HP'$＝\dfrac{8×4}{8＋4\sqrt{3}}＝\dfrac{8}{2＋\sqrt{3}}×\dfrac{2－\sqrt{3}}{2－\sqrt{3}}＝16－8\sqrt{3}$〔cm〕

点Aから点Hまで12秒かかるので，合計$28－8\sqrt{3}$〔秒後〕

【高等学校】

【１】(1)　エ　　(2)　①　ウ　　②　カ　　③　ア　　(3)　①　基本的な概念　　②　創造性　　③　数学的論拠

〈解説〉(1)　教育公務員特例法は，教育公務員の職務とその責任の特殊性に基づき，その任免・分限・懲戒・服務などについて地方公務員法に対する特例を規定する法律で，研修について定めた同法第21条第1項からの出題。「法律に定める学校の教員は，自己の崇高な使命を深く自覚し，絶えず研究と修養に励み，その職責の遂行に努めなければならない」としている教育基本法第9条第1項，「職員には，その勤務

能率の発揮及び増進のために，研修を受ける機会が与えられなければならない」としている地方公務員法第39条第1項との文言の違いに注意しておくこと。　(2)　ア　地方公務員の服務の根本基準を定めた地方公務員法第30条である。　イ　教育職員の業務量の適切な管理等に関する指針の策定等を定めた公立の義務教育諸学校等の教育職員の給与等に関する特別措置法第7条第1項である。　ウ　教育の目的を定めた教育基本法第1条である。　エ　初任者研修について定めた教育公務員特例法第23条第1項である。　オ　小学校の学校評価について定めた学校教育法施行規則第66条第1項である。　カ　検定を経た教科用図書の使用義務を定めた学校教育法第34条第1項である。

(3)　解答参照。

【2】(1)　377　　(2)　$\cos\theta=-\dfrac{\sqrt{5}}{5}$　　(3)　$-4<a\leqq-3,\ 5\leqq a<6$

(4)　14通り　　(5)　31桁

〈解説〉(1)　ユークリッドの互除法を用いて，

$7163\div2639=2\cdots1885,\ 2639\div1885=1\cdots754,$

$1885\div754=2\cdots377,\ 754\div377=2\cdots0$

よって7163と2639の最大公約数は377

(2)　$1+\tan^2\theta=\dfrac{1}{\cos^2\theta}$に$\tan\theta=-2$を代入して計算すると，

$\cos^2\theta=\dfrac{1}{5}$より$\cos\theta=\pm\dfrac{\sqrt{5}}{5}$

また，$\tan\theta=-2<0$であることと，$0°\leqq\theta\leqq180°$であることより，

$90°<\theta<180°$と分かるので，$\cos\theta<0$より$\cos\theta=-\dfrac{\sqrt{5}}{5}$

(3)　$\begin{cases}x^2-2x-8>0 & \cdots① \\ x^2-(1+a)x+a\leqq0 & \cdots②\end{cases}$　とする。①を解くと，$x<-2,\ 4<x$

となる。②を解くと$(x-1)(x-a)\leqq0$となる。

(i)　$a>1$のとき$1\leqq x\leqq a$であり，①かつ②が整数解を1つだけもつ条件は$5\leqq a<6$である。

(ii)　$a=1$ のとき $x=1$ であり，①かつ②が整数解を1つだけもつことはない。

(iii)　$a<1$ のとき $a\leq x\leq 1$ であり，①かつ②が整数解を1つだけもつ条件は $-4<a\leq -3$ である。

(i)～(iii)より，$-4<a\leq -3$，$5\leq a<6$

(4)　梨を x 個，スイカを y 個，ブドウを z 個とする。合計5個なので $x+y+z=5$ …①である。ここで，$y=0$，1，2 なのでそれぞれの場合について考える。

(i)　$y=0$ のとき①より $x+z=5$ となるので，$z=0$，1，2，3，4に注意して，$(x, z)=(5, 0)$，$(4, 1)$，$(3, 2)$，$(2, 3)$，$(1, 4)$ の5通りある。

(ii)　$y=1$ のとき①より $x+z=4$ となるので，$z=0$，1，2，3，4に注意して $(x, z)=(4, 0)$，$(3, 1)$，$(2, 2)$，$(1, 3)$，$(0, 4)$ の5通りある。

(iii)　$y=2$ のとき①より $x+z=3$ となるので，$z=0$，1，2，3，4に注意して $(x, z)=(3, 0)$，$(2, 1)$，$(1, 2)$，$(0, 3)$ の4通りある。

したがって(i)～(iii)の結果を合計して，$5+5+4=14$〔通り〕

(5)　2^{100} の常用対数をとると，$\log_{10}2^{100}=100\log_{10}2=100\times 0.3010=30.1$

$30<\log_{10}2^{100}<31$ より，$\log_{10}10^{30}<\log_{10}2^{100}<\log_{10}10^{31}$ となるので，$10^{30}<2^{100}<10^{31}$

よって 2^{100} は31桁

【3】 $\displaystyle\lim_{n\to\infty}\sum_{k=1}^{n}\frac{1}{\sqrt{n}}\left(\frac{1}{\sqrt{n+k}}\right)$

$\displaystyle =\lim_{n\to\infty}\sum_{k=1}^{n}\frac{1}{n}\left(\frac{1}{\sqrt{1+\dfrac{k}{n}}}\right)$　…①

ここで $f(x)=\dfrac{1}{\sqrt{1+x}}$ とすると①は

$\displaystyle\lim_{n\to\infty}\frac{1}{n}\sum_{k=1}^{n}f\left(\frac{k}{n}\right)=\int_{0}^{1}\frac{1}{\sqrt{1+x}}dx$

$\sqrt{1+x}=t$ とおくと

$1+x=t^2$

$dx=2tdt$ となり

x	$0 \rightarrow 1$
t	$1 \rightarrow \sqrt{2}$

これより

$$\int_0^1 \frac{1}{\sqrt{1+x}}dx = \int_1^{\sqrt{2}} \frac{1}{t} \times 2tdt$$
$$= \int_1^{\sqrt{2}} 2dt$$
$$= 2\Big[t\Big]_1^{\sqrt{2}}$$
$$= 2(\sqrt{2}-1)$$

よって

$$\lim_{n \to \infty} \sum_{k=1}^n \frac{1}{\sqrt{n}}\left(\frac{1}{\sqrt{n+k}}\right) = 2\sqrt{2}-2$$

〈解説〉解答参照。

【4】(1) $a_n = 46+(n-1)\times(-3)$

$\qquad\qquad = 49-3n$

よって求めたい一般項 a_n は

$a_n = 49-3n$

(2) $a_n \geqq 0$ となる n を求める。

$49-3n \geqq 0$ より $\quad n \leqq \dfrac{49}{3}=16.33\cdots$

よって第16項までの和が最大となる。

ここで $a_{16}=49-3\times16=1$

初項から第 n 項までの和を S_n とすると

$S_{16} = \dfrac{16}{2}(46+1)$

$\qquad = 8\times47$

＝376

まとめると

第16項までの和が最大，その和376

(3)　(2)より第17項から第32項までが負となる。

$$\sum_{k=1}^{32} |a_k| = (a_1 + a_2 + \cdots + a_{16}) - (a_{17} + a_{18} + \cdots + a_{32})$$

$$= S_{16} - (S_{32} - S_{16})$$

$$= 2S_{16} - S_{32}$$

$$= 2 \times 8 \times 47 - \frac{32}{2} \{46 + (-47)\}$$

$$(\because \quad a_{32} = 49 - 3 \times 32 = -47)$$

$$= 2 \times 8 \times 47 + 16$$

$$= 768$$

よって　$\displaystyle\sum_{k=1}^{32} |a_k| = 768$

〈解説〉解答参照。

【5】(1)　AC＝xとする。

条件より∠ABC＝∠ACB＝72°だから∠BAC＝36°　また線分BDは∠ABCの二等分線より∠ABD＝36°　よって△ABDはAD＝BDの二等辺三角形。

よって　CD＝$x-1$

また△ABC∽△BCDなので

AC：BC＝BC：CD

$x : 1 = 1 : (x-1)$

$x^2 - x - 1 = 0$

これを解くと$x = \dfrac{1 \pm \sqrt{5}}{2}$

$x > 0$より

$x = \dfrac{1 + \sqrt{5}}{2}$

よって　$AC = \dfrac{1+\sqrt{5}}{2}$

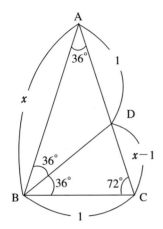

(2)　頂点Aから辺BCへ下ろした垂線と辺BCとの交点をHとする。

$\cos 72° = \dfrac{BH}{AB}$

$= \dfrac{\dfrac{1}{2}}{\dfrac{1+\sqrt{5}}{2}}$

$= \dfrac{\sqrt{5}-1}{4}$

よって　$\cos 72° = \dfrac{\sqrt{5}-1}{4}$

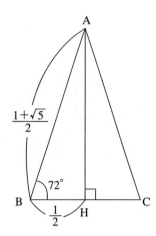

(3)　直線AHは，二等辺三角形ABCの底辺BCの垂直二等分線でもあるから

(△ABHの面積)＝$\dfrac{1}{2}S$

ここで直線BDは∠ABCの二等分線より，AE：EH＝AB：BH

よって

$$(△ABEの面積)＝\dfrac{AB}{AB＋BH}×(△ABHの面積)$$

$$＝\dfrac{\dfrac{1＋\sqrt{5}}{2}}{\dfrac{1＋\sqrt{5}}{2}＋\dfrac{1}{2}}×\dfrac{1}{2}S$$

$$＝\dfrac{3－\sqrt{5}}{2}S$$

よって　(△ABEの面積)＝$\dfrac{3－\sqrt{5}}{2}S$

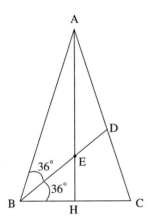

〈解説〉解答参照。

【6】(1)
$$\begin{cases} x^2+y^2=25 & \cdots ① \\ x+3y=5 & \cdots ② \end{cases}$$

②を①に代入して

$(5-3y)^2+y^2=25$

$10y(y-3)=0$

∴ $y=0,\ 3$

$y=0$のとき ②より $x=5$

$y=3$のとき ②より $x=-4$

ゆえに求めたい座標はそれぞれ

A$(-4,\ 3)$, B$(5,\ 0)$

(2) 円周上の点P$(p,\ q)$, 重心G$(X,\ Y)$とする。

点PはC上の点より

$p^2+q^2=25$ $\cdots ③$

△ABPの重心がGであるから

$$\begin{cases} X=\dfrac{-4+5+p}{3}=\dfrac{p+1}{3} \\ Y=\dfrac{3+0+q}{3}=\dfrac{q+3}{3} \end{cases} \cdots ④$$

④より $p=3X-1,\ q=3Y-3$

これを③に代入して

$(3X-1)^2+(3Y-3)^2=25$

$\left(X-\dfrac{1}{3}\right)^2+(Y-1)^2=\dfrac{25}{9}$

点Pが点A，Bと重なるとき，重心Gは存在しない。

P(5, 0)のとき　G(2, 1)

P(−4, 3)のとき　G(−1, 2)

まとめると，求める軌跡は

中心$\left(\dfrac{1}{3},\ 1\right)$，半径$\dfrac{5}{3}$の円

ただし，(2, 1)，(−1, 2)を除く。

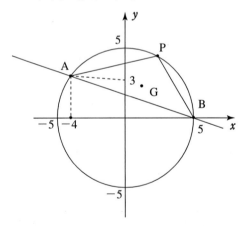

〈解説〉解答参照。

【7】 $\overrightarrow{\mathrm{PA}}$, $\overrightarrow{\mathrm{PB}}$, $\overrightarrow{\mathrm{PC}}$ と同じ方向の単位ベクトルをそれぞれ $\overrightarrow{a}$, $\overrightarrow{b}$, $\overrightarrow{c}$ とする。

与えられた条件式より

$$\overrightarrow{a} + \overrightarrow{b} + \sqrt{2}\ \overrightarrow{c} = \overrightarrow{0} \quad \cdots ①$$

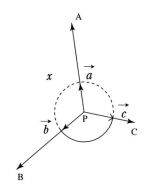

①より

$$\overrightarrow{a} + \overrightarrow{b} = -\sqrt{2}\ \overrightarrow{c}$$

$$|\overrightarrow{a} + \overrightarrow{b}|^2 = 2|\overrightarrow{c}|^2$$

$$|\overrightarrow{a}|^2 + 2\overrightarrow{a} \cdot \overrightarrow{b} + |b|^2 = 2|\overrightarrow{c}|^2$$

$$\therefore \quad \overrightarrow{a} \cdot \overrightarrow{b} = 0 \quad (\because \ |\overrightarrow{a}| = |\overrightarrow{b}| = |\overrightarrow{c}| = 1)$$

$|\overrightarrow{a}| \cdot |\overrightarrow{b}| \cos\angle\mathrm{APB} = 0$ となり

$$\cos\angle\mathrm{APB} = 0$$

$0° < \mathrm{APB} < 180°$ より $\quad \angle\mathrm{APB} = 90°$

同様に①より

$$\overrightarrow{a} + \sqrt{2}\ \overrightarrow{c} = -\overrightarrow{b}$$

$$|\overrightarrow{a} + \sqrt{2}\ \overrightarrow{c}|^2 = |\overrightarrow{b}|^2$$

$$|\vec{a}|^2 + 2\sqrt{2}\ \vec{a}\cdot\vec{c} + 2|\vec{c}|^2 = |\vec{b}|^2$$

$$\therefore\ \ \vec{a}\cdot\vec{c} = -\frac{1}{\sqrt{2}}\qquad(\because\ \ |\vec{a}|=|\vec{b}|=|\vec{c}|=1)$$

$$|\vec{a}|\cdot|\vec{c}|\cos\angle APC = -\frac{1}{\sqrt{2}}$$

$$\cos\angle APC = -\frac{1}{\sqrt{2}}$$

$0°<APC<180°$より　$\angle APC = 135°$

よって

$\angle APB = 90°$　　$\angle APC = 135°$

〈解説〉解答参照。

【8】(1)　①　$f'(x) = (2x+1)e^x$

$f'(x)=0$とすると　$e^x>0$より$x=-\frac{1}{2}$

$f''(x)=(2x+3)e^x$

$f''(x)=0$とすると　$e^x>0$より　$x=-\frac{3}{2}$

x	……	$-\frac{3}{2}$	……	$-\frac{1}{2}$	……
$f'(x)$	$-$	$-$	$-$	0	$+$
$f''(x)$	$-$	0	$+$	$+$	$+$
$f(x)$	↘	$-\frac{4}{e\sqrt{e}}$	↘	$-\frac{2}{\sqrt{e}}$	↗

$$\lim_{x\to\infty}(2x-1)e^x = \infty$$

$x=-t$とおくと　$\displaystyle\lim_{x\to-\infty}(2x-1)e^x$

$$= \lim_{t\to\infty}\frac{-2t-1}{e^t} = 0$$

これよりx軸は漸近線

増減表より

$x=-\frac{1}{2}$で極小値$-\frac{2}{\sqrt{e}}$

変曲点$\left(-\frac{3}{2},\ -\frac{4}{e\sqrt{e}}\right)$

また，$y=f(x)$のグラフは次図。

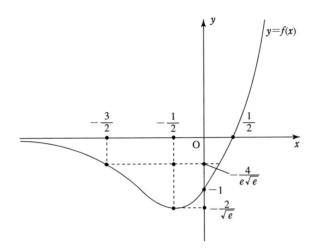

② $f'(0)=1$ だから ℓ の方程式は $y=x-1$

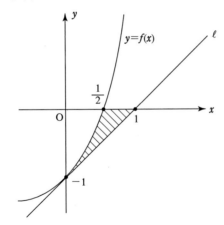

図より求める面積は

$$\frac{1}{2}\cdot 1 \cdot 1 - \int_0^{\frac{1}{2}}\{-(2x-1)e^x\}dx$$

$$=\frac{1}{2}+\left[(2x-1)e^x\right]_0^{\frac{1}{2}}-\int_0^{\frac{1}{2}}2e^x dx$$

$$=\frac{1}{2}+(0+1)-2\Big[e^x\Big]_0^{\frac{1}{2}}$$

$$=\frac{3}{2}-2(\sqrt{e}-1)$$

$$=\frac{7}{2}-2\sqrt{e}$$

(2)　$2x-1=ke^{-x}$

$(2x-1)e^x=k$とすると，この方程式の実数解の個数は，曲線$y=(2x-1)e^x$と直線$y=k$の共有点の個数に一致する。

(1)　①のグラフより，異なる実数解の個数は

$k\geqq0$のとき　1個

$-\dfrac{2}{\sqrt{e}}<k<0$のとき　2個

$k=-\dfrac{2}{\sqrt{e}}$のとき　1個

$k<-\dfrac{2}{\sqrt{e}}$のとき　0個

(3)　①　$g(x)=x^2-x+ae^{-x}$

$g'(x)=2x-1-ae^{-x}$

$g(x)$がちょうど2つの極値をもつとき，方程式$g'(x)=0$が異なる2つの実数解をもち，かつそのxの値を境目として$g'(x)$の符号の変化が2回起こればよい。

$g'(x)=0$のとき　$2x-1=ae^{-x}$　⇔　$(2x-1)e^x=a$

だから，(2)より

$-\dfrac{2}{\sqrt{e}}<a<0$のとき，$g'(x)=0$は異なる2つの実数解をもち，かつ(1)のグラフより，そのxの値を境目として$g'(x)$の符号が2回変化する。

よって　$-\dfrac{2}{\sqrt{e}}<a<0$

②　$g'(0)=0$かつ$x=0$の前後で$g'(x)$の符号の変化が起こればよい。

$g'(x)=2x-1-ae^{-x}$より

$g'(0)=-1-a=0$　　$\therefore$　$a=-1$

このとき　$g(x)=x^2-x-e^{-x}$

$g'(x)=2x-1+e^{-x}$

$g'(x)=0$とすると　$2x-1+e^{-x}=0$　$\Leftrightarrow$　$(2x-1)e^x=-1$

だから(2)より$k=-1$とすると，$g'(x)=0$は異なる2つの実数解をもつことが分かり，その解を$x=\alpha$，$0(\alpha<0)$とする

x	……	α	……	0	……
$g'(x)$	$+$	0	$-$	0	$+$
$g(x)$	↗	$g(\alpha)$	↘	-1	↗

増減表より

$a=-1$のとき確かに$x=0$で極値をもつ。

よって　$a=-1$

〈解説〉解答参照。

【中学校】

【１】次の各問いに答えなさい。

(1) 次の文は，教育に関する法令に記載された条文の一部である。下の問いに答えなさい。

> 第6条　法律に定める学校は，（　　）を有するものであって，国，地方公共団体及び法律に定める法人のみが，これを設置することができる。

① （　　）にあてはまる最も適切な語句を答えなさい。

② この文が記載された法令として最も適切なものを，次のア～オから1つ選び，記号で答えなさい。

ア　日本国憲法
イ　教育基本法
ウ　学校教育法
エ　地方教育行政の組織及び運営に関する法律
オ　教育公務員特例法

(2) 次の①，②の文は，文部科学省国立教育政策研究所が平成30年3月に発行したキャリア教育リーフレット「生徒が直面する将来のリスクに対して学校にできることって何だろう？」において，進路に関する主な相談機関について説明したものである。①，②の相談機関として最も適切なものを，あとのア～オからそれぞれ1つずつ選び，記号で答えなさい。

① 若者一人一人の状況に応じて，専門的な相談に乗ったり，各地域にある若者支援機関を紹介したりする施設。

② 労働者の最低限の労働条件を定めた労働基準法や，労働者の安全を守るための基準を定めた労働安全衛生法などに基づいて，労働者を保護するための仕事を行う機関。

　ア　総合労働相談コーナー(都道府県労働局総務部)
　イ　公共職業安定所
　ウ　労働基準監督署
　エ　職業能力開発促進センター
　オ　地域若者サポートステーション

(3) 　次の文章は，中学校学習指導要領(平成29年3月告示)に示された第2章第3節数学の目標である。(　①　)～(　⑤　)にあてはまる最も適切な語句を，下の【語群】の中からそれぞれ1つずつ選び，記号で答えなさい。

　数学的な見方・考え方を働かせ，数学的(　①　)を通して，数学的に考える資質・能力を次のとおり育成することを目指す。

(1)　数量や図形などについての基礎的な概念や原理・法則などを理解するとともに，事象を数学化したり，数学的に(　②　)したり，数学的に表現・処理したりする(　③　)を身に付けるようにする。

(2)　数学を活用して事象を論理的に(　④　)する力，数量や図形などの性質を見いだし統合的・発展的に(　④　)する力，数学的な表現を用いて事象を簡潔・明瞭・的確に表現する力を養う。

(3)　数学的(　①　)の楽しさや数学のよさを実感して粘り強く考え，数学を生活や学習に生かそうとする態度，問題解決の過程を振り返って(　⑤　)・改善しようとする態度を養う。

【語群】
　ア　工夫　　イ　技能　　ウ　手段　　エ　評価　　オ　解釈
　カ　取組　　キ　考察　　ク　説明　　ケ　活動　　コ　思考

(4) 　中学校学習指導要領(平成29年3月告示)に示された第2章第3節数学の各学年の内容のうち，中学校数学科で新たに指導する内容につい

て，次の①～③は第何学年の内容か，該当する学年をそれぞれ数字
で答えなさい。

①　四分位範囲や箱ひげ図

②　用語「累積度数」

③　用語「反例」

(5)　次の図は，中学校学習指導要領(平成29年3月告示)第2章第3節数学
に示されている領域の構成について，中学校学習指導要領解説数学
編(平成29年7月)にまとめられたものである。①～④に入る最も適切
な語句を答えなさい。

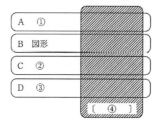

A	①
B	図形
C	②
D	③
[④]

(☆☆☆◎◎◎)

【2】次の各問いに答えなさい。

(1)　二次方程式$x^2-2x-1=0$の2つの解のうち，大きい方をa，小さい
方をbとするとき，a^2b-ab^2の値を求めなさい。

(2)　A，B2つのさいころを同時に投げ，Aのさいころの出た目の数を
a，Bのさいころの出た目の数をbとするとき，次の確率を求めなさ
い。ただし，さいころのどの目が出ることも同様に確からしいもの
とする。

①　$\sqrt{a+b}$が自然数になる確率

②　点P(a, b)が，関数$y=\dfrac{6}{x}$のグラフ上にある確率

(3)　次の図のように，辺ABが共通な2つの二等辺三角形△ABCと
△BADがあり，3点C，B，Dは一直線上であり，AB＝AC＝BDとす
る。∠ACBの二等分線と辺ADの交点をEとし，辺ABと辺CEとの交
点をFとする。

このとき，△EDCは二等辺三角形であることを，∠ACE＝xとし
て，xを用いて証明しなさい。

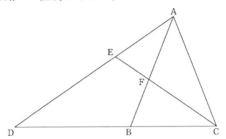

(4) 次の図の直線ℓ上に点Pをとるとき，AP＋BPの長さが最小となる
ような点Pを作図によって求めなさい。

ただし，作図に使った線は消さずに残しておくこと。

図

B.

A.

ℓ ————————————————————

(☆☆☆◎◎◎)

【3】次の各問いに答えなさい。

(1)「2枚の硬貨を同時に投げたとき，1枚は表で1枚は裏が出る確率を
求めなさい。」という問題に，Aさんは次のように答えた。

【Aさんの解答】

　2枚の硬貨を同時に投げたときの，表，裏の出方は「2枚と
も表」，「1枚は表で1枚は裏」，「2枚とも裏」の3通りであり，
これらは同様に確からしい。

　よって，1枚は表で1枚は裏が出る確率は$\dfrac{1}{3}$である。

このAさんの解答は正しくない。Aさんの解答に見られる考えの
誤りを簡潔に説明し，正しい解答を示しなさい。

(2)　次の問題を中学校第3学年で扱う。生徒に実際に指導する場面を想定して解きなさい。

> 問題)
>
> $$2020 + \dfrac{1}{2020} - \dfrac{2019^2}{2020}$$

(3)　中学校第3学年の平方根の単元で$\sqrt{8}=2\sqrt{2}$であることを，正方形の面積と1辺の長さの関係を利用して指導したい。図の中に必要なものを書きたして，$\sqrt{8}=2\sqrt{2}$であることを，図を活用して簡潔に説明しなさい。

　　ただし，次の図は，縦・横1cm間隔で点が並んでおり，四角形ABCDは正方形である。

図

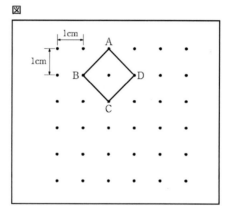

(☆☆☆◎◎◎)

【4】次の図は，1辺の長さが10cmの正方形ABCDである。

　　2点P，Qは，同時に点Aを出発し，点Pは毎秒1cmの速さで正方形の周上をA→B→Cと反時計回りに移動し，点Qは毎秒2cmの速さでA→D→C→B→Aと，時計回りで移動する。

　　点Qが正方形の周上を一周して点Aにもどるまでの間について，あとの問いに答えなさい。

図

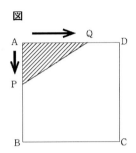

(1) 2点P，Qが周上で出会うのは2点が点Aを同時に出発してから何秒後か求めなさい。

(2) 2点P，Qが同時に点Aを出発してからx秒後の△APQの面積を$y$cm²とする。

① x，yの関係をグラフに表しなさい。

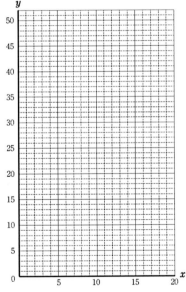

② △APQの面積が20cm²になるのは，2点P，Qが点Aを同時に出発してから何秒後か，すべて求めなさい。

(☆☆☆○○○)

【5】次の図のような半径3cm，高さ6cmの円柱がある。下の面の円周上の3点A，B，Cは，円周を三等分する点である。また，上の面の円周上の2点D，Eは，DEが円の直径で，ADが円柱の高さと一致する点である。

図

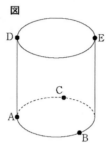

いま，円柱の側面上に沿う次の経路をそれぞれ，

2点D，Bを下の図1のように結ぶ経路の中で最短となる経路をb

2点D，Cを下の図2のように結ぶ経路の中で最短となる経路をc

2点A，Eを下の図3のように結ぶ経路の中で最短となる経路をe　とする。

このとき，下の問いに答えなさい。

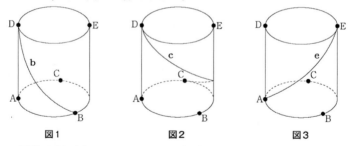

図1　　　　　　　　図2　　　　　　　　図3

(1) 円柱の側面上において，2つの経路b，cと下の面の円周で囲まれる部分の面積を求めなさい。

(2) 円柱の側面上において，2つの経路b，eと下の面の円周で囲まれる部分の面積と，2つの経路b，eと上の面の円周で囲まれる部分の面積の比を，できるだけ簡単な整数の比で答えなさい。

(3) 円柱の側面上において，2つの経路b，eと下の面の円周で囲まれ

る部分の面積と，3つの経路b，c，eで囲まれる部分の面積の比を，できるだけ簡単な整数の比で答えなさい。

(☆☆☆◎◎◎)

【6】次の図のように，直径32cm，高さ49cmの円柱の中に，円柱の直径と等しい直径の大きい球と，小さい球が入っており，大きい球は円柱の底面および側面に接し，小さい球は円柱の上面および側面に接している。2つの球が互いに接しているとき，大きい球の中心と，小さい球の中心との距離を求めなさい。

図

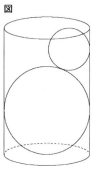

(☆☆☆◎◎◎)

【高等学校】

【1】次の各問いに答えなさい。

(1) 次の文は，教育に関する法令に記載された条文の一部である。下の問いに答えなさい。

> 第6条　法律に定める学校は，（　　）を有するものであって，国，地方公共団体及び法律に定める法人のみが，これを設置することができる。

(i) （　　）にあてはまる最も適切な語句を答えなさい。

(ii) この文が記載された法令として最も適切なものを，次のア〜オから1つ選び，記号で答えなさい。

　　　ア　日本国憲法

　　　イ　教育基本法

　　　ウ　学校教育法

　　　エ　地方教育行政の組織及び運営に関する法律

　　　オ　教育公務員特例法

(2) 次の(i)，(ii)の文は，文部科学省国立教育政策研究所が平成30年3月に発行したキャリア教育リーフレット「生徒が直面する将来のリスクに対して学校にできることって何だろう？」において，進路に関する主な相談機関について説明したものである。(i)，(ii)の相談機関として最も適切なものを，下のア～オからそれぞれ1つずつ選び，記号で答えなさい。

　(i)　若者一人一人の状況に応じて，専門的な相談に乗ったり，各地域にある若者支援機関を紹介したりする施設。

　(ii)　労働者の最低限の労働条件を定めた労働基準法や，労働者の安全を守るための基準を定めた労働安全衛生法などに基づいて，労働者を保護するための仕事を行う機関。

　　　ア　総合労働相談コーナー(都道府県労働局総務部)

　　　イ　公共職業安定所

　　　ウ　労働基準監督署

　　　エ　職業能力開発促進センター

　　　オ　地域若者サポートステーション

(3) 次の文は，高等学校学習指導要領(平成21年3月告示)で示された「数学Ⅰ」の目標である。(　　　)にあてはまる語句を答えなさい。

　数と式，図形と計量，二次関数及びデータの分析について理解させ，基礎的な知識の習得と(　ⅰ　)の習熟を図り，事象を(　ⅱ　)に考察する能力を培い，(　ⅲ　)を認識できるようにするとともに，それらを(　ⅳ　)を育てる。

(☆☆☆○○○)

【2】 次の各問いに答えなさい。ただし解答は答えのみ記入しなさい。

(1) 生徒10人を2組に分ける方法は何通りあるか求めなさい。ただし，各組の人数は1人以上であることとする。

(2) 直線$y=2x+2$が円$x^2+y^2=8$によって切り取られてできる線分の長さを求めなさい。

(3) $-\pi \leqq \theta < \pi$のとき，方程式$\sin\theta - \sqrt{3}\cos\theta = 1$を解きなさい。

(4) 不等式$2\log_2(5-x) \leqq \log_2 16x$を解きなさい。

(5) 複素数$z=1+i$に対して，点zを原点Oを中心に$\frac{5}{6}\pi$だけ回転した点は，どのような複素数で表されるか求めなさい。

(☆☆☆◎◎◎)

【3】 次の各問いに答えなさい。

(1) a, bを実数とする。xについての不等式$ax>b$を解きなさい。

(2) 次の無限等比級数が収束するような実数xの値の範囲を求めなさい。ただし，$x \neq -1$とする。

$$x + \frac{x}{1+x} + \frac{x}{(1+x)^2} + \frac{x}{(1+x)^3} + \cdots$$

(☆☆☆◎◎◎)

【4】 次の[1], [2]の各問いに答えなさい。

[1] 円に内接する四角形ABCDにおいて，AB＝5，BC＝CD＝4，DA＝1とする。次の各問いに答えなさい。

(1) ACの長さを求めなさい。

(2) $\sin\angle BAC$の値を求めなさい。

(3) 点Bから直線ACへ下ろした垂線の長さを求めなさい。

(4) △ABCの内接円の半径rを求めなさい。

[2] AB＝6，AC＝3，内積$\overrightarrow{AB} \cdot \overrightarrow{AC} = 10$を満たす△ABCがある。△ABCの内心をIとするとき，$\overrightarrow{AI}$を$\overrightarrow{AB}$，$\overrightarrow{AC}$を用いて表しなさい。

(☆☆☆◎◎◎)

【5】次のように，奇数を順に並べて群に分けた数列がある。このとき，下の各問いに答えなさい。ただし，第n群には$(2n-1)$個の奇数がある。

　　　1｜1，3，5｜1，3，5，7，9｜1，3，5，7，9，11，13｜…

(1)　第$(n+1)$群の最初の項はこの数列の第何項か，求めなさい。

(2)　この数列の初項から第n群の最後の項までの和S_nを求めなさい。

(3)　$S_n>2019$となる最小のnを求めなさい。

(4)　m回目に現れる31はこの数列の第何項か，求めなさい。

(☆☆☆◎◎◎)

【6】関数$f(x)=\dfrac{x-1}{x^2+1}$について，曲線$y=f(x)$上に点A$(-1，-1)$がある。次の各問いに答えなさい。

(1)　曲線$y=f(x)$上の点Aにおける接線の方程式を求めなさい。

(2)　関数$f(x)$の増減を調べ，極値及びそのときのxの値を求めなさい。また，曲線$y=f(x)$のグラフの概形をかきなさい。ただし，凹凸は調べなくてもよい。

(3)　kを定数とし，点Aを通り傾きがkである直線をlとする。直線lが曲線$y=f(x)$のグラフと異なる3つの共有点をもつとき，定数kの値の範囲を求めなさい。

(4)　点Aを通り，$x>0$の範囲で曲線$y=f(x)$に接する接線をmとする。このとき，接線mと曲線$y=f(x)$によって囲まれた部分の面積Sを求めなさい。

(☆☆☆◎◎◎)

解答・解説

【中学校】

【1】(1)　①　公の性質　　②　イ　　(2)　①　オ　　②　ウ
　　(3)　①　ケ　　②　オ　　③　イ　　④　キ　　⑤　エ

(4)　①　第2学年　　②　第1学年　　③　第2学年　　(5)　①　数と
式　　②　関数　　③　データの活用　　④　数学的活動

〈解説〉(1)　教育基本法は，教育を受ける権利を国民に保障した日本国
憲法に基づき，日本の公教育の在り方を全般的に規定する法律。法制
定の由来と目的を明らかにし，法の基調をなしている主義と理想とを
宣言する前文と18の条文から構成され，出題の第6条は学校教育につ
いて定めている。文部科学省は「公の性質を有する」の意味について，
「広く解すれば，おおよそ学校の事業の性質が公のものであり，それ
が国家公共の福利のためにつくすことを目的とすべきものであって，
私のために仕えてはならないという意味とする。狭く解すれば，法律
に定める学校の事業の主体がもともと公のものであり，国家が学校教
育の主体であるという意味とする。」としている。　(2)　キャリア教
育リーフレットは文部科学省のシンクタンクである国立教育政策研究
所がキャリア教育のさらなる充実に資するため，実践に役立つパンフ
レットを作成し，全国の学校や教育委員会等へ配布しているもの。ア
の総合労働相談コーナー(都道府県労働局総務部)は，勤めた会社で何
か問題が起きたときに，専門の相談員がいろいろな相談に乗り，問題
解決のための支援をする機関。イの公共職業安定所(ハローワーク)は，
職業の紹介や失業したときの失業給付金の支給などを行うほか，公共
職業訓練のあっせんや，会社を辞めたくなったようなときの相談にも
応じる機関。エの職業能力開発促進センターは，求職者などに，就職
に向けて必要な知識・技能を身につけるための職業訓練を実施する機
関。　(3)　教科の目標は，非常に重要なので，しっかりと覚えておき
たい。　(4)　各学年の目標及び内容についても，学習指導要領だけで
はなく，学習指導要領解説とあわせて，整理し，理解・記憶しておく
ようにするとよい。　(5)　4つの領域と数学的活動の関係について理
解しておくとともに，数学的活動の3つの内容と学年などについても
整理しておくとよい。

【２】(1)　$-2\sqrt{2}$　　(2)　①　$\dfrac{7}{36}$　　②　$\dfrac{1}{9}$

(3)　(証明)　仮定より，$\angle ACE=\angle DCE=x$　　…①となり

　　　　　　　　$\angle ACB=\angle ABC=2x$　　…②

$\angle ABC$は，$\triangle ABD$の外角だから，

　　　　$\angle ABC=\angle BAD+\angle BDA$　　　　…③

また，$\angle BAD=\angle BDA$　　　　　　　…④だから，

②，③，④より$\angle BAD=\angle BDA=x$　　…⑤

①，⑤より$\angle BDA=\angle DCE=x$

2角が等しいから，$\triangle EDC$は二等辺三角形である。

(4)

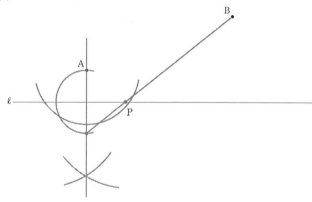

〈解説〉(1)　$x^2-2x-1=0$ を解くと $x=1\pm\sqrt{2}$ となる。したがって，$a=$ $1+\sqrt{2}$，$b=1-\sqrt{2}$ より

$a^2b-ab^2=ab(a-b)=(1+\sqrt{2})(1-\sqrt{2})\{(1+\sqrt{2})-(1-\sqrt{2})\}=$ $-2\sqrt{2}$

(2)　①　$\sqrt{a+b}$ が自然数になるのは，$a+b=4$または$a+b=9$のときなので，$(a,\ b)=(1,\ 3),\ (2,\ 2),\ (3,\ 1),\ (3,\ 6),\ (4,\ 5),\ (5,\ 4),\ (6,\ 3)$ の7通りである。したがって確率は，$\dfrac{7}{36}$

②　$(a,\ b)$が$y=\dfrac{6}{x}$のグラフ上にあるのは$(a,\ b)=(1,\ 6),\ (2,\ 3),\ (3,$

2)，(6，1) の4通りである。したがって確率は，$\dfrac{4}{36}=\dfrac{1}{9}$

(3)　解答参照。

(4)　直線ℓに関して点Aと対称な点A′を作図し，直線A′Bと直線ℓの交点をPとすればよい。

【3】(1)　誤り…表，裏の出方を3通りとし，それらが，同様に確からしいとしたこと。

正しい解答…2枚の硬貨を区別すると，表，裏の出方は(表，表)(表，裏)(裏，表)(裏，裏)の4通りで，これらは同様に確からしい。そのうち，「1枚表で，1枚裏」となる出方は2通りだから，求める確率は $\dfrac{2}{4}=\dfrac{1}{2}$ である。

(2)　2020＝aとすると，

$$2020+\dfrac{1}{2020}-\dfrac{2019^2}{2020}=a+\dfrac{1}{a}-\dfrac{(a-1)^2}{a}$$

$$=\dfrac{a^2+1-(a-1)^2}{a}=\dfrac{a^2+1-(a^2-2a+1)}{a}$$

$$=\dfrac{a^2+1-a^2+2a-1}{a}=\dfrac{2a}{a}=2$$

(3)

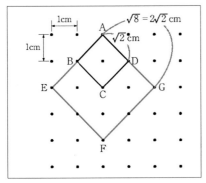

(証明)

正方形ABCDの面積は2cm²だから

AD＝$\sqrt{2}$ 〔cm〕

さらに，AG＝2ADだから

AG＝$2\sqrt{2}$〔cm〕　…①

また，正方形AEFGの面積は8cm²だから

AG＝$\sqrt{8}$〔cm〕　…②

①，②より　$\sqrt{8}=2\sqrt{2}$

〈解説〉解答参照。

【４】(1)　$\dfrac{40}{3}$秒後

(2)　①

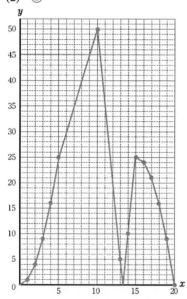

②　$2\sqrt{5}$秒後，12秒後，$\dfrac{44}{3}$秒後，$15+\sqrt{5}$秒後

〈解説〉(1)　点PとQがt秒後に出会うとする。このとき，Pは$t$cm進み，Q

は2$t$cm進む。したがって，$t+2t=40$　よって$t=\dfrac{40}{3}$〔秒後〕

(2)　①　i)　$0\leqq x\leqq 5$のとき，$y=\dfrac{1}{2}\times x\times 2x=x^2$

ii)　$5\leqq x\leqq 10$のとき，$y=\dfrac{1}{2}\times x\times 10=5x$

iii)　$10 \leqq x \leqq \dfrac{40}{3}$ のとき，$y = \dfrac{1}{2} \times (40 - x - 2x) \times 10 = -15x + 200$

iv)　$\dfrac{40}{3} \leqq x \leqq 15$ のとき，$y = \dfrac{1}{2} \times (x + 2x - 40) \times 10 = 15x - 200$

v)　$15 \leqq x \leqq 20$ のとき，$y = \dfrac{1}{2} \times (40 - 2x)(x - 10) = -x^2 + 30x - 200 = -(x - 15)^2 + 25$

i)からv)についてグラフに表していくと解答の図のようになる。

②　解答の図より，$y = 20$ との交点を調べればよい。

i)のとき $x^2 = 20$ かつ $0 \leqq x \leqq 5$ より $x = 2\sqrt{5}$

ii)のとき該当なし

iii)のとき $-15x + 200 = 20$ より $x = 12$

iv)のとき $15x - 200 = 20$ より $x = \dfrac{44}{3}$

v)のとき $-x^2 + 30x - 200 = 20$ より $15 \leqq x \leqq 20$ に注意してこれを解いて $x = 15 + \sqrt{5}$

【5】(1)　6π〔cm²〕　　(2)　$4 : 9$　　(3)　$14 : 9$

〈解説〉 この円柱の底面の円周は $2\pi \times 3 = 6\pi$〔cm〕なので，この円柱の側面をDAで切って開いた展開図は次の図のようになる。

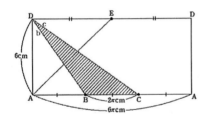

(1)　上の図の斜線部分の面積なので $2\pi \times 6 \div 2 = 6\pi$〔cm²〕

(2)　次の図のように経路b，cと経路eの交点をそれぞれF，Gとすると △FABと△FEDの面積の比を求めればよい。

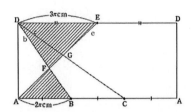

△FABと△FEDについて，AB//DEなので錯角が等しいことにより，

∠FAB＝∠FED，∠FBA＝∠FDE

したがって，2つの角がそれぞれ等しいので△FAB∽△FEDである。

$AB＝2\pi$〔cm〕，$ED＝3\pi$〔cm〕であることより相似比は2：3と分かる。

したがって，面積比は相似比の2乗に等しいので，$2^2：3^2＝4：9$

(3)　(2)よりAF：FE＝2：3　…①

である。また，△GACと△GEDについても相似なので，

$AG：GE＝AC：ED＝4\pi：3\pi＝4：3$　…②

ここで①と②の比をそろえると，

AF：FE＝2：3＝14：21，　AG：GE＝4：3＝20：15

したがって，AF：FG：GE＝14：6：15と分かる。

△FAB：△FED＝4：9であり，FG：GE＝6：15＝2：5なので，

$△DFG＝\dfrac{2}{7}△FED$

よって，$△FAB：△DFG＝4：\dfrac{2}{7}×9＝14：9$

【6】25〔cm〕

〈解説〉次の図のようにこの円柱を正面から見た図で考える。

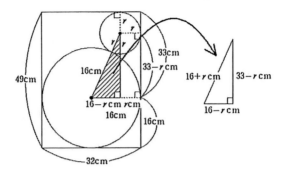

大きな球の半径は16cmであり，小さな円の半径を r〔cm〕とする。

上の図の中の斜線部分の直角三角形で考える。この直角三角形の辺の長さを r を用いて表すと上の図の右にある三角形のようになることがわかる。したがって，三平方の定理より，

$$(16+r)^2=(33-r)^2+(16-r)^2$$

$$r^2-130r+1089=0$$

$$(r-9)(r-121)=0$$

$$r=9,\ 121$$

ここで，$0<r<16$ より，$r=9$

したがって，大きい球の中心と小さい球の中心との距離は，$16+9=25$〔cm〕

【高等学校】

【1】(1)　(i)　公の性質　　(ii)　イ　　(2)　(i)　オ　　(ii)　ウ

　　(3)　i　技能　　ii　数学的　　iii　数学のよさ　　iv　活用する態度

〈解説〉(1)　教育基本法は，教育を受ける権利を国民に保障した日本国憲法に基づき，日本の公教育の在り方を全般的に規定する法律。法制定の由来と目的を明らかにし，法の基調をなしている主義と理想とを宣言する前文と18の条文から構成され，出題の第6条は学校教育について定めている。文部科学省は「公の性質を有する」の意味について，「広く解すれば，おおよそ学校の事業の性質が公のものであり，それ

が国家公共の福利のためにつくすことを目的とすべきものであって，私のために仕えてはならないという意味とする。狭く解すれば，法律に定める学校の事業の主体がもともと公のものであり，国家が学校教育の主体であるという意味とする。」としている。　(2)　キャリア教育リーフレットは文部科学省のシンクタンクである国立教育政策研究所がキャリア教育のさらなる充実に資するため，実践に役立つパンフレットを作成し，全国の学校や教育委員会等へ配布しているもの。アの総合労働相談コーナー(都道府県労働局総務部)は，勤めた会社で何か問題が起きたときに，専門の相談員がいろいろな相談に乗り，問題解決のための支援をする機関。イの公共職業安定所(ハローワーク)は，職業の紹介や失業したときの失業給付金の支給などを行うほか，公共職業訓練のあっせんや，会社を辞めたくなったようなときの相談にも応じる機関。エの職業能力開発促進センターは，求職者などに，就職に向けて必要な知識・技能を身につけるための職業訓練を実施する機関。　(3)　学習指導要領の第1款の教科の目標及び第2款の各科目の目標，内容，内容の取扱いは，重要なので，整理・理解しておくとともに，用語・記号についてもしっかり覚えておきたい。

【２】 (1)　511　　(2)　$\dfrac{12\sqrt{5}}{5}$　　(3)　$-\dfrac{5}{6}\pi$, $\dfrac{\pi}{2}$　　(4)　$1\leqq x<5$

(5)　$-\dfrac{1+\sqrt{3}}{2}+\dfrac{1-\sqrt{3}}{2}i$

〈解説〉(1)　生徒10人を2組に分ける方法は次のとおりである。(i)1人と9人の組に分ける方法は，$_{10}C_1=10$〔通り〕　(ii)2人と8人の組に分ける方法は，$_{10}C_2=\dfrac{10\times9}{2\times1}=45$〔通り〕　(iii)3人と7人の組に分ける方法は，$_{10}C_3=\dfrac{10\times9\times8}{3\times2\times1}=120$〔通り〕　(iv)4人と6人の組に分ける方法は，$_{10}C_4=\dfrac{10\times9\times8\times7}{4\times3\times2\times1}=210$〔通り〕　(v)5人と5人の組に分ける方法は，$_{10}C_5\div2=\dfrac{10\times9\times8\times7\times6}{5\times4\times3\times2\times1}\div2=126$〔通り〕　(i)〜(v)より10＋45＋

$120＋210＋126＝511〔通り〕$

(2) $\begin{cases} y=2x+2 & \cdots① \\ x^2+y^2=8 & \cdots② \end{cases}$ より，$x^2+(2x+2)^2=8 \Leftrightarrow 5x^2+8x-4=0$

$\Leftrightarrow (x+2)(5x-2)=0 \Leftrightarrow x=-2, \ \dfrac{2}{5}$

$x=-2$のとき①より$y=-2$であり，$x=\dfrac{2}{5}$のとき①より$y=\dfrac{14}{5}$である。

したがって，2点$(-2, \ -2)$, $\left(\dfrac{2}{5}, \ \dfrac{14}{5}\right)$間の距離を求めればよいので，

$$\sqrt{\left(-2-\dfrac{2}{5}\right)^2+\left(-2-\dfrac{14}{5}\right)^2}=\sqrt{\left(-\dfrac{12}{5}\right)^2+\left(-\dfrac{24}{5}\right)^2}=\sqrt{\left(\dfrac{12}{5}\right)^2+\left(\dfrac{24}{5}\right)^2}$$

$$=\sqrt{\left(\dfrac{12}{5}\right)^2+4\times\left(\dfrac{12}{5}\right)^2}=\sqrt{5\times\left(\dfrac{12}{5}\right)^2}=\dfrac{12\sqrt{5}}{5}$$

(3) 左辺を変形して，$2\sin\left(\theta-\dfrac{\pi}{3}\right)=1 \Leftrightarrow \sin\left(\theta-\dfrac{\pi}{3}\right)=\dfrac{1}{2}$ $\cdots①$

ここで，$-\pi\leqq\theta<\pi \Leftrightarrow -\dfrac{4}{3}\pi\leqq\theta-\dfrac{\pi}{3}<\dfrac{2}{3}\pi$ なので，①より

$\theta-\dfrac{\pi}{3}=-\dfrac{7}{6}\pi, \ \dfrac{\pi}{6}$

よって，$\theta=-\dfrac{5}{6}\pi, \ \dfrac{\pi}{2}$

(4) 真数条件により$5-x>0$かつ$x>0$より$0<x<5$ $\cdots①$

与式から$\log_2(5-x)^2\leqq\log_2 16x$

ここで，底$2>1$なので，

$(5-x)^2\leqq16x \Leftrightarrow x^2-26x+25\leqq0 \Leftrightarrow (x-1)(x-25)\leqq0 \Leftrightarrow 1\leqq x\leqq25$ $\cdots②$

①と②より$1\leqq x<5$

(5) $(1+i)\left(\cos\dfrac{5}{6}\pi+i\sin\dfrac{5}{6}\pi\right)=(1+i)\left(-\dfrac{\sqrt{3}}{2}+\dfrac{1}{2}i\right)$

$=-\dfrac{\sqrt{3}}{2}+\dfrac{1}{2}i+\left(-\dfrac{\sqrt{3}}{2}\right)i+\dfrac{1}{2}i^2=-\dfrac{1+\sqrt{3}}{2}+\dfrac{1-\sqrt{3}}{2}i$

【3】(1) (i) $a>0$のとき $x>\dfrac{b}{a}$

(ii) $a=0$, $b<0$のとき 解は全ての実数

(iii)　$a=0$, $b≧0$のとき　解なし

(iv)　$a<0$のとき　$x<\dfrac{b}{a}$　　　…(答)

(2)　(i)　初項$x=0$のとき，この無限等比級数は0に収束

(ii)　$x≠0$のとき，この無限等比級数が収束する条件は，|公比|<1

よって　$\left|\dfrac{1}{1+x}\right|<1$

⇔　$\dfrac{1}{|1+x|}<1$

⇔　$|1+x|>1$

⇔　$1+x<-1$, $1<1+x$

⇔　$x<-2$, $0<x$

以上(i)(ii)より

この無限等比級数が収束する実数xの値の範囲は

$x<-2$, $0≦x$　…(答)

〈解説〉解答参照。

【4】[1]　(1)　$∠ABC=θ$とおくと，$∠CDA=180°-θ$とおける。

△ABCおよび△CDAに余弦定理を用いると

$AC^2=5^2+4^2-2・5・4・\cos θ$

　　$=41-40\cos θ$　…①

$AC^2=4^2+1^2-2・4・1・\cos(180°-θ)$

　　$=17+8\cos θ$　…②

①，②より

$41-40\cos θ=17+8\cos θ$

$\cos θ=\dfrac{1}{2}$

$0°<θ<180°$より　$θ=60°$

このとき①より

$AC^2 = 41 - 40 \cdot \dfrac{1}{2} = 21$

$AC > 0$ より　　$AC = \sqrt{21}$　　…(答)

(2)　△ABCに正弦定理を用いると

$\dfrac{AC}{\sin\angle ABC} = \dfrac{4}{\sin\angle BAC}$

(1)より　　$\angle ABC = 60°$より

$\sin\angle BAC = \dfrac{2\sqrt{7}}{7}$　　…(答)

(3)　点Bから直線ACへ下ろした垂線とACとの交点をHとすると

$\sin\angle BAC = \dfrac{BH}{AB}$だから

$\dfrac{2\sqrt{7}}{7} = \dfrac{BH}{5}$　　　$\therefore$　　$BH = \dfrac{10\sqrt{7}}{7}$　　…(答)

(4)　△ABCの面積をSとすると

$S = \dfrac{1}{2}BA \cdot BC \cdot \sin 60° = 5\sqrt{3}$

また

$S = \dfrac{1}{2}r(AB + BC + CA)$より

$= \dfrac{1}{2}r(5 + 4 + \sqrt{21})$

$= \dfrac{1}{2}r(9 + \sqrt{21})$

これより

$5\sqrt{3} = \dfrac{1}{2}r(9 + \sqrt{21})$

$\therefore$　$r = \dfrac{10\sqrt{3}}{9 + \sqrt{21}} = \dfrac{3\sqrt{3} - \sqrt{7}}{2}$　　…(答)

[2]　△ABCにおいて

$|\overrightarrow{BC}|^2 = |\overrightarrow{AC} - \overrightarrow{AB}|^2$

$= |\overrightarrow{AC}|^2 - 2 \cdot \overrightarrow{AC} \cdot \overrightarrow{AB} + |\overrightarrow{AB}|^2$

$$= 3^2 - 2 \cdot 10 + 6^2 = 25$$

$|\overrightarrow{BC}| \geqq 0$ より　$|\overrightarrow{BC}| = 5$

直線AIと直線BCとの交点をMとする。

直線AMは，∠BACの二等分線だから，

BM：MC＝AB：AC＝2：1

これより　$BM = \dfrac{2}{3}BC = \dfrac{10}{3}$

また，直線BIは，∠ABCの二等分線だから

$AI : IM = BA : BM = 6 : \dfrac{10}{3}$

$$= 9 : 5$$

これより　$AI = \dfrac{9}{14}AM$

よって　$\overrightarrow{AI} = \dfrac{9}{14}\overrightarrow{AM} = \dfrac{9}{14} \cdot \dfrac{\overrightarrow{AB} + 2\overrightarrow{AC}}{2+1}$

$\therefore$　$\overrightarrow{AI} = \dfrac{3\overrightarrow{AB} + 6\overrightarrow{AC}}{14}$　…(答)

〈解説〉[1]　(1)　解答参照。

(2)　(別解)　△ABCで余弦定理より，

$\cos \angle BAC = \dfrac{5^2 + (\sqrt{21})^2 - 4^2}{2 \times 5 \times \sqrt{21}} = \dfrac{30}{10\sqrt{21}} = \dfrac{3}{\sqrt{21}}$ となる。

0°＜∠BAC＜180°より，sin ∠BAC＞0なので，

$\sin \angle BAC = \sqrt{1 - \cos^2 \angle BAC} = \sqrt{1 - \left(\dfrac{3}{\sqrt{21}}\right)^2} = \dfrac{2}{\sqrt{7}} = \dfrac{2\sqrt{7}}{7}$

(3)　(別解)　△ABCの面積Sは，$S = \dfrac{1}{2} \cdot AB \cdot AC \cdot \sin \angle BAC = \dfrac{1}{2} \cdot$ 5 $\cdot \sqrt{21} \cdot \dfrac{2\sqrt{7}}{7} = 5\sqrt{3}$ である。ここで，点Bから直線ACへ下ろした垂線をBHとすると，$S = \dfrac{1}{2} \cdot AC \cdot BH$ となるので，$5\sqrt{3} = \dfrac{1}{2} \cdot \sqrt{21}$

・BH よって, $BH = \dfrac{10\sqrt{7}}{7}$

[2] 解答参照。

【5】(1) $\displaystyle\sum_{k=1}^{n}(2k-1)+1 = n^2+1$ …(答)

(2) 第k群の総和は

$\displaystyle\sum_{j=1}^{2k-1}(2j-1) = 2 \cdot \dfrac{1}{2}(2k-1) \cdot 2k - (2k-1)$

$\qquad\qquad = 4k^2 - 4k + 1$

$\therefore\ S_n = \displaystyle\sum_{k=1}^{n}(4k^2 - 4k + 1)$

$\qquad = 4 \cdot \dfrac{1}{6}n(n+1)(2n+1) - 4 \cdot \dfrac{1}{2}n(n+1) + n$

$\qquad = \dfrac{1}{3}n(2n-1)(2n+1)$ …(答)

(3) $\dfrac{1}{3}n(2n-1)(2n+1) > 2019$

$n(2n-1)(2n+1) > 6057$

$n=11$のとき (左辺)$=5313$

$n=12$のとき (左辺)$=6900$

$\therefore$ 求めるnは $n=12$ …(答)

(4) ℓを自然数とする。

$31 = 2\ell - 1$を解いて $\ell = 16$

$\quad \therefore$ 31は16番目の奇数

自然数tについて $2t-1 > 16$を解くと

$\quad t > \dfrac{17}{2}$ $\quad \therefore$ $t \geqq 9$

$\therefore$ 31は第9群で初めて現れるので, m回目の31は$(m+8)$群の31である。

この数列の初項から第$(m+7)$群の最後の項までの項数は

$\quad (m+7)^2 = m^2 + 14m + 49$

よって求める項数は

$m^2+14m+49+16$

$=m^2+14m+65$　…(答)

〈解説〉解答参照。

【6】(1)

$f'(x)=\dfrac{(x^2+1)-2x(x-1)}{(x^2+1)^2}=\dfrac{-x^2+2x+1}{(x^2+1)^2}$

∴　$f'(-1)=-\dfrac{1}{2}$ より，求める接線の方程式は

$y-(-1)=-\dfrac{1}{2}\{x-(-1)\}$

∴　$y=-\dfrac{1}{2}x-\dfrac{3}{2}$　…(答)

(2)　(1)より　$f'(x)=\dfrac{-x^2+2x+1}{(x^2+1)^2}$

$f'(x)=0$ のとき　$-x^2+2x+1=0$ より

$x=1\pm\sqrt{2}$

関数 $f(x)$ の増減表は以下のとおり

x	……	$1-\sqrt{2}$	……	$1+\sqrt{2}$	……
$f'(x)$	－	0	＋	0	－
$f(x)$	↘	$\dfrac{-\sqrt{2}-1}{2}$	↗	$\dfrac{\sqrt{2}-1}{2}$	↘

$x=1-\sqrt{2}$ のとき　極小値 $\dfrac{-\sqrt{2}-1}{2}$

$x=1+\sqrt{2}$ のとき　極大値 $\dfrac{\sqrt{2}-1}{2}$

また，$\displaystyle\lim_{x\to\pm\infty}\dfrac{x-1}{x^2+1}=\lim_{x\to\pm\infty}\dfrac{\dfrac{1}{x}-\dfrac{1}{x^2}}{1+\dfrac{1}{x^2}}=0$ より x 軸は漸近線

よって　$y=f(x)$ のグラフの概形は以下のとおり。

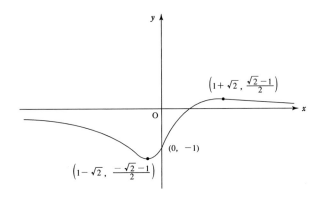

(3)　直線lの方程式は$y+1=k(x+1)$　∴　$y=kx+k-1$

条件を満たすとき，方程式$\dfrac{x-1}{x^2+1}-(kx+k-1)=0$は異なる3つの実数解
をもつ。

左辺を変形すると

$$\dfrac{-(x+1)(kx^2-x+k)}{x^2+1}=0$$

$x^2+1>0$より　$(x+1)(kx^2-x+k)=0$　…①

$g(x)=kx^2-x+k$とおくと

$g(x)=0$が$x=-1$以外の異なる2つの実数解をもてばよい。

$g(-1)=0$のとき　$k=-\dfrac{1}{2}$　∴　$k\neq-\dfrac{1}{2}$　…②

$k=0$のとき　$g(x)=0$は$x=0$　となり不適　∴　$k\neq0$　…③

$k\neq0$のとき　$g(x)=0$の判別式をDとおくと　$D=1-4k^2$

$D>0$のとき　$-\dfrac{1}{2}<k<\dfrac{1}{2}$　…④

②，③，④より求めるkの値の範囲は

$-\dfrac{1}{2}<k<0,\ 0<k<\dfrac{1}{2}$　…(答)

(4)　(3)より　$D=0$のとき　$k=\pm\dfrac{1}{2}$　また(1)より　$k\neq-\dfrac{1}{2}$

$k=\dfrac{1}{2}$のとき　①の解は$x=1$を重解にもつ

mの方程式は$k=\dfrac{1}{2}$のとき　$y=\dfrac{1}{2}x-\dfrac{1}{2}$

①より　直線$y=\dfrac{1}{2}x-\dfrac{1}{2}$と曲線$y=f(x)$は$x=-1$，$1$で共有点をもち，

$x=1$で接する。

$-1\leqq x\leqq 1$のとき　$f(x)\leqq \dfrac{1}{2}x-\dfrac{1}{2}$

$\therefore\ S=\displaystyle\int_{-1}^{1}\left\{\left(\dfrac{1}{2}x-\dfrac{1}{2}\right)-\dfrac{x-1}{x^2+1}\right\}dx$

まず　$\displaystyle\int_{-1}^{1}\left(\dfrac{1}{2}x-\dfrac{1}{2}\right)dx=-1$

また，$\displaystyle\int_{-1}^{1}\left(\dfrac{x-1}{x^2+1}\right)dx$について　$x=\tan\theta$とおくと

x	$-1 \longrightarrow 1$
θ	$-\dfrac{\pi}{4} \longrightarrow \dfrac{\pi}{4}$

$\dfrac{dx}{d\theta}=\dfrac{1}{\cos^2\theta}$

$\therefore\ \displaystyle\int_{-1}^{1}\left(\dfrac{x-1}{x^2+1}\right)dx=\int_{-\frac{\pi}{4}}^{\frac{\pi}{4}}\left(\dfrac{\tan\theta-1}{1+\tan^2\theta}\cdot\dfrac{1}{\cos^2\theta}\right)d\theta$

$=\displaystyle\int_{-\frac{\pi}{4}}^{\frac{\pi}{4}}\left(\tan\theta-1\right)d\theta$

$=\Big[-\log|\cos\theta|-\theta\Big]_{-\frac{\pi}{4}}^{\frac{\pi}{4}}$

$=-\dfrac{\pi}{2}$

$\therefore\ S=\dfrac{\pi}{2}-1$　…(答)

〈解説〉　解答参照。

2019年度　実施問題

【中学校】

【1】次の各問いに答えなさい。

(1) 次の①～⑤の文章は，教育に関係する法令に記載された条文の一部である。①～⑤が記載された法令として最も適切なものを，下のア～コからそれぞれ1つずつ選び，記号で答えなさい。

① 第11条　校長及び教員は，教育上必要があると認めるときは，文部科学大臣の定めるところにより，児童，生徒及び学生に懲戒を加えることができる。ただし，体罰を加えることはできない。

② 第30条　地方公共団体は，法律で定めるところにより，学校，図書館，博物館，公民館その他の教育機関を設置するほか，条例で，教育に関する専門的，技術的事項の研究又は教育関係職員の研修，保健若しくは福利厚生に関する施設その他の必要な教育機関を設置することができる。

③ 第94条　地方公共団体は，その財産を管理し，事務を処理し，及び行政を執行する権能を有し，法律の範囲内で条例を制定することができる。

④ 第4条　すべて国民は，ひとしく，その能力に応じた教育を受ける機会を与えられなければならず，人種，信条，性別，社会的身分，経済的地位又は門地によって，教育上差別されない。

⑤ 第52条　小学校の教育課程については，この節に定めるもののほか，教育課程の基準として文部科学大臣が別に公示する小学校学習指導要領によるものとする。

ア　日本国憲法　　　　　イ　教育基本法

　　ウ　学校教育法　　　　　エ　学校教育法施行令

　　オ　学校教育法施行規則　　カ　学校図書館法

　　キ　地方教育行政の組織及び運営に関する法律

　　ク　社会教育法　　　　　ケ　地方公務員法

　　コ　教育公務員特例法

(2)　次の文章は，中学校学習指導要領(平成29年3月告示)第1章総則で
　示された，各教科等の指導に当たり配慮する事項の一部である。
　(①)～(⑤)にあてはまる最も適切な語句を答えなさい。

> 　　第1の3の(1)から(3)までに示すことが偏りなく実現されるよ
> う，単元や題材など内容や時間のまとまりを見通しながら，
> 生徒の主体的・(①)で深い学びの実現に向けた授業改善を
> 行うこと。
> 　　特に，各教科等において身に付けた(②)及び技能を
> (③)したり，思考力，(④)，表現力等や学びに向かう
> 力，人間性等を発揮させたりして，学習の対象となる物事を
> 捉え思考することにより，各教科等の特質に応じた物事を捉
> える視点や考え方(以下「見方・考え方」という。)が鍛えられ
> ていくことに留意し，生徒が各教科等の特質に応じた見方・
> 考え方を働かせながら，(②)を相互に関連付けてより深く
> 理解したり，(⑤)を精査して考えを形成したり，問題を見
> いだして解決策を考えたり，思いや考えを基に創造したりす
> ることに向かう過程を重視した学習の充実を図ること。

(3)　次の文は，中学校学習指導要領(平成20年3月告示)に示された第2
　章第3節数学の目標である。文中の空欄(①)～(④)にあては
　まる最も適切な語句をあとからそれぞれ1つずつ選び，記号で答え
　なさい。

　　(①)を通して，数量や図形などに関する(②)や(③)に
　ついての理解を深め，数学的な表現や処理の仕方を習得し，事象を
　数理的に考察し表現する能力を高めるとともに，(①)の楽しさ
　や(④)を実感し，それらを活用して考えたり判断したりしよう

とする態度を育てる。

ア	算数的活動	イ	数字的活動
ウ	体験的な学習	エ	言語活動
オ	技能	カ	問題解決の能力
キ	原理・法則	ク	基礎的・基本的な知識
ケ	基礎的な概念	コ	数についての感覚
サ	数理的な処理の良さ	シ	数学のよさ

(4) 中学校学習指導要領(平成20年3月告示)第2章第3節数学の第2学年の内容に示されている用語・記号をすべて選び,記号で答えなさい。

ア	対頂角	イ	回転体	ウ	定義	エ	証明
オ	ねじれの位置	カ	内角	キ	π	ク	$\equiv$
ケ	$\angle$			コ	$\perp$		

(5) 次の①~④の文は,中学校学習指導要領(平成20年3月告示)に示された第2章第3節数学の各学年の内容である。どの学年の内容を示しているか,学年を数字で答えなさい。

① 関数関係の意味を理解すること。

② いろいろな事象の中に,関数関係があることを理解すること。

③ 二元一次方程式を関数を表す式とみること。

④ 座標の意味を理解すること。

(6) 次の文は,中学校学習指導要領(平成20年3月告示)に示された第2章第3節数学の内容の取扱いにおいて,配慮するものとして示されている事項の一部である。文中の空欄(①)~(②)にあてはまる最も適切な語句を下からそれぞれ1つずつ選び,記号で答えなさい。

各領域の指導に当たっては,必要に応じ,そろばん,電卓,(①)や(②)などを適切に活用し,学習の効果を高めるよう配慮するものとする。

ア	ビデオ	イ	写真
ウ	具体物などの教具	エ	情報通信ネットワーク
オ	コンピュータ	カ	映像メディア

キ　視聴覚教材　　　　ク　教育機器

(7)　次の文章は，中学校学習指導要領解説数学編(平成20年9月)の内容の一部である。文中の空欄(①)～(④)にあてはまる最も適切な語句を答えなさい。

標本調査の必要性と意味

　　食品の安全性をチェックするために，製造した商品をすべて開封して調べることはしない。このような場合，一部の資料を基にして，全体についてどのようなことがどの程度まで分かるのかを考えることが必要になる。このような考え方から生み出されたのが標本調査であり，(①)と比較するなどして，標本調査の必要性と意味の理解を深めるようにする。

証明の必要性と意味及び方法

　　命題は「(②)」と「(③)」からなる。

方程式の必要性と意味及びその解の意味

　　方程式は，(④)を基にした式変形で形式的に解を求めることができるので，具体的な場面における能率的な問題の解決にも有効である。

(☆☆☆◎◎◎)

【2】次の各問いに答えなさい。

(1)　$\left(\dfrac{x+y}{2}+\dfrac{x-y}{4}\right)\times(3x-y)$を計算しなさい。

(2)　二次方程式$x^2-3x-\dfrac{3}{4}(a-1)=0$の解が1つしかないとき，定数$a$の値を求めなさい。

(3)　$x^2-(a+10)x-6(a+2)(a-2)$を因数分解しなさい。

(4)　次の図のような四角形ABCDがある。四角形ABCDと同じ面積で，辺BCを一辺とする△PBCを作図しなさい。(作図に用いた線は消さないこと。)

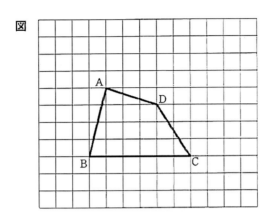

図

(☆☆◎◎◎)

【3】濃度6％の食塩水Aが500g，濃度10％の食塩水Bが300g，それぞれ容器に入っている。次の各問いに答えなさい。

(1) 容器に入っている食塩水A，Bをすべて混ぜ，別の容器に食塩水Cをつくるとき，その食塩水の濃度を求めなさい。

(2) 食塩水Aが入っている容器からいくらかくみ上げ，食塩水Bの入っている容器に加え，よく混ぜたとき，できた食塩水の濃度が8.5％になった。このとき食塩水Aが入っている容器からくみ上げた食塩水は何gか求めなさい。

(☆☆☆◎◎◎)

【4】次の図のように，円周を12等分した点があり，そのうちの1点をOとする。さいころを2回続けて投げ，1回目に出た目の数をa，2回目に出た目の数をbとして，￬□￬のルールにしたがって点A，Bを定め，△OABをつくるとき，あとの各問いに答えなさい。

ただし，さいころのどの目が出ることも同様に確からしいものとする。

<ルール1>点Oから円周上の点を時計回りにa個分進んだ点をA
　　　　　とする。

<ルール2>点Oから円周上の点を反時計回りにb個分進んだ点を
　　　　　Bとする。

図

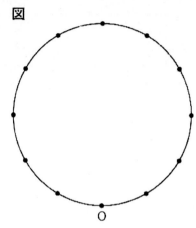

O

(1)　△OABが直角三角形になる確率を求めなさい。

(2)　ルール2を次のように変更したとき，△OABが直角二等辺三角形
　　になる確率を求めなさい。

　　　点Oから円周上の点を反時計回りに，bが奇数の場合はb個分，
　　　bが偶数の場合は$\dfrac{b}{2}$個分進んだ点をBとする。

(☆☆☆◎◎◎)

【5】次の図のように，関数$y=-\dfrac{1}{4}x^2$　……①のグラフ上に，x座標がそ
　れぞれ-4，1の点A，Bをとり，直線ABとy軸との交点をPとする。ま
　た，①のグラフ上にx座標が1より大きい点Qをとり，点Qを通り直線
　ABに平行な直線とy軸との交点をR，①のグラフとのもう一方の交点
　をSとするとき，あとの各問いに答えなさい。

図

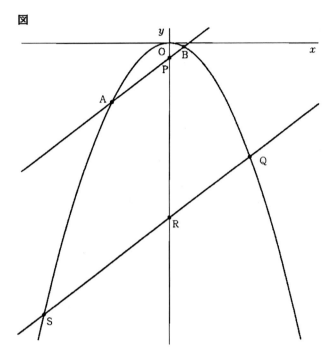

(1) 直線SQの傾きを求めなさい。

(2) PR＝RSであるとき，点Sのx座標を求めなさい。

(☆☆◎◎◎)

【6】次の図のように，4点A，B，C，Dは円Oの周上にあり，ACは円O
の直径で，線分ACと線分BDとの交点をEとする。また，AHは点Aか
ら線分BDに引いた垂線である。AB＝AE，AC＝15cm，BC＝9cmのと
き，あとの各問いに答えなさい。

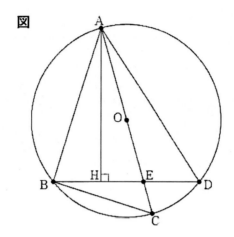

図

(1)　△ABC∽△AHDを証明しなさい。

(2)　DEの長さを求めなさい。

(☆☆☆○○○)

【7】次の図1のような四角形ABCDを，直線ABを軸として1回転させて
　　できた立体について，下の各問いに答えなさい。

図1

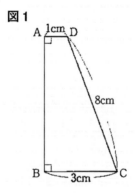

(1)　表面積を求めなさい。

(2)　図2のように，立体の側面に沿って点RからQまでひもをかけたと

き，このひもの長さが最も短くなるときの長さを求めなさい。ただし，点P，Qはそれぞれの底面の円周上にある点で，四角形ABQPは台形であるものとし，点Rは線分PQ上にある点とする。

図2

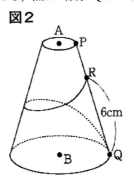

6cm

(☆☆☆◎◎◎)

【高等学校】

(問題に特に指示がない場合は，計算過程も含めて答えなさい。)

【1】次の各問いに答えなさい。

(1)　次の①〜⑤の文章は，教育に関係する法令に記載された条文の一部である。①〜⑤が記載された法令として最も適切なものを，下のア〜コからそれぞれ1つずつ選び，記号で答えなさい。

①　第11条　校長及び教員は，教育上必要があると認めるときは，文部科学大臣の定めるところにより，児童，生徒及び学生に懲戒を加えることができる。ただし，体罰を加えることはできない。

②　第30条　地方公共団体は，法律で定めるところにより，学校，図書館，博物館，公民館その他の教育機関を設置するほか，条例で，教育に関する専門的，技術的事項の研究又は教育関係職員の研修，保健若しくは福利厚生に関する施設その他の必要な教育機関を設置することができる。

③　第94条　地方公共団体は，その財産を管理し，事務を処理し，及び行政を執行する権能を有し，法律の範囲内で条例を制定することができる。

④　第4条　すべて国民は，ひとしく，その能力に応じた教育を受ける機会を与えられなければならず，人種，信条，性別，社会的身分，経済的地位又は門地によって，教育上差別されない。

⑤第52条　小学校の教育課程については，この節に定めるもののほか，教育課程の基準として文部科学大臣が別に公示する小学校学習指導要領によるものとする。

ア　日本国憲法　　　　　　イ　教育基本法

ウ　学校教育法　　　　　　エ　学校教育法施行令

オ　学校教育法施行規則　　カ　学校図書館法

キ　地方教育行政の組織及び運営に関する法律

ク　社会教育法　　　　　　ケ　地方公務員法

コ　教育公務員特例法

(2)　次の文章は，文部科学省より平成22年5月11日付けで通知された「小学校，中学校，高等学校及び特別支援学校等における児童生徒の学習評価及び指導要録の改善等について(通知)」の別紙6にある「各教科の評価の観点及びその趣旨(高等学校及び特別支援学校高等部)」より，数学における4つの評価の観点及びその趣旨を抜粋したものである。空欄(　①　)～(　⑤　)にあてはまる最も適切な語句を答えなさい。

○関心・意欲・態度

　　数学の論理や体系に関心をもつとともに，(　①　)を認識し，それらを事象の考察に積極的に活用して(　②　)に基づいて判断しようとする。

○数学的な見方や考え方

　　事象を数学的に考察し表現したり，思考の過程を振り返り(　③　)・発展的に考えたりすることなどを通して，数学的な見

178

方や考え方を身に付けている。

○数学的な技能

　事象を数学的に(④)・処理する仕方や推論の方法などの技能を身に付けている。

○知識・理解

　数学における基本的な概念，原理・法則などを(⑤)に理解し，知識を身に付けている。

(3)　次の問の解答例は誤答である。どの行番号以降が誤っているかを記入し，その行番号以降の訂正した解答を記述しなさい。

問)　次の極限を調べなさい。　$\displaystyle\lim_{x \to -\infty}(\sqrt{x^2+4}-\sqrt{x^2-3x+1})$

解答例)　(与式)$\displaystyle = \lim_{x \to -\infty}\frac{(x^2+4)-(x^2-3x+1)}{\sqrt{x^2+4}+\sqrt{x^2-3x+1}}$　……行番号①

$\displaystyle = \lim_{x \to -\infty}\frac{3x+3}{\sqrt{x^2+4}+\sqrt{x^2-3x+1}}$　……行番号②

$\displaystyle = \lim_{x \to -\infty}\frac{3+\dfrac{3}{x}}{\sqrt{1+\dfrac{4}{x^2}}+\sqrt{1-\dfrac{3}{x}+\dfrac{1}{x^2}}}$　……行番号③

$\displaystyle = \frac{3}{2}$ (答)　……行番号④

---

(4)　次の問の解答例は，説明が不足している。正しい解答となるように，解答例に続けて説明を加筆しなさい。

問)　3次関数$f(x)=x^3+ax^2+bx+2$は，$x=3$で極小値-25をとる。定数a，bの値を求めなさい。

解答例)　$f'(x)＝3x^2+2ax+b$

$f(x)$は$x＝3$で極小値-25をとるので

$f'(3)＝0$，$f(3)＝-25$

したがって

$27+6a+b＝0$　　　……①

$29+9a+3b＝-25$　……②

①，②を解いて

$a＝-3$，$b＝-9$

(☆☆☆◎◎◎)

【２】次の各問いに答えなさい。ただし，解答は答えのみ記入しなさい。

(1)　放物線$y＝x^2+x-1$をx軸方向にa，y軸方向にbだけ平行移動して得られる放物線の方程式は，$y＝x^2+3x-4$であった。実数a，bの値を求めなさい。

(2)　ある高校では，全体の44％が男子生徒で，全体の14％が3年生の男子生徒である。全体の男子生徒の中から任意の生徒を1名選び出すとき，その生徒が3年生の男子生徒である確率を求めなさい。

(3)　最大公約数が27で，最小公倍数が324であるような2つの自然数をすべて求めなさい。

(4)　$0≦θ<2π$のとき，不等式$\cos\left(θ-\dfrac{π}{6}\right)>\dfrac{1}{2}$を解きなさい。

(☆☆☆◎◎◎)

【３】次の各問いに答えなさい。

(1)　2つの変量x，yについて，次の表のようにデータがある。さらに2つの変量X，Yについて，$X＝2x-3$，$Y＝-3y+1$とする。

また，x，y，X，Yの平均値をそれぞれ$\overline{x}$，$\overline{y}$，$\overline{X}$，$\overline{Y}$，分散をそれぞれs_x^2，s_y^2，s_X^2，s_Y^2，標準偏差をそれぞれs_x，s_y，s_X，s_Yとする。このとき，あとの各問いに答えなさい。

番号＼変量	x	y	X	Y
1	x_1	y_1	X_1	Y_1
2	x_2	y_2	X_2	Y_2
3	x_3	y_3	X_3	Y_3
⋮	⋮	⋮	⋮	⋮
n	x_n	y_n	X_n	Y_n
平均値	$\overline{x}$	$\overline{y}$	$\overline{X}$	$\overline{Y}$
分散	s_x^2	s_y^2	s_X^2	s_Y^2
標準偏差	s_x	s_y	s_X	s_Y

(i) xの平均値 $\overline{x}$ とXの平均値 $\overline{X}$ の間に，関係式 $\overline{X}=2\overline{x}-3$が成立することを証明しなさい。

(ii) yの標準偏差s_yとYの標準偏差s_Yの間に成り立つ関係式を求めなさい。ただし，解答は答えのみ記入しなさい。

(iii) xとyの共分散をr_{xy}，XとYの共分散をr_{XY}とするとき，$\dfrac{r_{XY}}{r_{xy}}$の値を求めなさい。ただし，解答は答えのみ記入しなさい。

(2) 初項から第n項までの和S_nが$S_n=2n^2+3n$である数列$\{a_n\}$がある。次の各問いに答えなさい。

(i) 数列$\{a_n\}$の一般項a_nを求めなさい。

(ii) 次のように定義される数列$\{b_n\}$の一般項b_nを求めなさい。

$b_1=1,\ b_{n+1}=b_n+a_n$

(☆☆☆◎◎◎)

【4】空間内に4点O(0, 0, 0), A(1, 1, −1), B(4, −2, 0), C(0, −1, −2)がある。また，点Cから3点O，A，Bの定める平面OABへ垂線CHを引く。次の各問いに答えなさい。

(1) △OABの面積Sを求めなさい。

(2) 四面体OABCの体積Vを求めなさい。

(☆☆☆◎◎◎)

【5】関数$f(x)=|x|\sqrt{x+3}$について，次の各問いに答えなさい。

(1) 関数$f(x)$は，$x=0$で微分可能でないことを証明しなさい。

(2) 関数$y=f(x)$の増減，グラフの凹凸を調べて，グラフの概形をかきなさい。また，極値があればその値およびそのときのxの値を求めなさい。

(3) 曲線$y=f(x)$上の点$(-1,\ \sqrt{2})$における接線の方程式を求めなさい。

(4) 曲線$y=f(x)$，x軸および直線$x=1$によって囲まれた2つの部分の面積の和Sを求めなさい。

(5) $\displaystyle\lim_{n\to\infty}\frac{1}{n^2\sqrt{n}}(1\cdot\sqrt{1+3n}+2\cdot\sqrt{2+3n}+3\cdot\sqrt{3+3n}+\cdots+n\cdot\sqrt{n+3n})$を求めなさい。

(☆☆☆◎◎◎)

解答・解説

【中学校】

【1】(1) ① ウ ② キ ③ ア ④ イ ⑤ オ (2) ① 対話的 ② 知識 ③ 活用 ④ 判断力 ⑤ 情報 (3) ① イ ② ケ ③ キ ④ シ (4) ア，ウ，エ，カ，ク (5) ① 1 ② 3 ③ 2 ④ 1 (6) ① オ ② エ (7) ① 全数調査 ② 仮定 ③ 結論 ④ 等式の性質

〈解説〉(1) ① 文部科学省は体罰が社会問題化したことを受け，平成25年3月に「体罰の禁止及び児童生徒理解に基づく指導の徹底について」を通知した。その中で懲戒と体罰の区別について文部科学省は，「教員等が児童生徒に対して行った懲戒行為が体罰に当たるかどうかは，当該児童生徒の年齢，健康，心身の発達状況，当該行為が行われた場所的及び時間的環境，懲戒の態様等の諸条件を総合的に考え，

個々の事案ごとに判断する必要がある。この際，単に懲戒行為をした教員等や，懲戒行為を受けた児童生徒・保護者の主観のみにより判断するのではなく，諸条件を客観的に考慮して判断すべきである」としたうえで，「その懲戒の内容が身体的性質のもの，すなわち，身体に対する侵害を内容とするもの(殴る，蹴る等)，児童生徒に肉体的苦痛を与えるようなもの(正座・直立等特定の姿勢を長時間にわたって保持させる等)に当たると判断された場合は，体罰に該当する」としている。
② 「地方教育行政の組織及び運営に関する法律」(地教行法)は昭和31年に制定されたもので，教育委員会の設置，市町村立学校の教職員の身分，学校運営協議会の設置などの地方公共団体の教育行政の基本について定めた法律。平成27年4月1日には大きな制度改正を行うためその一部を改正する法律が施行され，教育委員長と教育長を一本化した新「教育長」の設置，教育長へのチェックの機能の強化と会議の透明化，「総合教育会議」の全自治体設置，教育に関する「大綱」の策定が行われた。 ③ 地方公共団体の権能を定めたものである。なお日本国憲法第92条では「地方公共団体の組織及び運営に関する事項は，地方自治の本旨に基いて，法律でこれを定める。」とされている。
④ 教育基本法が制定された昭和22年から60年が経過し，価値観の多様化，規範意識の低下，科学技術の進歩，国際化，核家族化などの教育を取り巻く環境の大幅な変化を踏まえ，教育基本法が改正され，平成18年12月公布・施行された。この改正において第4条は一部文言が修正されている。 ⑤ 学校教育法第33条は「小学校の教育課程に関する事項は，第29条及び第30条の規定に従い，文部科学大臣が定める。」(中学校については第48条，高等学校については第52条で同様に規定としている。)としている。それを受けて文部科学省令たる学校教育法施行規則第52条は「小学校の教育課程については，この節に定めるもののほか，教育課程の基準として文部科学大臣が別に公示する小学校学習指導要領によるものとする。」としている。これらの規定により，教育課程については国が学習指導要領などで学校が編成する教育課程の大綱的な基準を公示し，学校の設置者たる教育委員会が教育課程な

ど学校の管理運営の基本的事項について規則を制定し，学校(校長)が学校や地域，児童生徒の実態等を踏まえ，創意工夫した教育課程を編成・実施することになっている。 (2)～(6)　学習指導要領については，重要なので，学習指導要領解説もあわせて理解するとともに，用語などもしっかり覚えておきたい。

【２】(1)　$\dfrac{9x^2-y^2}{4}$　　(2)　$a=-2$　　(3)　$(x+2a-4)(x-3a-6)$

(4)

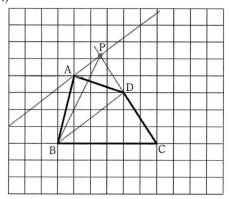

〈解説〉(1)　(与式)$=\left(\dfrac{2x+2y+x-y}{4}\right)(3x-y)=\left(\dfrac{3x+y}{4}\right)(3x-y)=\dfrac{9x^2-y^2}{4}$

(2)　二次方程式が重解を持てばよいので，判別式$D=0$となる。

$D=9+3(a-1)=0$より，$a=-2$

(3)　下の様にたすきがけができるので

$(x+2a-4)(x-3a-6)$

$$
\begin{array}{l}
1 \diagdown\quad\ -3(a+2)\ \longrightarrow\ -(3a+6)\\
1 \diagup\quad\ +2(a-2)\ \longrightarrow\ +(2a-4)\\
\overline{1\quad -6(a+2)(a-2)\qquad\ -a-10}
\end{array}
$$

(4)　線分BDを引く，点Aを通り線分BDと平行な直線lを引く，直線CDと直線lの交点をP′とする。等積変形により△ABD＝△P′BDと分かるので，(四角形ABCDの面積)＝△P′BCと分かる。したがって，このP′が点Pとなるので，解答の図がかける。

184

【3】(1) 7.5%　(2) 180g

〈解説〉(1)　Aの食塩の量は500×0.06＝30〔g〕であり，Bの食塩の量は300×0.1＝30〔g〕である。AとBを合わせた食塩の量は30＋30＝60〔g〕で，食塩水の量は500＋300＝800〔g〕なので，濃度は，

$100 \times \dfrac{60}{800} = 7.5$ 〔%〕

(2)　AからBへx〔g〕移動させたとすると，食塩の量は，30＋0.06x〔g〕であり，その濃度が8.5%であることから，

$100 \times \dfrac{30+0.06x}{300+x} = 8.5$　これより，$x = 180$〔g〕

【4】(1) $\dfrac{5}{12}$　(2) $\dfrac{1}{9}$

〈解説〉(1)　△OABが直角三角形になるのは

(i)　OAまたはOBが円の直径となるとき，aとbのいずれか一方が6となる。$(a, b)=(6, 1), (6, 2), (6, 3), (6, 4), (6, 5), (1, 6), (2, 6), (3, 6), (4, 6), (5, 6)$の10通り。

(ii)　線分ABが円の直径となるとき，$a+b=6$となる。$(a, b)=(1, 5), (2, 4), (3, 3), (4, 2), (5, 1)$の5通り。

(i), (ii)より15通りなので，$\dfrac{15}{36} = \dfrac{5}{12}$

(2)　(i)　OAが円の直径となり，BO＝BAとなるとき，$(a, b)=(6, 3), (6, 6)$の2通り。

(ii)　線分ABが円の直径となりOA＝OBとなるとき，$(a, b)=(3, 3), (3, 6)$の2通り。

(i), (ii)より4通りなので，$\dfrac{4}{36} = \dfrac{1}{9}$

【5】(1) $\dfrac{3}{4}$　(2) $-4-2\sqrt{5}$

〈解説〉(1)　$A(-4, -4)$, $B\left(1, -\dfrac{1}{4}\right)$なので直線ABの傾きは

$\dfrac{-4-\left(-\dfrac{1}{4}\right)}{-4-1} = \dfrac{-\dfrac{15}{4}}{-5} = \dfrac{3}{4}$ である。したがって直線SQの傾きはこれと平行なので$\dfrac{3}{4}$

(2)　点Aからy軸に垂線ACを下ろすとA(-4，-4)，C(0，-4)，直線ABの傾き$\frac{3}{4}$よりAC＝4，PC＝3であり，△ACPは直角三角形よりAP＝5と分かる。つまりAC：CP：PA＝4：3：5と分かる。

次に点Sからy軸に垂線STを下ろす。

△RSTは△PACと相似と分かるので，ST：TR：RS＝4：3：5である。

ここで，Sのx座標を$x＝s$（$s<0$）とすると，S$\left(s,\ -\frac{1}{4}s^2\right)$，T$\left(0,\ -\frac{1}{4}s^2\right)$であり，直線SQの方程式は$y＝\frac{3}{4}(x-s)-\frac{1}{4}s^2$より，

$y＝\frac{3}{4}x-\frac{1}{4}s^2-\frac{3}{4}s$とおける。

したがって，R$\left(0,\ -\frac{1}{4}s^2-\frac{3}{4}s\right)$とおける。

ここで問題の条件よりPR＝RSなので，

$RS＝PR＝-1-\left(-\frac{1}{4}s^2-\frac{3}{4}s\right)＝\frac{1}{4}s^2+\frac{3}{4}s-1$

また，$ST＝-s$とRS：ST＝5：4より，

$\left(\frac{1}{4}s^2+\frac{3}{4}s-1\right)：(-s)＝5：4$

これを整理して$s^2+8s-4＝0$

これを解いて，$s＝-4\pm2\sqrt{5}$

$s<0$より$s＝-4-2\sqrt{5}$

【6】(1)　△ABCと△AHDにおいて，

$\overset{\frown}{AB}$に対する円周角は等しいので，∠ACB＝∠ADH　…①

条件より　∠AHD＝90°　…②

半円の弧に対する円周角は90°になるので，∠ABC＝90°　…③

②③より　∠ABC＝∠AHD　…④

①④より　2組の角がそれぞれ等しいので

△ABC∽△AHD

(2)　$\frac{3\sqrt{10}}{2}$cm

〈解説〉(1)　解答参照。

(2)　直角三角形ABCでAC＝15〔cm〕，BC＝9〔cm〕より三平方の定理

186

を用いてAB＝12〔cm〕と分かる。

よって，AE＝12〔cm〕，EC＝AC－AE＝15－12＝3〔cm〕

△BCEと△ADEは∠BCE＝∠ADE，∠CBE＝∠DAEで2組の角がそれ

ぞれ等しいことから相似といえるので，ED：DA＝EC：CB＝3：9＝

1：3と分かる。

ここで，DE＝x〔cm〕とおくと，AD＝3x〔cm〕とおける。

次に，△AHDは(1)により△ABCと相似と分かったので

AH：AD＝AB：AC＝12：15＝4：5よりAH＝$\frac{4}{5}$AD＝$\frac{12}{5}x$〔cm〕，

HD：AD＝BC：AC＝3：5よりHD＝$\frac{9}{5}x$〔cm〕，したがって，

HE＝HD－DE＝$\frac{9}{5}x-x=\frac{4}{5}x$〔cm〕とおける。

したがって，直角三角形AHEで三平方の定理より$12^2=\left(\frac{12}{5}x\right)^2+\left(\frac{4}{5}x\right)^2$

これを解いて，$x>0$より$x=\frac{3\sqrt{10}}{2}$

【7】(1)　42πcm^2　　(2)　6$\sqrt{5}$cm

〈解説〉(1)　次の図のように，直線ABと直線CDの交点をEとする。

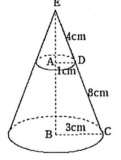
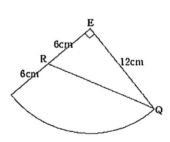

△EADと△EBCはAD：BC＝1：3なのでED：EC＝1：3

よって，ED：DC＝1：2

ゆえに，ED＝4〔cm〕

△EADを，直線EAを軸にして回転してできる円すいの側面積は，

$16\pi\times\frac{2\pi}{8\pi}=4\pi$〔cm^2〕

また，△EBCを，直線EBを軸にして回転してできる円すいの側面積は，

$$144\pi \times \frac{6\pi}{24\pi} = 36\pi \ \text{〔cm}^2\text{〕}$$

したがって，四角形ABCDを直線ABを軸として1回転させてできる立体の側面積は，

$$36\pi - 4\pi = 32\pi \ \text{〔cm}^2\text{〕}$$

また，上の部分と下の部分の円の面積がそれぞれ，$\pi \ \text{cm}^2$，$9\pi \ \text{cm}^2$なので，表面積は，

$$32\pi + \pi + 9\pi = 42\pi \ \text{〔cm}^2\text{〕}$$

(2)　(1)で用いた△EBCを回転させてできた立体の側面の展開図は扇形になる。この中心角は，

$$\frac{6\pi}{24\pi} \times 360° = 90°$$

求めるRからQまでのひもが最短となるのは，上の図のような線分RQの長さである。したがって，

$$RQ = \sqrt{6^2 + 12^2} = \sqrt{180} = 6\sqrt{5} \ \text{〔cm〕}$$

【高等学校】

【1】(1)　※①～⑤は全員正解とする(解答非公表)。　(2)　①　数学のよさ　②　数学的論拠　③　多面的　④　表現　⑤　体系的

(3)　行番号③以降が誤っている

訂正した解答…

$$(与式) = \lim_{x \to -\infty} \frac{(-x)\left(-3 - \dfrac{3}{x}\right)}{(-x)\sqrt{1 + \dfrac{4}{x^2}} + (-x)\sqrt{1 - \dfrac{3}{x} + \dfrac{1}{x^2}}}$$

$$= \lim_{x \to -\infty} \frac{-3 - \dfrac{3}{x}}{\sqrt{1 + \dfrac{4}{x^2}} + \sqrt{1 - \dfrac{3}{x} + \dfrac{1}{x^2}}}$$

$$= -\frac{3}{2} \quad \cdots (答)$$

(4)　このとき　$f(x) = x^3 - 3x^2 - 9x + 2$

逆にこの3次関数が条件を満たすことを示す。

$$f'(x) = 3x^2 - 6x - 9 = 3(x-3)(x+1)$$

$f'(x)=0$ とすると，　$x=-1$，3

3次関数$f(x)$の増減表は次のようになる。

x	$\cdots$	-1	$\cdots$	3	$\cdots$
$f'(x)$		+	0	−	0	+
$f(x)$	↗	7	↘	-25	↗

したがって3次関数$f(x)$は

$x=-1$で極大値7　　$x=3$で極小値-25をとり，

条件を満たす。

よって，$a=-3$，$b=-9$　…(答)

〈解説〉(1)　鳥取県は本問の全て(①〜⑤)を全員正解とし，解答を非公表としている。詳細は各自で自治体に問い合わせられたい。以下は①がウ(学校教育法)，②がキ(地方教育行政の組織及び運営に関する法律)，③がア(日本国憲法)，④がイ(教育基本法)，⑤がオ(学校教育法施行規則)によるものとして解説をする。　①　文部科学省は体罰が社会問題化したことを受け，平成25年3月に「体罰の禁止及び児童生徒理解に基づく指導の徹底について」を通知した。その中で懲戒と体罰の区別について文部科学省は，「教員等が児童生徒に対して行った懲戒行為が体罰に当たるかどうかは，当該児童生徒の年齢，健康，心身の発達状況，当該行為が行われた場所的及び時間的環境，懲戒の態様等の諸条件を総合的に考え，個々の事案ごとに判断する必要がある。この際，単に懲戒行為をした教員等や，懲戒行為を受けた児童生徒・保護者の主観のみにより判断するのではなく，諸条件を客観的に考慮して判断すべきである」としたうえで，「その懲戒の内容が身体的性質のもの，すなわち，身体に対する侵害を内容とするもの(殴る，蹴る等)，児童生徒に肉体的苦痛を与えるようなもの(正座・直立等特定の姿勢を長時間にわたって保持させる等)に当たると判断された場合は，体罰に該当する」としている。　②　「地方教育行政の組織及び運営に関する法律」(地教行法)は昭和31年に制定されたもので，教育委員会の設置，市町村立学校の教職員の身分，学校運営協議会の設置などの地方公共

団体の教育行政の基本について定めた法律。平成27年4月1日には大きな制度改正を行うためその一部を改正する法律が施行され，教育委員長と教育長を一本化した新「教育長」の設置，教育長へのチェックの機能の強化と会議の透明化，「総合教育会議」の全自治体設置，教育に関する「大綱」の策定が行われた。　③　地方公共団体の権能を定めたものである。なお日本国憲法第92条では「地方公共団体の組織及び運営に関する事項は，地方自治の本旨に基いて，法律でこれを定める。」とされている。　④　教育基本法が制定された昭和22年から60年が経過し，価値観の多様化，規範意識の低下，科学技術の進歩，国際化，核家族化などの教育を取り巻く環境の大幅な変化を踏まえ，教育基本法が改正され，平成18年12月公布・施行された。この改正において第4条は一部文言が修正されている。　⑤　学校教育法第30条は「小学校の教科に関する事項は，第29条及び第30条の規定に従い，文部大臣が定める。」(中学校については第48条，高等学校については第52条で同様に規定としている。)としている。それを受けて文部科学省令たる学校教育法施行規則第52条は「小学校の教育課程については，この節に定めるもののほか，教育課程の基準として文部科学大臣が別に公示する小学校学習指導要領によるものとする。」としている。これらの規定により，教育課程については国が学習指導要領などで学校が編成する教育課程の大綱的な基準を公示し，学校の設置者たる教育委員会が教育課程など学校の管理運営の基本的事項について規則を制定し，学校(校長)が学校や地域，児童生徒の実態等を踏まえ，創意工夫した教育課程を編成・実施することになっている。(2)　問題の該当箇所などを読み込んでおくとよい。　(3)　$x \to -\infty$としているので$x < 0$である。このとき$\sqrt{x^2} = -x$としなければいけないところを$\sqrt{x^2} = x$としてしまっている。　(4)　a, bを求めた後で本当に問題の条件にある様な極小値をとるかを調べる必要がある。

【2】(1) $a=-1$, $b=-5$　　(2) $\dfrac{7}{22}$　　(3) 27と324，81と108

　　(4) $0\leqq\theta<\dfrac{\pi}{2}$, $\dfrac{11}{6}\pi<\theta<2\pi$

〈解説〉(1) $y=x^2+x-1$ より $y=\left(x+\dfrac{1}{2}\right)^2-\dfrac{5}{4}$ なので平行移動前の頂点の座標は $\left(-\dfrac{1}{2},\ -\dfrac{5}{4}\right)$

$y=x^2+3x-4$ より $y=\left(x+\dfrac{3}{2}\right)^2-\dfrac{25}{4}$ なので平行移動後の頂点の座標は $\left(-\dfrac{3}{2},\ -\dfrac{25}{4}\right)$ である。

したがって，x軸方向へ $-\dfrac{3}{2}-\left(-\dfrac{1}{2}\right)=-1$, y軸方向へ $-\dfrac{25}{4}-\left(-\dfrac{5}{4}\right)$

$=-5$ だけ平行移動しているので，$a=-1$, $b=-5$

(2) $\dfrac{14}{44}=\dfrac{7}{22}$

(3) 求める2つの自然数を m, n $(m<n)$ とする。最大公約数が27なので $m=27m'$, $n=27n'$ $(m'<n'$ とし，m', n' は互いに素な自然数) と表せる。最小公倍数が324なので，$27m'n'=324$ より $m'n'=12$　したがって，$(m',\ n')=(1,\ 12)$, $(3,\ 4)$ である。つまり $(m,\ n)=(27,\ 324)$, $(81,\ 108)$

(4) $0\leqq\theta<2\pi$ より $-\dfrac{\pi}{6}\leqq\theta-\dfrac{\pi}{6}<\dfrac{11}{6}\pi$

したがって，$\cos\left(\theta-\dfrac{\pi}{6}\right)>\dfrac{1}{2}$ を満たすのは，

$-\dfrac{\pi}{6}\leqq\theta-\dfrac{\pi}{6}<\dfrac{\pi}{3}$, $\dfrac{5}{3}\pi<\theta-\dfrac{\pi}{6}<\dfrac{11}{6}\pi$

よって，$0\leqq\theta<\dfrac{\pi}{2}$, $\dfrac{11}{6}\pi<\theta<2\pi$

【3】(1)　(i) Xのデータは次のn個の値である。

$X_1=2x_1-3$, $X_2=2x_2-3$, $\cdots$, $X_n=2x_n-3$

また，$\overline{x}=\dfrac{1}{n}(x_1+x_2+\cdots+x_n)$ であるから

$\overline{X}=\dfrac{1}{n}(X_1+X_2+\cdots+X_n)$

$=\dfrac{1}{n}\{(2x_1-3)+(2x_2-3)+\cdots+(2x_n-3)\}$

$$=\frac{1}{n}\{2(x_1+x_2+\cdots+x_n)-3n\}$$

$$=2\frac{1}{n}(x_1+x_2+\cdots+x_n)-3$$

$$=2\overline{x}-3 \qquad \text{ゆえに}\quad \overline{X}=2\overline{x}-3$$

(ii)　$s_Y=3s_y$　　(iii)　-6

(2)　(i)　初項a_1は　$a_1=S_1=2\cdot1^2+3\cdot1=5$

$n\geqq2$のとき

$a_n=S_n-S_{n-1}$

$\quad=(2n^2+3n)-\{2(n-1)^2+3(n-1)\}$

$\quad=4n+1 \quad\cdots①$

①で$n=1$とすると，$a_1=5$となり

①は$n=1$のときにも成り立つ。

したがって，一般項は　$a_n=4n+1$　…(答)

(ii)　$b_{n+1}-b_n=a_n$　より

数列$\{b_n\}$の階差数列は$\{a_n\}$となる。

よって

$n\geqq2$のとき

$b_n=b_1+\displaystyle\sum_{k=1}^{n-1}a_k=1+\sum_{k=1}^{n-1}(4k+1)$

$\quad=1+4\cdot\dfrac{1}{2}(n-1)n+(n-1)$

$\quad=2n^2-n \quad\cdots②$

②で$n=1$とすると，$b_1=1$となり

②は$n=1$のときにも成り立つ。

したがって，一般項は　$b_n=2n^2-n$　…(答)

〈解説〉(1)　(i)　解答参照。

(ii)　$Y=-3y+1$より，$s_Y=\sqrt{(-3)^2}s_y$　よって，$s_Y=3s_y$

(iii)　$r_{xy}=\dfrac{1}{n}\{(x_1-\overline{x})(y_1-\overline{y})+\cdots+(x_n-\overline{x})(y_n-\overline{y})\}$

$r_{XY}=\dfrac{1}{n}\{(X_1-\overline{X})(Y_1-\overline{Y})+\cdots+(X_n-\overline{X})(Y_n-\overline{Y})\}$

$$= \frac{1}{n}\{(2x_1 - 3 - 2\bar{x} + 3)(-3y_1 + 1 + 3\bar{y} - 1) + \cdots$$

$$+ (2x_n - 3 - 2\bar{x} + 3)(-3y_n + 1 + 3\bar{y} - 1)\}$$

$$= \frac{1}{n}\{2(x_1 - \bar{x}) \times (-3)(y_1 - \bar{y}) + \cdots + 2(x_n - \bar{x}) \times (-3)(y_n - \bar{y})\}$$

$$= \frac{1}{n}\{(-6)(x_1 - \bar{x})(y_1 - \bar{y}) + \cdots + (-6)(x_n - \bar{x})(y_n - \bar{y})\}$$

$$= -6 \times \frac{1}{n}\{(x_1 - \bar{x})(y_1 - \bar{y}) + \cdots + (x_n - \bar{x})(y_n - \bar{y})\} = -6r_{xy}$$

よって，$\dfrac{r_{XY}}{r_{xy}} = -6$

(2) (i) 解答参照。 (ii) 解答参照。

【4】(1) $\vec{OA} = (1, 1, -1)$, $\vec{OB} = (4, -2, 0)$ であるから

$$|\vec{OA}| = \sqrt{1^2 + 1^2 + (-1)^2} = \sqrt{3}$$

$$|\vec{OB}| = \sqrt{4^2 + (-2)^2 + 0^2} = 2\sqrt{5}$$

$$\vec{OA} \cdot \vec{OB} = 1 \cdot 4 + 1(-2) + (-1) \cdot 0 = 2$$

$$S = \frac{1}{2}\sqrt{|\vec{OA}|^2 \cdot |\vec{OB}|^2 - (\vec{OA} \cdot \vec{OB})^2}$$

$$= \frac{1}{2}\sqrt{(\sqrt{3})^2 \cdot (2\sqrt{5})^2 - 2^2} = \sqrt{14} \quad \cdots(答)$$

(2) 点Hは平面OAB上にあるので

$\vec{OH} = s\vec{OA} + t\vec{OB}$ となる実数s, tがある。

よって $\vec{OH} = s(1, 1, -1) + t(4, -2, 0)$

$$= (s+4t, s-2t, -s)$$

また $\vec{OC} = (0, -1, -2)$ であるから

$$\vec{CH} = (s+4t, s-2t+1, -s+2)$$

さらに $\vec{CH} \perp \vec{OA}$ であるから $\vec{CH} \cdot \vec{OA} = 0$

$$(s+4t) \cdot 1 + (s-2t+1) \cdot 1 + (-s+2)(-1) = 0$$

すなわち $3s + 2t - 1 = 0$ $\cdots$①

193

また　$\overrightarrow{\mathrm{CH}} \perp \overrightarrow{\mathrm{OB}}$　であるから　$\overrightarrow{\mathrm{CH}} \cdot \overrightarrow{\mathrm{OB}} = 0$

$$(s+4t) \cdot 4 + (s-2t+1)(-2) + (-s+2) \cdot 0 = 0$$

すなわち　$s + 10t - 1 = 0$　…②

①, ②より　$s = \dfrac{2}{7}$,　$t = \dfrac{1}{14}$

よって　$\overrightarrow{\mathrm{CH}} = \left(\dfrac{4}{7},\ \dfrac{8}{7},\ \dfrac{12}{7}\right)$　となるので

$$|\overrightarrow{\mathrm{CH}}| = \sqrt{\left(\dfrac{4}{7}\right)^2 + \left(\dfrac{8}{7}\right)^2 + \left(\dfrac{12}{7}\right)^2} = \dfrac{4}{7}\sqrt{14}$$

求める体積Vは

$$V = \dfrac{1}{3}|\overrightarrow{\mathrm{CH}}| \cdot S = \dfrac{1}{3} \cdot \dfrac{4}{7}\sqrt{14} \cdot \sqrt{14} = \dfrac{8}{3}　\cdots（答）$$

〈解説〉(1)　3頂点の座標が分かっている△ABCの面積Sはベクトルを用いた公式

$$S = \dfrac{1}{2}\sqrt{|\overrightarrow{\mathrm{AB}}|^2 \cdot |\overrightarrow{\mathrm{AC}}|^2 - (\overrightarrow{\mathrm{AB}} \cdot \overrightarrow{\mathrm{AC}})^2}$$

を用いると楽に求められる。　(2)　点Hが平面上にあることを利用して，ベクトルを使って考える。また，垂直なベクトルの内積は0であることを使う。

【5】(1)

$$f'(a) = \lim_{h \to 0} \dfrac{f(a+h) - f(a)}{h}　と表される。$$

$$\lim_{h \to +0} \dfrac{f(0+h) - f(0)}{h} = \lim_{h \to +0} \dfrac{|h|\sqrt{h+3}}{h} = \lim_{h \to +0} \dfrac{h\sqrt{h+3}}{h} = \sqrt{3}$$

$$\lim_{h \to -0} \dfrac{f(0+h) - f(0)}{h} = \lim_{h \to -0} \dfrac{|h|\sqrt{h+3}}{h} = \lim_{h \to -0} \dfrac{-h\sqrt{h+3}}{h} = -\sqrt{3}$$

$x = 0$において，右側からの極限と左側からの極限が一致しないから，$f'(0)$は存在しない。

すなわち関数$f(x)$は$x = 0$で微分可能でない。

(2)　定義域は$x \geqq -3$である。

$x \geqq 0$のとき$y = x\sqrt{x+3}$

$x>0$　で　$y'=\sqrt{x+3}+x\cdot\dfrac{1}{2}\cdot\dfrac{1}{\sqrt{x+3}}=\dfrac{3(x+2)}{2\sqrt{x+3}}$

また　$y''=\dfrac{3\cdot2\sqrt{x+3}-(3x+6)\dfrac{1}{\sqrt{x+3}}}{4(x+3)}=\dfrac{3(x+4)}{4(x+3)\sqrt{x+3}}$

よってこのとき　$y'>0,\ y''>0$

$-3\leqq x<0$のとき$y=-x\sqrt{x+3}$

$-3<x<0$で　$y'=-\dfrac{3(x+2)}{2\sqrt{x+3}}$　　$y''=-\dfrac{3(x+4)}{4(x+3)\sqrt{x+3}}$

よってこのとき　$y'=0$とすると$x=-2$，また$y''<0$

したがって，y'，y''の符号を調べて増減，凹凸の表をつくると次のよう
になる。

x	-3	$\cdots$	-2	$\cdots$	0	$\cdots$
y'		$+$	0	$-$		$+$
y''		$-$	$-$	$-$		$+$
y	0	↗	2	↘	0	↗

よって，$x=-2$で極大値2　　$x=0$で極小値0をとる。

$y=f(x)$のグラフは以下のとおり。

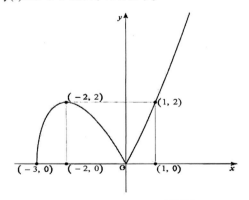

(3)　$-3\leqq x<0$のとき　$f(x)=-x\sqrt{x+3}$

$-3<x<0$で

$$f'(x) = -\frac{3x+6}{2\sqrt{x+3}} \quad \text{よって} \quad f'(-1) = -\frac{3}{2\sqrt{2}} = -\frac{3\sqrt{2}}{4}$$

求める接線の方程式は　$y - \sqrt{2} = -\frac{3\sqrt{2}}{4}(x+1)$

すなわち　$y = -\frac{3\sqrt{2}}{4}x + \frac{\sqrt{2}}{4}$　…(答)

(4)　$S = \displaystyle\int_{-3}^{1} |x|\sqrt{x+3}\,dx$

$\qquad = -\displaystyle\int_{-3}^{0} x\sqrt{x+3}\,dx + \int_{0}^{1} x\sqrt{x+3}\,dx$

ここで，$\sqrt{x+3} = t$ とおくと $t^2 = x+3$　つまり　$2t\dfrac{dt}{dx} = 1$

また，x と t の対応表は次のようになる。

x	$-3 \rightarrow 0$
t	$0 \rightarrow \sqrt{3}$

x	$0 \rightarrow 1$
t	$\sqrt{3} \rightarrow 2$

$S = -\displaystyle\int_{0}^{\sqrt{3}} (t^2-3) \cdot t \cdot 2t\,dt + \int_{\sqrt{3}}^{2} (t^2-3) \cdot t \cdot 2t\,dt$

$\quad = 2\displaystyle\int_{\sqrt{3}}^{0} (t^4-3t^2)\,dt + 2\int_{\sqrt{3}}^{2} (t^4-3t^2)\,dt$

$\quad = 2\left[\dfrac{1}{5}t^5 - t^3\right]_{\sqrt{3}}^{0} + 2\left[\dfrac{1}{5}t^5 - t^3\right]_{\sqrt{3}}^{2} = \dfrac{24}{5}\sqrt{3} - \dfrac{16}{5}$　…(答)

(5)　(与式) $= \displaystyle\lim_{n \to \infty} \sum_{k=1}^{n} \frac{1}{n^2\sqrt{n}} k\sqrt{k+3n}$

$\qquad\qquad = \displaystyle\lim_{n \to \infty} \frac{1}{n} \sum_{k=1}^{n} \frac{k}{n}\sqrt{\frac{k}{n}+3}$

$\qquad\qquad = \displaystyle\int_{0}^{1} x\sqrt{x+3}\,dx$

ここで，$\sqrt{x+3} = t$ とおくと $t^2 = x+3$　つまり　$2t\dfrac{dt}{dx} = 1$

また，x と t の対応表は次のようになる。

x	$0 \rightarrow 1$
t	$\sqrt{3} \rightarrow 2$

$$(与式) = \int_{\sqrt{3}}^{2} (t^2-3) \cdot t \cdot 2t dt$$

$$= \frac{12}{5}\sqrt{3} - \frac{16}{5} \quad \cdots(答)$$

〈解説〉(1) $x=0$ における右側からの極限と左側からの極限が一致しないことを言えばよい。 (2),(4) $|x|$ があるので，$x<0$ と $x\geqq0$ で場合分けをして考える必要がある。 (3) 解答参照。 (5) 定積分を利用した和の極限の公式 $\displaystyle\lim_{n\to\infty} \frac{1}{n} \sum_{k=1}^{n} f\left(\frac{k}{n}\right) = \int_{0}^{1} f(x)dx$ を利用する。

【中学校】

【1】中学校学習指導要領(平成20年3月告示)第2章第3節数学について，以下の各問いに答えなさい。

(1)　次の文は目標である。(①)〜(③)にあてはまる最も適切な言葉を，下の◻︎の中から選び，記号で答えなさい。

　　数学的活動を通して，数量や図形などに関する基礎的な概念や(①)についての理解を深め，数学的な表現や処理の仕方を習得し，事象を(②)表現する能力を高めるとともに，数学的活動の楽しさや数学のよさを実感し，それらを(③)判断したりしようとする態度を育てる。

ア　知識・技能		イ　相互の関連	
ウ　原理・法則		エ　言語活動	
オ　分かりやすく説明し		カ　実感的に	
キ　論理的に		ク　数理的に考察し	
ケ　自分なりに説明し		コ　活用して考えたり	
サ　式を用いて表したり		シ　筋道を立て説明したり	

(2)　各学年の内容として示されている4つの領域を，すべて答えなさい。

(3)　数学的活動の指導に当たって配慮するものとして示されている事項について，(①)〜(④)にあてはまる最も適切な言葉を，あとの◻︎の中から選び，記号で答えなさい。

　　数学的活動を(①)ようにするとともに，数学を学習することの意義や数学の(②)などを実感する機会を設けること。

　　自ら課題を見いだし，解決するための構想を立て，実践し，その結果を(③)機会を設けること。

　　数学的活動の過程を振り返り，レポートにまとめ発表することな

どを通して，その(　④　)機会を設けること。

ア　育成する	イ　具体的に示す
ウ　伝え合ったりする	エ　楽しめる
オ　系統性	カ　必要性
キ　通用性	ク　有用性
ケ　活用する	コ　関連させて取り上げる
サ　評価・改善する	シ　重視する
ス　成果を共用する	セ　定着と活用を図る
ソ　意味が理解できる	タ　根拠を説明できる

(4)　第1学年の内容に示されている用語・記号として正しくないもの
をすべて選び，記号で答えなさい。

ア　自然数　　イ　移項　　ウ　絶対値　　エ　同類項

オ　係数　　カ　因数　　キ　符号

(☆☆☆◎◎◎)

【2】中学校学習指導要領解説数学編(平成20年9月)の内容について，以
下の各問いに答えなさい。

(1)　次の[　　]にあてはまる最も適切な語句を答えなさい。

[　　]とは，関係する二つの数量について，一方の値を決めれば
他方の値がただ一つ決まるような関係を意味している。

(2)　次の[　①　]，[　②　]にあてはまる最も適切な語句を答えなさ
い。

[　①　]には，分布の特徴をある観点に立って一つの数値で表す
点に特徴があり，平均値，中央値(メジアン)，最頻値(モード)が用
いられることが多い。

また，資料の分布の特徴を一つの数値で表す方法として，[　①　]
以外に[　②　]がある。

(3)　第1学年「A数と式」の指導において使われる次の①〜③の用語・
記号は，□□□の中のア〜エのどれに該当するか選び，記号で答え

なさい。

①　自然数　　②　プラス　　③　絶対値

ア　数学の学習に当たって，意味を理解し，それを使用する
　ことが必要であると考えられる用語・記号
イ　内容と関連して，内容の取扱いを明確にするのに必要で
　あると考えられる用語・記号
ウ　内容を示すときに用いる用語・記号
エ　内容を示すときに用いられなくても，その内容と関連し
　て取り扱われることが自明である用語・記号

(☆☆☆◎◎◎)

【３】次の各問いに答えなさい。

(1)　$(x^2-3x+3)(-3x^2+x+4)$を展開したときのx^2の係数を求めなさい。

(2)　$a=\dfrac{3}{2}$，$b=-\dfrac{1}{3}$のとき，$6a^2b^3\div(-2ab)^2\times3a^2b$の値を求めなさい。

(3)　次の度数分布表は，ある学級の小テストの得点をまとめたもので
　ある。中央値が3点となるときのxの範囲を求めなさい。

得点（点）	人数（人）
0	0
1	x
2	6
3	9
4	y
5	z
計	32

(4)　次の△ABCに対して，2本の対角線のうち，1本の対角線が辺AC
　で，もう1本の対角線が辺ABに垂直となるような長方形を作図しな
　さい。(作図に用いた線は消さないこと。)

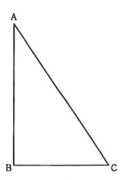

(5)　ある博物館の入館料は，おとな1人500円，子ども1人200円である。夏休み期間限定の割引券を利用すると，おとなは2割引，子どもは半額で入館できる。この博物館の昨日の入館者は，おとなと子ども合わせて300人で，入館料の合計は105,800円であった。300人のうち，割引券を利用したのは，おとなの入館者の3割，子どもの入館者の5割であるとき，昨日のおとなと子どもの入館者数をそれぞれ求めなさい。

(☆☆☆◎◎◎)

【4】AさんとBさんの家は600m離れている。Aさんは毎分40mの速さで，Bさんは毎分60mの速さで，同時刻にそれぞれの家を出発し，AさんとBさんの家の間を休まず1往復した。

　　このとき，次の各問いに答えなさい。

(1)　1往復する間に，AさんとBさんは2回出会った。それぞれ，出発してから何分後か求めなさい。

(2)　AさんとBさんの家の間には学校があり，AさんとBさんは学校の前をそれぞれ2回ずつ通った。Aさんが学校の前を1回目に通ってから2回目に通るまでの時間は，Bさんの場合の時間の半分であった。Aさんの家から学校までの距離を求めなさい。

(☆☆☆◎◎◎)

【5】次の図のように，1辺が2cmの立方体があり，点P，Q，Rはそれぞれの辺の中点である。

このとき，あとの各問いに答えなさい。

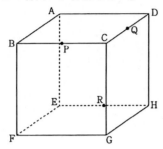

(1)　点P，Q，Rを通る平面で立方体を切るとき，切り口の辺を展開図に書きなさい。また，展開図の(　　　)内に頂点をそれぞれアルファベットで書きなさい。

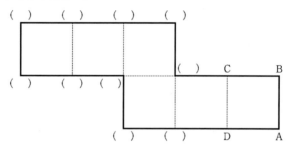

(2)　同様に点P，Q，Rを通る平面で立方体を切るとき，切り口の面積を求めなさい。

(3)　△CFRの面積を求めなさい。

(☆☆☆◎◎◎)

【6】次の図のように，交わっている2つの半円A，Bがあり，点A，B，C，Dは一直線上にある。線分ACは半円Aの半径で，線分BDは半円Bの半径である。点Dと半円Aの弧の上の点Lを結ぶ直線が半円A，Bの弧と交わる点をそれぞれN，Mとする。

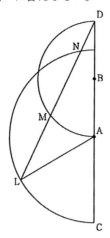

このとき，下の各問いに答えなさい。

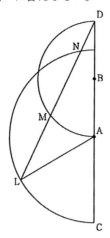

(1) LM＝NMが成り立つことの証明を，以下の文に続けて書きなさい。

> (証明) 図において，点Aと点M，Nをそれぞれ結ぶ。
> △ALMと△ANMで，

(2) 半円Aの半径を6cm，半円Bの半径を4cm，∠LAD＝120°とするとき，△ADLを線分CDを軸として1回転させてできる立体の体積を求めなさい。また，△ADLの内接円の半径の長さを求めなさい。
ただし，円周率はπを用いることとする。

(☆☆☆◎◎◎◎)

【7】次の各問いに答えなさい。

(1) AさんとBさんは，2人でじゃんけんして，勝った方が1段階段を上るゲームをすることにした。BさんがAさんよりも3段上でスター

203

トするとき，5回じゃんけんした後で，Aさんの位置がBさんと同じ
段か，Bさんより上の段にいる確率を求めなさい。

(2)　次の図のように円Oに内接する四角形ABCDで，点Aを通りBCに
平行な直線とCDを延長した直線との交点をPとする。

　　　AP＝7cm，PD＝3cm，AB＝2ADであるとき，△ADPと△ACDの
面積比を求めなさい。

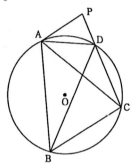

(☆☆☆◎◎◎)

【高等学校】

【1】次の各問いに答えなさい。答えのみ記入しなさい。

(1)　方程式$53x+17y=1$の整数解の1つを求めなさい。

(2)　不等式$\log_2(x+6)+2\log_4(x-1)>3\log_8(3x+2)$を解きなさい。

(3)　次のデータは，生徒9人の小テストの得点である。

　　　　a，b，c，57，70，67，60，61，66

9人の得点の平均点は63点，標準偏差は4点，中央値は62点であった。
このとき，a，b，cの値を求めなさい。ただし，$a<b<c$とする。

(☆☆☆◎◎◎)

【2】次の各問いに答えなさい。

(1)　aを実数の定数とする関数$y=-x^2-4ax+a$ $(0\leqq x\leqq 4)$の最大値，最
小値，およびそのときのxの値を求めなさい。

(2)　数列$\{a_n\}$は第3項が3，第8項が13の等差数列，数列$\{b_n\}$は第2項が3，

第5項が81で各項が正の等比数列である。

$S_n = \displaystyle\sum_{k=1}^{n} \dfrac{a_k}{b_k}$ とするとき，S_n を n の式で表しなさい。

(☆☆☆◎◎◎◎)

【3】$0<t<1$ とする。四面体OABCにおいて，辺OAを $2:1$ に内分する点をP，辺ABを $t:(1-t)$ に内分する点をQ，辺OCの中点をRとし，3点P，Q，Rを通る平面と辺BCとの交点をSとするとき，次の各問いに答えなさい。

(1) $t=\dfrac{1}{2}$ のとき，BS：SCを求めなさい。

(2) △PQRの重心をGとし，直線OGと平面ABCとの交点をDとする。このとき，OG：GDは点Qの位置によらず一定であることを証明しなさい。

(☆☆☆◎◎◎◎)

【4】曲線 $f(x)=xe^{-x}$ 上の点Pの座標を $(t,\ te^{-t})$ とし，点Pにおける接線を ℓ とするとき，次の各問いに答えなさい。ただし，$t\geqq 0$，$\log x$ は自然対数，e は自然対数の底とする。また $\displaystyle\lim_{x\to\infty}\dfrac{x}{e^x}=0$ を証明なしで用いてよいこととする。

(1) 接線 ℓ の方程式を求めなさい。

(2) 関数 $y=f(x)$ の増減，グラフの凹凸を調べて，グラフの概形をかきなさい。また，変曲点，漸近線があれば，その座標および漸近線の方程式を求めなさい。

(3) 接線 ℓ と y 軸との交点をQとするとき，点Qの y 座標の最大値を求めなさい。また，そのときの t の値も求めなさい。

(4) (3)で求めた t の値のときの接線 ℓ を ℓ_0 とする。このとき，接線 ℓ_0 と曲線 $y=f(x)$ と y 軸とで囲まれた部分を x 軸の周りに1回転してできる立体の体積 V を求めなさい。

(☆☆☆◎◎◎)

解答・解説

【中学校】

【１】(1)　①　ウ　②　ク　③　コ　　(2)　数と式，図形，関数，資料の活用　　(3)　①　エ　②　カ　③　サ　④　※採点除外　　(4)　エ，カ

〈解説〉(1)　教科の目標は，重要なので，学習指導要領だけではなく，学習指導要領解説もあわせて理解するとともに，用語などもしっかり覚えておきたい。　(2)　各学年の目標及び内容についても，学習指導要領だけではなく，学習指導要領解説とあわせて，整理し，理解・記憶しておくようにするとよい。　(3)　「第3節　数学　第3　指導計画の作成と内容の取扱い　3　数学的活動の指導に当たっては，次の事項に配慮するものとする。」についての問題。なお，空欄④には，「成果を共有する」と入る。　(4)　同類項は第2学年の「A数と式」，因数は第3学年の「A数と式」の用語である。

【２】(1)　関数関係　　(2)　①　代表値　②　範囲　　(3)　①　イ　②　エ　③　ア

〈解説〉(1)(2)　中学校学習指導要領解説数学編「第2章　数学科の目標及び内容　第3節　各学年の内容　［第1学年］」についての問題。(1)は「C　関数」についての問題。(2)は「D　資料の活用」についての問題。　(3)　「第3章　指導計画の作成と内容の取扱い　2　内容の取扱いについての配慮事項　(1)用語・記号　②　学習指導要領における用語・記号」から，カ「A　数と式」についての問題。符号や絶対値はアとしての用語・記号に，自然数や項はイとしての用語・記号にそれぞれ該当する。正の数，負の数，四則計算はウに該当する。プラス，マイナスの用語・記号はエに該当する。教科の目標，各科目の目標，内容，内容の取扱いは，重要なので，指導要領だけではなく，学習指導要領解説もあわせて，整理・理解しておくとともに，用語・記号についても

しっかり覚えておきたい。

【3】(1) -8　　(2) $\dfrac{9}{8}$　　(3) $2\leqq x\leqq 9$

(4)

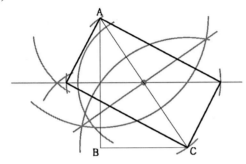

(5)　おとな190人　子ども110人

〈解説〉(1)　$(x^2-3x+3)(-3x^2+x+4)$

$=-3x^4+x^3+4x^2+9x^3-3x^2-12x-9x^2+3x+12$

$=-3x^4+10x^3-8x^2-9x+12$

ゆえに，x^2の係数は-8

(2)　$6a^2b^3\div(-2ab)^2\times 3a^2b=6a^2b^3\div 4a^2b^2\times 3a^2b=\dfrac{9}{2}a^2b^2$

したがって，$a=\dfrac{3}{2}$，$b=-\dfrac{1}{3}$のとき，

与式$=\dfrac{9}{2}\cdot\left(\dfrac{3}{2}\right)^2\cdot\left(-\dfrac{1}{3}\right)^2=\dfrac{9}{8}$

(3)　合計人数が32人であるから，中央値が3点は小さい方から数えて，

16番目と17番目が3点にならなければならない。

よって，1点の最小人数は

1点：x人，2点：6人　3点：9人

すなわち，$x+6+9=17$より，$x=2$

また，1点の最大人数は

1点：x人，2点：6人　3点：2人

すなわち，$x+6+2=17$より，$x=9$

以上より，xの範囲は$2\leqq x\leqq 9$

(4)　線分ACの中点Mを作図する。

点Mを通り，線分ABに垂直な直線*l*を引く。

点Mを中心として，半径MAの円を描く。

直線*l*と円との交点をP，Qとすれば，四角形APCQが求める長方形である。

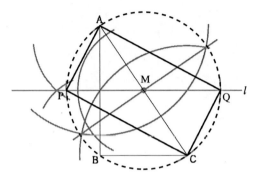

(5)　おとなと子どもの入館者数をそれぞれ*x*，*y*人とすると，

題意から，$x+y=300$，

$(400 \times 0.3x + 500 \times 0.7x) + (100 \times 0.5y + 200 \times 0.5y) = 105{,}800$

よって，$\begin{cases} x+y=300 \\ 47x+15y=10{,}580 \end{cases}$

を解いて，$x=190$，$y=110$

ゆえに，おとな190人，子ども110人

【４】(1)　6分後と18分後　　(2)　450m

〈解説〉(1)　1回目に出会う時刻を*x*分とすると，

$40x+60x=600$，$x=6$

ゆえに，1回目に出会うのは6分後

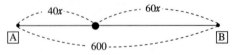

2回目に出会うのは，AさんがBさんの家に着いたとき(15分後)，Bさんは，Aさんの家を折り返して5分経っているから，Aさんの家から300m

進んでいる。

したがって，AさんがBさんの家を折り返してからy分後に出会うとすれば，

$60y+40y=300$，$y=3$

ゆえに，2回目に出会うのは$15+3=18$〔分後〕

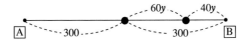

(2) Aさんの家から学校までの距離をx〔m〕とすれば，

題意から，$\dfrac{600-x}{40}=\dfrac{x}{60}\times\dfrac{1}{2}$

よって，$3(600-x)=x$から，$x=450$

ゆえに，450〔m〕

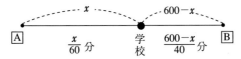

【5】(1)

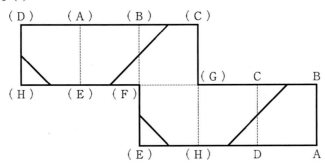

(2) $3\sqrt{3}$ cm² (3) 3cm²

〈解説〉(1) 切り口は次の図のようになる。

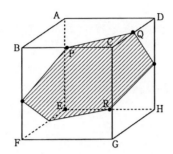

(2)　切り口は次の図のような正六角形になっている。その面積Sは

$$S=\frac{1}{2}\cdot\sqrt{2}\cdot\sqrt{2}\cdot\sin60°×6=3\sqrt{3}〔\mathrm{cm}^2〕$$

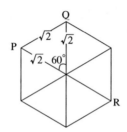

(3)　図より，$\mathrm{CF}=\sqrt{2^2+2^2}=2\sqrt{2}$，

$\mathrm{FR}=\sqrt{2^2+1^2}=\sqrt{5}$，

$\mathrm{CR}=\sqrt{\mathrm{GC}^2+\mathrm{GR}^2}=\sqrt{2^2+2^2+1^2}=3$

$\cos\theta=\dfrac{(\sqrt{5})^2+(2\sqrt{2})^2-3^2}{2\cdot\sqrt{5}\cdot2\sqrt{2}}=\dfrac{1}{\sqrt{10}}$，

$\sin\theta=\sqrt{1-\left(\dfrac{1}{\sqrt{10}}\right)^2}=\dfrac{3}{\sqrt{10}}$

ゆえに，△CFRの面積Sは

$$S=\frac{1}{2}\cdot2\sqrt{2}\cdot\sqrt{5}\cdot\frac{3}{\sqrt{10}}=3〔\mathrm{cm}^2〕$$

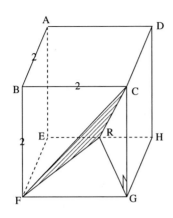
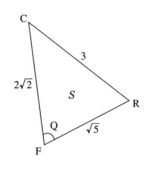

【6】(1) (証明) (図において，点Aと点M，Nをそれぞれ結ぶ。

△ALMと△ANMで,)

円Aの半径なので，AL＝AN …①

共通な辺なので，AM＝AM …②

直径ADに対する円周角は90°なので，

∠AML＝∠AMN＝90°…③

①，②，③より，直角三角形の斜辺と他の1辺がそれぞれ等しいので，

△ALM≡△ANM

合同な図形の対応する辺の長さは等しいので　LM＝NM

(2)　体積…72π cm³　　内接円の半径…$7\sqrt{3}-\sqrt{111}$ 〔cm〕

〈解説〉(1)　解答参照。

(2)

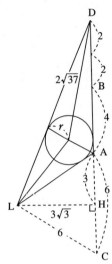

図のようにして，LH＝$3\sqrt{3}$ であるから，

回転体の体積 V は

$V=\dfrac{\pi}{3}(3\sqrt{3})^2\times11-\dfrac{\pi}{3}(3\sqrt{3})^2\times3=72\pi$ 〔cm³〕

また，$LD^2＝LH^2＋DH^2$

$\qquad\qquad ＝(3\sqrt{3})^2＋11^2＝148$

よって，$LD＝\sqrt{148}＝2\sqrt{37}$

したがって，内接円の半径 r は，△ADLの面積を利用して，

$\dfrac{1}{2}\cdot(8＋6＋2\sqrt{37})\cdot r＝\dfrac{1}{2}\cdot8\cdot3\sqrt{3}$

よって，$(7＋\sqrt{37})\cdot r＝12\sqrt{3}$

$r＝\dfrac{12\sqrt{3}}{7＋\sqrt{37}}＝7\sqrt{3}－\sqrt{111}$ 〔cm〕

【7】(1) $\dfrac{7}{81}$　(2)　$3:11$

〈解説〉(1)　AとBがじゃんけんして，AとBが勝つ確率も引き分けの確率も$\dfrac{1}{3}$である。引き分けを△とし，勝った方を書くと下のようになる。

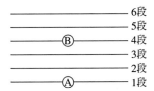

AとBが同じ段にいるとき，

5段にいる……AAAAB　$\left(\dfrac{1}{3}\right)^5\times\dfrac{5!}{4!\cdot 1!}$

4段にいる……AAA△△　$\left(\dfrac{1}{3}\right)^5\times\dfrac{5!}{3!\cdot 2!}$

Aの方がBより上の段にいるとき，

A6段，B4段……AAAAA　$\left(\dfrac{1}{3}\right)^5$

A5段，B4段……AAAA△　$\left(\dfrac{1}{3}\right)^5\times\dfrac{5!}{4!\cdot 1!}$

ゆえに，求める確率は

$\left(\dfrac{1}{3}\right)^5\times\dfrac{5!}{4!\cdot 1!}+\left(\dfrac{1}{3}\right)^5\times\dfrac{5!}{3!\cdot 2!}+\left(\dfrac{1}{3}\right)^5+\left(\dfrac{1}{3}\right)^5\times\dfrac{5!}{4!\cdot 1!}$

$=\left(\dfrac{1}{3}\right)^5\times(5+10+1+5)=\dfrac{21}{3^5}=\dfrac{7}{81}$

(2)

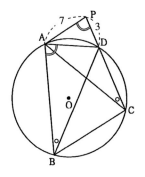

図において，

∠ACP＝∠DBA(円周角)，

∠APC＝∠DAB(円に内接する四角形の外角と錯角)

より，2角が等しいので，△APC∽△DAB

よって，PC：AB＝AP：DAより，

$$PC＝\frac{AB \cdot AP}{DA}＝\frac{2AD \cdot AP}{AD}＝2AP＝14$$

したがって，DC＝PC－PD＝14－3＝11

ゆえに，PD：DC＝3：11となるから，

△ADP：△ACD＝3：11

【高等学校】

【1】(1)　$x＝-8$，　$y＝25$　　(2)　$x＞2$　　(3)　$a＝59$，$b＝62$，$c＝65$

〈解説〉(1)　$53x＋17y＝1$　…①

53と17は互いに素であるから，互除法より，

$53＝17 \cdot 3＋2$　移項して，$2＝53－17 \cdot 3$

$17＝2 \cdot 8＋1$　移項して，$1＝17－2 \cdot 8$

よって，$1＝17－2 \cdot 8＝17－(53－17 \cdot 3) \cdot 8＝53 \cdot (-8)＋17 \cdot 25$

ゆえに，①を満たす整数の1つは$x＝-8$，$y＝25$

(参考)　$53 \cdot (-8)＋17 \cdot 25＝1$　…②

①－②より，

$53(x＋8)＋17(y－25)＝0$，$53(x＋8)＝-17(y－25)$

53と17は互いに素であるから，

$x＋8＝-17k$，$y－25＝53k$

ゆえに，$x＝-17k－8$，$y＝53k＋25$　(ただし，kは整数)

(2)　$\log_2(x＋6)＋2\log_4(x－1)＞3\log_8(3x＋2)$　…①

真数は正であるから，$x＋6＞0$，$x－1＞0$，$3x＋2＞0$より，

$x＞1$　…②

①より，$\log_2(x＋6)＋2 \cdot \dfrac{\log_2(x－1)}{\log_2 4}＞3 \cdot \dfrac{\log_2(3x＋2)}{\log_2 8}$

$\log_2(x＋6)＋\log_2(x－1)＞\log_2(3x＋2)$

214

$\log_2(x+6)(x-1) > \log_2(3x+2)$ より，底$2>1$だから，

$(x+6)(x-1) > 3x+2$，$(x+4)(x-2) > 0$

$x < -4$，$x > 2$

よって，②との共通範囲は$x > 2$

(3) データ9個 a, b, c, 57, 70, 67, 60, 61, 66の中央値62について
は，57, 70, 67, 60, 61, 66の6個を小さい順に並べると，57, 60,
61, 66, 67, 70となり，$a < b < c$から，$b = 62$，$a < 62$，$c > 62$である。

平均：$\dfrac{1}{9}(a+b+c+57+70+67+60+61+66) = 63$より，

$a+b+c = 186$

よって，$a+c = 124$　…①

標準偏差4であるから，

$\dfrac{1}{9}(a^2+b^2+c^2+57^2+70^2+67^2+60^2+61^2+66^2) - 63^2 = 4^2$より，

$a^2+b^2+c^2 = 11550$

よって，$a^2+c^2 = 7706$　…②

①，②より，$a < c$に注意して解くと，$a = 59$，$c = 65$　（$a < 62$，$c > 62$を
満たす）

ゆえに，$a = 59$，$b = 62$，$c = 65$

【2】(1)　$y = f(x)$とおくと，$f(x) = -(x+2a)^2 + 4a^2 + a$

したがって，$y = f(x)$は上に凸で頂点$(-2a, 4a^2+a)$のグラフであり，

$f(0) = a$，$f(4) = -15a-16$だから，最大値，最小値は次のようになる。

(i)　$-2a \geqq 4$　即ち　$a \leqq -2$のとき

$x = 4$のとき　最大値$f(4) = -15a-16$

$x = 0$のとき　最小値$f(0) = a$

(ii)　$2 < -2a < 4$　即ち　$-2 < a < -1$のとき

$x = -2a$のとき　最大値$f(-2a) = 4a^2+a$

$x = 0$のとき　最小値$f(0) = a$

(iii)　$-2a = 2$　即ち　$a = -1$のとき

$x = 2$のとき　最大値$f(2) = 3$

$x=0$, 4のとき　最小値$f(0)＝f(4)＝-1$

(iv)　$0＜-2a＜2$　即ち　$-1＜a＜0$のとき

$x=-2a$のとき　最大値$f(-2a)＝4a^2＋a$

$x=4$のとき　最小値$f(4)＝-15a-16$

(v)　$-2a≦0$　即ち　$a≧0$のとき

$x=0$のとき　最大値$f(0)＝a$

$x=4$のとき　最小値$f(4)＝-15a-16$

(2)　数列$\{a_n\}$の初項をa，公差をd，数列$\{b_n\}$の初項をb，公比をrとすると，条件より

$$\begin{cases} a+2d=3 & \cdots① \\ a+7d=13 & \cdots② \end{cases}$$

$$\begin{cases} br=3 & \cdots③ \\ br^4=81 & \cdots④ \end{cases}$$

①，②より　$a=-1$，$d=2$　だから　$a_n=2n-3$

③，④，rは実数より　$b=1$，$r=3$　だから　$b_n=3^{n-1}$

よって，$\dfrac{a_n}{b_n}=\dfrac{2n-3}{3^{n-1}}$

ゆえに　$S_n=-1+\dfrac{1}{3}+\dfrac{3}{3^2}+\dfrac{5}{3^3}+\cdots+\dfrac{2n-5}{3^{n-2}}+\dfrac{2n-3}{3^{n-1}}$　…⑤

⑤$\times\dfrac{1}{3}$より

$$\dfrac{1}{3}S_n=-\dfrac{1}{3}+\dfrac{1}{3^2}+\dfrac{3}{3^3}+\dfrac{5}{3^4}+\cdots+\dfrac{2n-5}{3^{n-2}}+\dfrac{2n-3}{3^n}　\cdots⑥$$

⑤－⑥より

$$\dfrac{2}{3}S_n=-1+\dfrac{2}{3}+\dfrac{2}{3^2}+\dfrac{2}{3^3}+\dfrac{2}{3^4}+\cdots+\dfrac{2}{3^{n-2}}+\dfrac{2}{3^{n-1}}-\dfrac{2n-3}{3^n}$$

よって

$$S_n=-\dfrac{3}{2}+1+\dfrac{1}{3}+\dfrac{1}{3^2}+\dfrac{1}{3^3}+\cdots+\dfrac{1}{3^{n-3}}+\dfrac{1}{3^{n-2}}-\dfrac{2n-3}{2\cdot 3^{n-1}}$$

$$=-\dfrac{1}{2}+\dfrac{\dfrac{1}{3}\left\{1-\left(\dfrac{1}{3}\right)^{n-2}\right\}}{1-\dfrac{1}{3}}-\dfrac{2n-3}{2\cdot 3^{n-1}}$$

$$= -\frac{1}{2} + \frac{1}{2}\left(1 - \frac{1}{3^{n-2}}\right) - \frac{2n-3}{2 \cdot 3^{n-1}}$$

$$= -\frac{1}{2 \cdot 3^{n-2}} - \frac{n}{3^{n-1}} + \frac{1}{2 \cdot 3^{n-2}}$$

$$= -\frac{n}{3^{n-1}}$$

〈解説〉(1) $f(x) = -(x+2a)^2 + 4a^2 + a$ と変形すれば，$y=f(x)$ のグラフは上に凸の放物線で，頂点 $(-2a, 4a^2+a)$，軸の方程式 $x=-2a$ である。したがって，軸 $x=-2a$ の場合分けによって，$f(x)$ の最大値，最小値を求めればよい。

(2) $S_n = \displaystyle\sum_{k=1}^{n} \frac{2k-3}{3^{k-1}}$ を求めることになる。

$S_n = \displaystyle\sum_{k=1}^{n} \frac{k}{r^{k-1}} = 1 + \frac{2}{r} + \frac{3}{r^2} + \frac{4}{r^3} + \cdots + \frac{n-1}{r^{n-2}} + \frac{n}{r^{n-1}}$ $(r \neq 1)$ の和については$S_n - rS_n$ を計算すれば，一部が等比数列の和の形になっていることがわかる。

【3】(1) $\overrightarrow{OA} = \vec{a}$，$\overrightarrow{OB} = \vec{b}$，$\overrightarrow{OC} = \vec{c}$ とする。

$t=\dfrac{1}{2}$ のとき，$\overrightarrow{OQ} = \dfrac{1}{2}\vec{a} + \dfrac{1}{2}\vec{b}$

また，条件より $\overrightarrow{OP} = \dfrac{2}{3}\vec{a}$，$\overrightarrow{OR} = \dfrac{1}{2}\vec{c}$

3点P，Q，Rを通る平面上に点Sがあるので

$\overrightarrow{PS} = m\overrightarrow{PQ} + n\overrightarrow{PR}$ $(m, n$は実数$)$ とおける。

これより

$\overrightarrow{OS} = \overrightarrow{OP} + m(\overrightarrow{OQ} - \overrightarrow{OP}) + n(\overrightarrow{OR} - \overrightarrow{OP})$

$\quad = \dfrac{2}{3}\vec{a} + m\left(\dfrac{1}{2}\vec{a} + \dfrac{1}{2}\vec{b} - \dfrac{2}{3}\vec{a}\right) + n\left(\dfrac{1}{2}\vec{c} - \dfrac{2}{3}\vec{a}\right)$

$\quad = \left(\dfrac{2}{3} - \dfrac{1}{6}m - \dfrac{2}{3}n\right)\vec{a} + \dfrac{m}{2}\vec{b} + \dfrac{n}{2}\vec{c}$ $\cdots$①

今，4点O，A，B，Cは同一平面上になく，点Sは辺BC上にあるの

で，$\overrightarrow{\text{OS}}$ は $\overrightarrow{b}$ と $\overrightarrow{c}$ を用いて表せる。したがって，①より

$$\begin{cases} \dfrac{2}{3}-\dfrac{1}{6}m-\dfrac{2}{3}n=0 & \cdots ② \\ \dfrac{m}{2}+\dfrac{n}{2}=1 & \cdots ③ \end{cases}$$

②，③より $m=\dfrac{4}{3}$，$n=\dfrac{2}{3}$

よって，①より $\overrightarrow{\text{OS}}=\dfrac{2}{3}\overrightarrow{b}+\dfrac{1}{3}\overrightarrow{c}$ とおけるから，

BS：SC＝1：2

(2)　$\overrightarrow{\text{OA}}=\overrightarrow{a}$，$\overrightarrow{\text{OB}}=\overrightarrow{b}$，$\overrightarrow{\text{OC}}=\overrightarrow{c}$ とする。

点Qは辺ABを t：$(1-t)$ に内分する点だから

$$\overrightarrow{\text{OQ}}=(1-t)\overrightarrow{a}+t\overrightarrow{b}$$

また，点Gは△PQRの重心だから

$$\overrightarrow{\text{OG}}=\dfrac{1}{3}\left(\overrightarrow{\text{OP}}+\overrightarrow{\text{OQ}}+\overrightarrow{\text{OR}}\right)$$

$$=\dfrac{1}{3}\left\{\dfrac{2}{3}\overrightarrow{a}+(1-t)\overrightarrow{a}+t\overrightarrow{b}+\dfrac{1}{2}\overrightarrow{c}\right\}$$

$$=\dfrac{1}{3}\left(\dfrac{5}{3}-t\right)\overrightarrow{a}+\dfrac{1}{3}t\overrightarrow{b}+\dfrac{1}{6}\overrightarrow{c} \quad \cdots ④$$

3点O，G，Dは同一直線上にあるので

$$\overrightarrow{\text{OD}}=k\overrightarrow{\text{OG}} \quad (k は実数) \quad \cdots ⑤ と表せる。$$

ここで④より

$$\overrightarrow{\text{OD}}=\dfrac{k}{3}\left(\dfrac{5}{3}-t\right)\overrightarrow{a}+\dfrac{k}{3}t\overrightarrow{b}+\dfrac{k}{6}\overrightarrow{c}$$

4点O，A，B，Cは同一平面上になく，点Dは平面ABC上にあるので，

$$\dfrac{k}{3}\left(\dfrac{5}{3}-t\right)+\dfrac{k}{3}t+\dfrac{k}{6}=1$$

よって，$\dfrac{5}{9}k+\dfrac{k}{6}=1$

ゆえに，$k=\dfrac{18}{13}$

このとき，⑤は$\overrightarrow{OD}=\dfrac{18}{13}\overrightarrow{OG}$となり，$OG:GD=13:5$

これより$OG:GD$は点Qの位置によらず一定であることが示された。

〈解説〉(1) $\overrightarrow{OA}=\vec{a}$，$\overrightarrow{OB}=\vec{b}$，$\overrightarrow{OC}=\vec{c}$として，点Sが平面PQR上にあるときのベクトル$\overrightarrow{OS}$の表し方と，点Sが線分BC上にあるときのベクトル$\overrightarrow{OS}$の表し方が一致する条件を考えて解くとよい。

(2) 三角形の重心のベクトル表示。また点Dが平面ABC上にあるとき，ベクトルを用いて$\overrightarrow{OD}=p\overrightarrow{OA}+q\overrightarrow{OB}+r\overrightarrow{OC}$（ただし，$p+q+r=1$）となることを活用して解くとよい。

【4】(1) $f(x)=xe^{-x}$　より　$f'(x)=e^{-x}-xe^{-x}=(1-x)e^{-x}$　だから

$f'(t)=(1-t)e^{-t}$

よって，求める接線の方程式は

$y=(1-t)e^{-t}(x-t)+te^{-t}$　より　$y=(1-t)e^{-t}x+t^2e^{-t}$

(2) $f'(x)=(1-x)e^{-x}$　より　$f''(x)=-e^{-x}-(1-x)e^{-x}=(x-2)e^{-x}$

$f'(x)=0$を満たすxは，$(1-x)e^{-x}=0$より　$x=1$

$f''(x)=0$を満たすxは，$(x-2)e^{-x}=0$より　$x=2$

x	$\cdots$	1	$\cdots$	2	$\cdots$
$f'(x)$	+	0	−	−	−
$f''(x)$	−	−	−	0	+
$f(x)$	↗	極大	↘	変曲点	↘

増減表は上のようになるから，変曲点は　$\left(2,\dfrac{2}{e^2}\right)$

$\displaystyle\lim_{x\to\infty}xe^{-x}=\lim_{x\to\infty}\dfrac{x}{e^x}=0$　だから漸近線は　$y=0$

$\displaystyle\lim_{x\to-\infty}xe^{-x}=-\infty$より，$y=f(x)$のグラフは次のようになる。

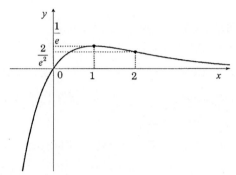

(3)　(1)より　$g(t)=t^2e^{-t}$ とすると

$g'(t)=2te^{-t}-t^2e^{-t}=t(2-t)e^{-t}$

$g'(t)=0$を満たすtは，$t≧0$，$e^{-t}>0$より　$t=0,\ 2$

t	0	$\cdots$	2	$\cdots$
$g'(t)$	0	$+$	0	$-$
$g(t)$	0	$\nearrow$	極大	$\searrow$

増減表は上のようになるから

$t=2$のとき，最大値　$\dfrac{4}{e^2}$

(4)　(3)より$t=2$のとき接点は$\left(2,\ \dfrac{2}{e^2}\right)$

また，接点ℓ_0は(1)より

$y=-\dfrac{1}{e^2}x+\dfrac{4}{e^2}$

よって，接線ℓ_0と曲線$y=f(x)$とy軸とで囲まれた部分は次図の斜線部分

である。

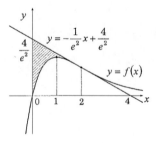

したがって，求める体積 V は

$$V = \frac{1}{3} \times \pi \times \left(\frac{4}{e^2}\right)^2 \times 4 - \frac{1}{3} \times \pi \times \left(\frac{2}{e^2}\right)^2 \times 2 - \pi \int_0^2 (xe^{-x})^2 dx$$

$$= \frac{56}{3e^4}\pi - \pi \int_0^2 x^2 e^{-2x} dx$$

$$= \frac{56}{3e^4}\pi - \pi \int_0^2 x^2 \left(-\frac{e^{-2x}}{2}\right)' dx$$

$$= \frac{56}{3e^4}\pi + \frac{1}{2}\pi \left[x^2 e^{-2x}\right]_0^2 - \pi \int_0^2 xe^{-2x} dx$$

$$= \frac{56}{3e^4}\pi + \frac{2}{e^4}\pi - \pi \int_0^2 x \left(-\frac{e^{-2x}}{2}\right)' dx$$

$$= \frac{62}{3e^4}\pi + \frac{1}{2}\pi \left[xe^{-2x}\right]_0^2 - \frac{1}{2}\pi \int_0^2 e^{-2x} dx$$

$$= \frac{62}{3e^4}\pi + \frac{1}{e^4}\pi - \frac{1}{2}\pi \left[-\frac{e^{-2x}}{2}\right]_0^2$$

$$= \frac{65}{3e^4}\pi + \frac{1}{4}\pi (e^{-4} - 1)$$

$$= \frac{263}{12e^4}\pi - \frac{1}{4}\pi = \left(\frac{263}{12e^4} - \frac{1}{4}\right)\pi$$

〈解説〉(1)　曲線 $y = f(x)$ 上の点 (x_1, y_1) における接線の方程式の公式 $y - y_1 = f'(x_1)(x - x_1)$ に代入する。　(2)　$f'(x) = 0$，$f''(x) = 0$ を満たす x の値を求めて増減表を作成し，凹凸を調べる。なお，漸近線については $\lim_{x \to \infty} f(x)$，$\lim_{n \to -\infty} f(x)$ の極限値を調べるとよい。　(3)　点Qの座標がQ$(0, t^2 e^{-t})$ となるから，$g(t) = t^2 e^{-t}$ とおいて，$g'(t) = 0$ となる t の値を求めて，$g(t)$ の増減を調べるとよい。　(4)　$t = 2$ すなわち変曲点 $\left(2, \frac{2}{e^2}\right)$ における接線の方程式 ℓ_0 と曲線 $y = f(x)$ と y 軸で囲まれた部分を x 軸の周りに1回転してできる立体の体積であるから，回転体の体積を求める公式に代入して定積分の計算をする。なお，積分 $\int x^2 e^{-2x} dx$ については $\int x^2 \left(-\frac{e^{-2x}}{2}\right)' dx$ として，部分積分法の活用で計算を進めていくとよい。

2017年度　実施問題

【中学校】

【1】中学校学習指導要領(平成20年3月告示)第2章第3節数学について，以下の各問いに答えなさい。

(1)　目標について書かれた次の文の(①)～(④)に入る最も適切な語句を，下のア～タの中から選び，記号で答えなさい。

　　数学的活動を通して，数量や図形などに関する基礎的な概念や原理・法則についての理解を深め，数学的な表現や(①)を習得し，事象を数理的に考察し(②)を高めるとともに，(③)や(④)を実感し，それらを活用して考えたり判断したりしようとする態度を育てる。

ア　計算方法		イ　考察方法	
ウ　処理の仕方		エ　直感的な見方	
オ　問題を解決する能力		カ　自主的に学ぶ力	
キ　表現する能力		ク　思考力・判断力・表現力	
ケ　傾向を読み取る力		コ　数学的な処理	
サ　言語活動の楽しさ		シ　数学的思考	
ス　推論の必要性		セ　数学のよさ	
ソ　論理的考察のよさ		タ　数学的活動の楽しさ	

(2)　次の①～④は，各学年における目標の一部である。該当する学年を数字で答えなさい。

①　母集団から標本を取り出し，その傾向を調べることで，母集団の傾向を読み取る能力を培う。

②　基本的な平面図形の性質について，観察，操作や実験などの活動を通して理解を深めるとともに，図形の性質の考察における数学的な推論の必要性と意味及びその方法を理解し，論理的に考察し表現する能力を養う。

③　文字を用いた式について，目的に応じて計算したり変形したりする能力を養うとともに，連立二元一次方程式について理解し用いる能力を培う。

④　具体的な事象を調べることを通して，比例，反比例についての理解を深めるとともに，関数関係を見いだし表現し考察する能力を培う。

(3)　第1学年の数学的活動の内容として正しいものを，次のア～ウから1つ選び，記号で答えなさい。

ア　既習の数学を基にして，数や図形の性質などを見いだし，発展させる活動

イ　身の回りから，伴って変わる二つの数量を見付け，数量の関係を表やグラフを用いて表し，調べる活動

ウ　数学的な表現を用いて，自分なりに説明し伝え合う活動

(☆☆◎◎◎◎◎)

【2】中学校学習指導要領解説数学編(平成20年9月)の内容について，以下の各問いに答えなさい。

(1)　空間図形の平面上への表現と読みとりについて書かれた次の文章の，(①)，(②)に入る最も適切な語句を答えなさい。

　　図のような立方体の見取図から，立方体の性質を読み取ろうとするとき，見た目で判断して，二つの対角線の長さ(AC，CF)が等しくないと考えてしまうことがある。このことは，(①)や(②)に着目することで「二つの線分は合同な正方形の対角線であるから長さが等しい」と数学的に推論することによって解決できる。

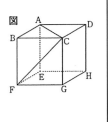

図

(2)　一般の二次方程式$ax^2+bx+c=0$を解く方法について，(①)，(②)に入る最も適切な語句を答えなさい。

・(①)によって一次式の積に変形し，「AB＝0ならば，A＝0また

はB＝0」であることを用いる方法

・(　② 　)によって，$x^2＝k$の形を導き，平方根の考えを用いる方法

(3) 資料の活用について書かれた内容として誤っているものを，次のア〜ウからすべて選び，記号で答えなさい。

ア　さいころを正しく振るならば，どの目が出ることも同様に期待されるから，多数回の試行を行えば，それぞれの目が出る回数の割合は，どの目についても$\frac{1}{6}$に安定すると考えられる。

イ　2個の硬貨を投げたとき，表・裏の出方のすべての場合は，(表，表)(表，裏)(裏，裏)の3通りであると考えられる。

ウ　「さいころを振って1の目が出る確率が$\frac{1}{6}$である」ことから，「さいころを6回投げると，そのうち1回は必ず1の目が出る」と考えられる。

(☆☆◎◎◎◎)

【3】次の各問いに答えなさい。

(1) $4x^2－10x－4xy＋y^2＋5y$を因数分解しなさい。

(2) $\sqrt{369－9a^2}$が整数になるときの自然数aの値をすべて求めなさい。

(3) 周囲の長さが9の長方形がある。この長方形の面積が最も大きくなるときの面積を求めなさい。

(4) a，bは整数で，aを7で割った余りが6，bを7で割った余りが2であるとき，$a^2－b^2$を7で割ったときの余りを求めなさい。

(5) 次の図の点Aは円Oの円周上にある。点Aを中心として半径が円Oの半径の$\sqrt{2}$倍になる円を，定規とコンパスを使って作図しなさい。(作図に用いた線は消さないこと。)

図

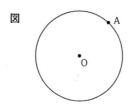

(6) 1辺の長さが1cmの正方形のパネルがたくさんある。このパネルを使って，次の図のように図形を作っていくとき，10番目の図形の周りの長さを求めなさい。

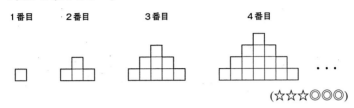

1番目　　2番目　　3番目　　　4番目

(☆☆☆◎◎)

【4】次の図において，2つの関数$y=-4x^2$…①，$y=-x^2$…②のグラフがある。図のように①のグラフ上に点A，②のグラフ上に点B，Cをとる。点A，Bのy座標が-4のとき，次の各問いに答えなさい。

図

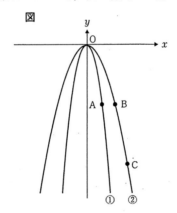

(1) △ABCの面積が△OABの面積の2倍となるとき，点Cの座標を求めなさい。ただし，点Cのx座標は，点Bのx座標より大きいとする。

(2) x軸上に点Dをとり，△OBDがODを斜辺とする直角三角形になるとき，点Dの座標を求めなさい。

(☆☆☆◎◎◎)

【5】次の各問いに答えなさい。

(1) 次の図のように，長方形ABCDと直角三角形DCEが合わさった台

形ABEDがある，この台形はFEを折り目としてBEとDEがちょうど重なり合うという。このとき，BEの長さを求めなさい。

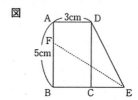

図

(2)　三平方の定理については，いろいろな証明方法が知られている。次の図で，3点C，A，C′は一直線上にあり，AB＝B′A，BC＝AC′，CA＝C′B′，∠C＝∠C′＝90°である。

この図を使って，三平方の定理($c^2＝a^2＋b^2$)を証明しなさい。

図

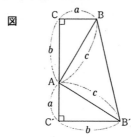

（☆☆☆◎◎◎）

【6】図1のように，直線ℓ上に1辺の長さが1cmの正方形ABCDと，EF＝EG＝1cmの直角二等辺三角形EFGがある。

△EFGを辺EFがℓ上にあるように右へ移動させていき，図2のように辺FGと辺ADが交わるとき，その交点をHとする。次の各問いに答えなさい。

図1　　　　　　　　　　図2

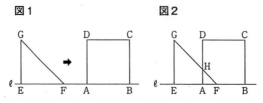

(1)　AF：FB＝1：2となるとき，△CHFの面積を求めなさい。

(2)　∠HCF＝60°のとき，△CHFの面積を求めなさい。

(☆☆☆◎◎◎)

【7】次の各問いに答えなさい。

(1)　ある自然数の正の約数は，全部で8個ある。この自然数のうち最小となるものを答えなさい。

(2)　アナログ時計において，2時と3時の間で，長針と短針のつくる角が180°になる時刻を求めなさい。(整数にならない場合は，分数で解答すること。)

(3)　正八角形ABCDEFGHについて，AEとCFの交点をPとするとき，∠APCの大きさを求めなさい。

(4)　数直線上の点Pは，原点を出発し，1個のさいころを投げるごとに，その出た目によって，次のように正の方向に進む。

1，2，3の目が出た場合　→　1進む

4，5の目が出た場合　→　2進む

6の目が出た場合　→　3進む

1個のさいころを3回投げるとき，点Pが7の位置に移動する確率を求めなさい。

(☆☆☆◎◎◎)

【高等学校】

【1】次の各問いに答えなさい。

(1)　7個の文字a, b, c, d, e, f, gを1列に並べる試行において，aがbより右に並ぶ事象が起こったとして，そのときbがcより右に並ぶ事象の起こる条件付き確率を求めなさい。

(2)　等式$\frac{1}{x}+\frac{2}{y}=\frac{1}{2}$を満たす自然数の組$(x, y)$をすべて求めなさい。

(3)　次の表は，5人の生徒に10点満点の2種類のテストA，Bを行った

得点の結果である。テストAとテストBの得点の相関係数を求めなさい。

表

生徒の番号	1	2	3	4	5
Aの得点	5	1	3	4	2
Bの得点	8	0	4	2	1

(☆☆☆◎◎◎)

【2】次の各問いに答えなさい。

(1) 方程式 $z^3 = i$ を解きなさい。ただし，z は複素数，i は虚数単位とする。

(2) 関数 $y = (4^x + 9 \cdot 4^{-x}) - 8(2^x + 3 \cdot 2^{-x}) + 22$ の最小値を求めなさい。また，そのときの x の値も求めなさい。ただし，$x \geqq 0$ とする。

(☆☆☆◎◎◎)

【3】関数 $f(x) = \dfrac{x}{x^2 + 1}$ について，次の各問いに答えなさい。

(1) 関数 $y = f(x)$ の増減，極値を調べて，グラフの概形をかきなさい。

(2) x 軸上の点 $A(a, 0)$ から曲線 $y = f(x)$ に接線を引くことができるような定数 a の値の範囲を求めなさい。ただし，接点の x 座標は正とする。

(3) 曲線 $y = f(x)$，x 軸，直線 $x = 1$ で囲まれた部分を x 軸の周りに回転させてできる回転体の体積 V を求めなさい。

(☆☆☆◎◎◎)

【4】座標空間に4点 $O(0, 0, 0)$，$A(6, 6, 0)$，$B(6, 0, 6)$，$C(12, -3, 0)$ がある。3点 O，A，B を含む平面を α とする。このとき，次の各問いに答えなさい。

(1) $\overrightarrow{OA}$ と $\overrightarrow{OB}$ のなす角 θ（$0° \leqq \theta \leqq 180°$）を求めなさい。

(2) 点 C から平面 α に下ろした垂線の足 H の座標を求めなさい。

(3) 平面 α において，3点 O，A，B を通る円 S の中心 P の座標と半径 R の値を求めなさい。

(4)　点Qが円Sの周上を動くとき，線分CQの長さが最小になるQの座標を求めなさい。

(☆☆☆☆◎◎◎)

解答・解説

【中学校】

【1】(1)　①　ウ　　②　キ　　③　タ　　④　セ　　(2)　①　3
②　2　　③　2　　④　1　　(3)　ウ

〈解説〉(1)　教科の内容は，選択式でなくても正確に書けるように，全文を覚える必要がある。また，解説を併せて熟読し，理解を深めておくことが大切である。　　(2)　①は，第3学年の目標の(4)である。②は，第2学年の目標の(2)である。　③は，第2学年の目標の(1)である。④は，第1学年の目標の(3)である。なお，各学年の目標は，各々「数と式」「図形」「関数」「資料の活用」の4項目から構成されている。それぞれの内容が学年によってどのように発展していくかを，解説を含めて確認しておくこと。　　(3)　数学的活動は，第2学年と第3学年は同じ活動となっている。「数学的な表現を用いて，自分なりに説明し伝え合う活動」は第1学年であるが，第2・第3学年では，「数学的な表現を用いて，根拠を明らかにし筋道立てて説明し伝え合う活動」となる。解説を熟読して違いなどを確認しておくとよい。

【2】(1)　①　展開図　　②　投影図　　(2)　①　因数分解　　②　等式の変形　　(3)　イ，ウ

〈解説〉(1)　立方体は6つの正方形から成り立っているが，見取り図は，立体を斜めの方向から見た図なので，ACとCFでは長さが異なっているが，実際には展開図や，平面図・正面図・側面図などの投影図に着目すると対角線の長さが同じであることが確かめられる。学習内容は，

第1学年の「B　図形」である。　(2)　学習指導要領の第3学年の内容「A　数と式」の(3)イに関する中学校学習指導要領解説の「因数分解したり平方の形に変形したりして解くこと」の記述である。確認しておくこと。　(3)　第2学年「D　資料の活用」に関しての記述であり，イは(表，表)，(表，裏)，(裏，表)，(裏，裏)の4通りであり，誤り。また，ウは，「1回は必ず1の目が出る」とは限らないので，誤り。

【３】(1)　$(2x-y)(2x-y-5)$　　(2)　$a=4$，5　　(3)　$\dfrac{81}{16}$　　(4)　4

(5)

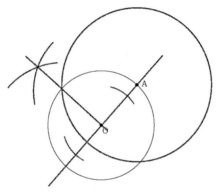

(6)　58　〔cm〕

〈解説〉(1)　$4x^2-10x-4xy+y^2+5y$

$=4x^2-(10+4y)x+y(y+5)=(2x-y)(2x-y-5)$

[参考]

$$
\begin{array}{ccc}
2 & -y & \rightarrow & -2y \\
2 & -(y+5) & \rightarrow & -(2y+10) \\
\hline
& & & -(4y+10)
\end{array}
$$

(2)　$369-9a^2\geqq0$より，

$41-a^2\geqq0$

$0\geqq(a+\sqrt{41})(a-\sqrt{41})$

∴　$-\sqrt{41}\leqq a\leqq\sqrt{41}$

aは自然数なので，$1 \leqq a \leqq \sqrt{41}$ …①

ここで，$36 < 41 < 49$

$\sqrt{36} < \sqrt{41} < \sqrt{49}$

$6 < \sqrt{41} < 7$ …②

①，②より，$a = 1, 2, 3, 4, 5, 6$

a	1	2	3	4	5	6
$369 - 9a^2$	360	333	288	225	144	45
$\sqrt{369 - 9a^2}$	$6\sqrt{10}$	$\sqrt{333}$	$12\sqrt{2}$	15	12	$3\sqrt{5}$

以上より，条件を満たすaは，$a = 4, 5$

(3) 長方形の横の長さをxとおくと，

長方形の縦の長さは，$\dfrac{9}{2} - x$である。

ここで，$x > 0$，$\dfrac{9}{2} - x > 0$

$\therefore$ $x > 0$，$x < \dfrac{9}{2}$

$\therefore$ $0 < x < \dfrac{9}{2}$ …①

長方形の面積 $= x\left(\dfrac{9}{2} - x\right)$

$= -x^2 + \dfrac{9}{2}x$

$= -\left(x^2 - \dfrac{9}{2}x\right)$

$= -\left(x - \dfrac{9}{4}\right)^2 + \dfrac{81}{16}$

$\therefore$ $x = \dfrac{9}{4}$のとき最大値$\dfrac{81}{16}\left(x = \dfrac{9}{4}$は①を満たす。$\right)$

(4) $a = 7k + 6$，$b = 7\ell + 2$ とおく（k, ℓは整数）。

$a^2 - b^2 = (7k + 6)^2 - (7\ell + 2)^2$

$= 7 \cdot 7k^2 + 2 \cdot 7k \cdot 6 + 36 - 7 \cdot 7\ell^2 - 2 \cdot 7\ell \cdot 2 - 4$

$= 7(7k^2 + 12k - 7\ell^2 - 4\ell + 4) + 4$

k, lは整数なので，$7k^2 + 12k - 7\ell^2 - 4\ell + 4$も整数である。

よって，求める余りは4

(別解)　$a\equiv6(\mathrm{mod}7)$，$b\equiv2(\mathrm{mod}7)$より，

$a^2-b^2\equiv6^2-2^2(\mathrm{mod}7)$

　　　　$=36-4$

　　　　$=32$

　　　　$\equiv4(\mathrm{mod}7)$

よって，求める余りは4

(5)　①　直線OAを定規で引く。

②　点Oを通る直線OAの垂線をコンパスで作図する。

③　②の垂線と円Oの交点をPとおく。

④　△AOPはOA＝OP　∠AOP＝90°の直角二等辺三角形なので AP＝$\sqrt{2}$OAである。

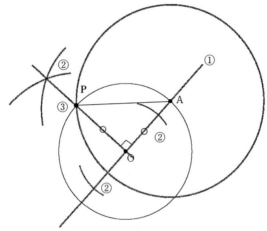

よって，作図する円は点Aを中心，線分APを半径として，コンパスで 作図した円である。

(6)　n番目の図形の周りの長さをa_nとおく。

a_nは，4，10，16，22，… となり，初項4，公差6の等差数列となって いる。

よって，その一般項は，

$a_n = 4 + (n-1) \cdot 6$
　　$= 6n - 2$

$n = 10$を代入して，

$a_{10} = 6 \times 10 - 2$
　　　$= 58 〔cm〕$

【4】 (1)　点C$(2\sqrt{3}, -12)$　　(2)　点D$(10, 0)$

〈解説〉(1)　$y = -4x^2$　…①，$y = -x^2$　…②

　点A，Bは，y座標が-4でx座標が正，それぞれ①，②上の点なので，
A$(1, -4)$，B$(2, -4)$である。

C$(t, -t^2)$とおく$(t>2)$。

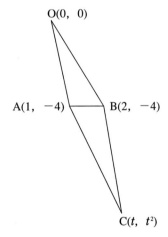

$\triangle ABC = \dfrac{1}{2} \cdot AB \cdot [\{-(-t^2)\} - \{-(-4)\}] = \dfrac{1}{2}(2-1) \cdot (t^2-4)$
$$= \dfrac{1}{2}(t^2-4)$$

$\triangle OAB = \dfrac{1}{2} \cdot AB\{-(-4)\} = \dfrac{1}{2}(2-1) \cdot 4 = 2$

$\triangle ABC = 2\triangle OAB$より，

$\dfrac{1}{2}(t^2-4) = 2 \times 2$

　　$t^2 - 4 = 8$

$$t^2 = 12$$
$$t = 2\sqrt{3} \quad (\because \ t > 2)$$
$$\therefore \quad \mathrm{C}(t, \ -t^2)\text{より, } \mathrm{C}(2\sqrt{3}, \ -12)$$

(2)

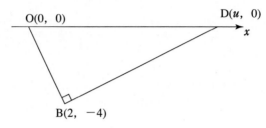

D(u, 0)とおく。

三平方の定理より,

$$\mathrm{OD}^2 = \mathrm{OB}^2 + \mathrm{BD}^2$$
$$u^2 = \{2^2 + (-4)^2\} + \{(u-2)^2 + (0+4)^2$$
$$u^2 = 4 + 16 + u^2 - 4u + 4 \times 16$$
$$4u = 40$$
$$u = 10$$

D(u, 0)より, D(10, 0)

【5】(1) $\dfrac{17}{3}$〔cm〕

(2) 台形CC′B′B $= (a+b) \times (a+b) \div 2$

$$= \frac{(a+b)^2}{2} \quad \cdots ①$$

仮定より3組の辺がそれぞれ等しいので,

$$\triangle \mathrm{ABC} \equiv \triangle \mathrm{B}'\mathrm{AC}'$$

よって, $\triangle \mathrm{ABC} = \triangle \mathrm{B}'\mathrm{AC}' = \dfrac{ab}{2}$ $\cdots②$

また, $\angle \mathrm{ABC} = \angle \mathrm{B}'\mathrm{AC}'$ $\cdots③$

三角形の内角の和が180°であることと∠C=90°より,

$$\angle \mathrm{CAB} + \angle \mathrm{ABC} = 90° \quad \cdots④$$

③, ④より,

$\angle CAB + \angle B'AC' = 90°$ …⑤

$\angle CAC' = 180°$ だから，⑤より，

$\angle BAB' = 90°$

ゆえに，$\triangle BAB' = \dfrac{c^2}{2}$ …⑥

①，②，⑥より，

台形CC'B'Bの面積 $= \triangle ABC + \triangle B'AC' + \triangle BB'A$

$$= \dfrac{(a+b)^2}{2} = \dfrac{ab}{2} \times 2 + \dfrac{c^2}{2}$$

両辺を2倍して，

$(a+b)^2 = 2ab + c^2$

$a^2 + 2ab + b^2 = 2ab + c^2$

$a^2 + b^2 = c^2$

したがって，三平方の定理が成り立つ。

〈解説〉(1) 線分EFとBDの交点をGとおく。条件より，折り返した図形は重なり合い，合同なので，$\triangle EGB \equiv \triangle EGD$である。

合同な三角形の対応する辺の長さは等しいので，

$DE = BE = 3 + CE$ …①

$\triangle DCE$に三平方の定理を用いて，

$DE^2 = DC^2 + CE^2$

$\qquad (3 + CE)^2 = 5^2 + CE^2 \quad (\because \quad ①)$

$9 + 6CE + CE^2 = 25 + CE^2$

$\qquad\qquad 6CE = 16$

$\qquad\qquad\quad CE = \dfrac{8}{3}$

$\therefore \quad BE = BC + CE = 3 + \dfrac{8}{3} = \dfrac{17}{3}$

(2) 台形CC'B'Bの面積 $= \triangle ABC + \triangle B'AC' + \triangle BB'A$を示せばよい。

【6】 (1) $\dfrac{5}{18}$〔cm²〕　　(2) $2\sqrt{3} - 3$〔cm²〕

〈解説〉(1) AF：FB＝1：2より，

$AF = \dfrac{1}{3}$，$FB = \dfrac{2}{3}$，$AH = \dfrac{1}{3}$，$HD = \dfrac{2}{3}$

△CHF＝正方形ABCDの面積－△AFH－△CFB－△CHD

$$=1\times 1-\frac{1}{2}\cdot\frac{1}{3}\cdot\frac{1}{3}-\frac{1}{2}\cdot\frac{2}{3}\cdot 1-\frac{1}{2}\cdot\frac{2}{3}\cdot 1$$

$$=1-\frac{1}{18}-\frac{1}{3}-\frac{1}{3}$$

$$=\frac{18-1-6-6}{18}=\frac{5}{18}\ 〔cm^2〕$$

(2)　∠HCF＝60°より，∠HCD＝∠FCB＝$\frac{90°-60°}{2}$＝15°

∴　∠DHC＝∠BFC＝90°－15°＝75°

∴　∠CHF＝180°－∠DHC－∠AHF

　　　　＝180°－75°－45°

　　　　＝60°

よって，△CHFは正三角形である。

AF＝AH＝x〔cm〕とおく。

△CHF＝正方形ABCDの面積－△AFH－△CFB－△CHD

$$=1\cdot 1-\frac{1}{2}\cdot x\cdot x-\frac{1}{2}\cdot 1\cdot(1-x)-\frac{1}{2}\cdot 1\cdot(1-x)$$

$$=1-\frac{1}{2}x^2-1+x$$

$$=-\frac{1}{2}x^2+x\quad\cdots①$$

$$△CHF=\frac{1}{2}\cdot\sqrt{2}\,x\cdot\sqrt{2}\,x\cdot\sin 60°$$

$$=\frac{\sqrt{3}}{2}x^2\quad\cdots②$$

①，②より，

$$-\frac{1}{2}x^2+x=\frac{\sqrt{3}}{2}x^2$$

$$-x^2+2x=\sqrt{3}\,x^2$$

$$0=(\sqrt{3}+1)x^2-2x$$

$$=\{(\sqrt{3}+1)x-2\}x$$

$x>0$より，$x=\dfrac{2}{\sqrt{3}+1}$

$$=\frac{2(\sqrt{3}-1)}{3-1}=\sqrt{3}-1$$

よって，求める面積は，②に代入して，

$$\frac{\sqrt{3}}{2}(\sqrt{3}-1)^2=\frac{\sqrt{3}}{2}(4-2\sqrt{3})=\sqrt{3}(2-\sqrt{3})=2-\sqrt{3}$$

【7】(1) 24　　(2) 2時$\frac{480}{11}$分　　(3) ∠APC＝67.5°　　(4) $\frac{7}{72}$

〈解説〉(1)　求める自然数を，$N＝2^a\cdot3^b\cdot5^c\cdots$とおく($a$, b, c, …は0以上の整数)。

ⅰ)　$N＝2^a$のとき，

Nの正の約数は，$a＋1$個である。

∴　$a＋1＝8$　　∴　$a＝7$　　∴　$N＝2^7＝128$

ⅱ)　$N＝2^a\cdot3^b$のとき，

Nの正の約数は，$(a＋1)(b＋1)$個である。

∴　$(a＋1)(b＋1)＝8$

∴　$(a＋1, b＋1)＝(1, 8), (2, 4), (4, 2), (8, 1)$

∴　$(a, b)＝(0, 7), (1, 3), (3, 1), (7, 0)$

∴　$N＝2^a\cdot3^b＝3^7, 2\times3^3, 2^3\times3, 2^7$

　　　　　　$＝2187, 54, 24, 128$

ここで，$N＝24＝2^3\times3$において，4つの素因数の2または3のうち1つでも5以上の素数になると，Nは24よりも大きくなる。

以上より，求める最小の自然数は24

(2)　求める時刻を2時x分とおく。

2時x分に長針と短針が，12時の位置とのなす角(時計回りが正の方向)をそれぞれ求める。

長針について，$0＋360\times\frac{1}{60}\times x＝6x$

短針について，$360\times\frac{2}{12}＋360\times\frac{1}{12\times60}\times x＝60＋\frac{1}{2}x$

長針と短針のつくる角が180°なので，

$\quad 6x＝60＋\frac{1}{2}x＋180$

$12x＝x＋480$

$11x＝480$

$\quad x＝\frac{480}{11}$

よって，求める時刻は，2時$\dfrac{480}{11}$分

(3)

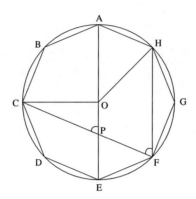

AE//HFより，同位角は等しいので，∠APC＝∠HFC　…①

正八角形の外接円の中心をOとおく。

$\angle HOC＝360°\times\dfrac{3}{8}＝135°$

よって，円周角は中心角の$\dfrac{1}{2}$倍なので，

$\angle HFC＝\dfrac{1}{2}\angle HOC＝\dfrac{1}{2}\times135°＝67.5°$　…②

①，②より，∠APC＝67.5°

(4)　条件を満たすには，さいころの進み方が，(1，3，3)，(2，2，3)
のときである。

ⅰ)　(1，3，3)のとき，

　　1，2，3の目　…1回

　　6の目　…2回

$\therefore\ _3C_1\left(\dfrac{3}{6}\right)^1\left(\dfrac{1}{6}\right)^2＝3\times\dfrac{3}{6}\times\dfrac{1}{6^2}＝\dfrac{9}{6^3}$

ⅱ)　(2，2，3)のとき，

　　4，5の目　…2回

　　6の目　…1回

$\therefore\ _3C_2\left(\dfrac{2}{6}\right)^2\left(\dfrac{1}{6}\right)^1＝3\times\dfrac{2^2}{6^2}\times\dfrac{1}{6}＝\dfrac{12}{6^3}$

i), ii)より, $\dfrac{9}{6^3}+\dfrac{12}{6^3}=\dfrac{21}{6\cdot6\cdot6}=\dfrac{7}{72}$

【高等学校】

【1】 (1) $\dfrac{1}{3}$　　(2)　$(x,\ y)=(3,\ 12),\ (4,\ 8),\ (6,\ 6),\ (10,\ 5)$

(3)　0.85

〈解説〉(1)　7文字を1列に並べるとき, aがbより右に並ぶ事象をX, bがcより右に並ぶ事象をYとおくと, 求める確率は, $P_X(Y)$である。

$P_X(Y)=\dfrac{P(X\cap Y)}{P(X)}$　…①

$P(X)$はaとbを同じ文字とみなして1列に並べた確率と等しいので,

$$
\begin{array}{ccccccc}
a & b & c & d & e & f & g \\
\downarrow & \downarrow & \downarrow & \downarrow & \downarrow & \downarrow & \downarrow \\
\bigcirc & \bigcirc & c & d & e & f & g
\end{array}
$$

$P(X)=\dfrac{\dfrac{7!}{2!}}{7!}=\dfrac{1}{2!}=\dfrac{1}{2}$

$P(X\cap Y)$はaとbとcを同じ文字とみなして1列に並べた確率と等しいので,

$$
\begin{array}{ccccccc}
a & b & c & d & e & f & g \\
\downarrow & \downarrow & \downarrow & \downarrow & \downarrow & \downarrow & \downarrow \\
\bigcirc & \bigcirc & \bigcirc & d & e & f & g
\end{array}
$$

$P(X\cap Y)=\dfrac{\dfrac{7!}{3!}}{7!}=\dfrac{1}{3!}=\dfrac{1}{6}$

①に代入して,

$P_X(Y)=\dfrac{\dfrac{1}{6}}{\dfrac{1}{2}}=\dfrac{1}{3}$

(2)　$\dfrac{1}{x}+\dfrac{2}{y}=\dfrac{1}{2}$

両辺$2xy$倍して,

$2y+4x=xy$

$0=xy-4x-2y$

$0=(y-4)x-2(y-4)-8$

$$8＝(x-2)(y-4)$$

$$\therefore \quad (x-2,\ y-4)＝(1,\ 8),\ (2,\ 4),\ (4,\ 2),\ (8,\ 1),\ (-1,\ -8),$$
$$(-2,\ -4),\ (-4,\ -2),\ (-8,\ -1)$$

$$\therefore \quad (x,\ y)＝(3,\ 12),\ (4,\ 8),\ (6,\ 6),\ (10,\ 5),\ (1,\ -4),\ (0,\ 0),$$
$$(-2,\ 2),\ (-6,\ 3)$$

$x,\ y$は自然数なので，

$$(x,\ y)＝(3,\ 12),\ (4,\ 8),\ (6,\ 6),\ (10,\ 5)$$

(3)　Aの平均点　$\overline{x_A}＝(5+1+3+4+2)\div 5＝3$

Bの平均点　$\overline{x_B}＝(8+0+4+2+1)\div 5＝3$

Aの分散　$s_A＝\{(5-3)^2+(1-3)^2+(3-3)^2+(4-3)^2+(2-3)^2\}\div 5$
$$＝10\div 5＝2$$

Bの分散　$s^2_B＝\{(8-3)^2+(0-3)^2+(4-3)^2+(2-3)^2+(1-3)^2\}\div 5$
$$＝40\div 5＝8$$

Aの標準偏差　$s_A＝\sqrt{2}$

Bの標準偏差　$s_B＝2\sqrt{2}$

AとBの共分散　$s_{AB}＝\{(5-3)(8-3)+(1-3)(0-3)+(3-3)(4-3)+(4-$
$$3)(2-3)+(2-3)(1-3)\}\div 5$$
$$＝(10+6+0-1+2)\div 5$$
$$＝\frac{17}{5}$$

以上より，相関係数rは，

$$r＝\frac{s_{AB}}{s_A\cdot s_B}$$

$$＝\frac{\dfrac{17}{5}}{\sqrt{2}\times 2\sqrt{2}}$$

$$＝\frac{17}{5\times\sqrt{2}\times 2\sqrt{2}}$$

$$＝\frac{17}{20}$$

$$＝0.85$$

【2】(1)　$z=r(\cos\theta+i\sin\theta)$とおく。

$z^3=i$より，$r^3(\cos3\theta+i\sin3\theta)=\cos\dfrac{\pi}{2}+i\sin\dfrac{\pi}{2}$

両辺の絶対値と偏角を比較すると，

$r^3=1$，$3\theta=\dfrac{\pi}{2}+2k\pi$　（kは整数）

$r>0$より，$r=1$，$\theta=\dfrac{\pi}{6}+\dfrac{2k}{3}\pi$

$0\leqq\theta<2\pi$で考えると，$k=0$，1，2

$k=0$のとき，$z=\cos\dfrac{\pi}{6}+i\sin\dfrac{\pi}{6}=\dfrac{\sqrt{3}}{2}+\dfrac{1}{2}i$

$k=1$のとき，$z=\cos\dfrac{5}{6}\pi+i\sin\dfrac{5}{6}\pi=-\dfrac{\sqrt{3}}{2}+\dfrac{1}{2}i$

$k=2$のとき，$z=\cos\dfrac{3}{2}\pi+i\sin\dfrac{3}{2}\pi=-i$

よって，$z=\dfrac{\sqrt{3}}{2}+\dfrac{1}{2}i$，$-\dfrac{\sqrt{3}}{2}+\dfrac{1}{2}i$，$-i$　…[答]

(2)　$t=2^x+3\cdot2^{-x}$とおく。

また，$2^x>0$，$3\cdot2^{-x}>0$　だから，

相加平均と相乗平均の大小関係より，

$t=2^x+3\cdot2^{-x}\geqq2\sqrt{2^x\cdot3\cdot2^{-x}}=2\sqrt{3}$

等号成立は，$2^x=3\cdot2^{-x}$より，$2^x=\sqrt{3}$（∵　$2^x>0$）から，$x=\log_2\sqrt{3}$

これはグラフ1より，$x\geqq0$を満たす。

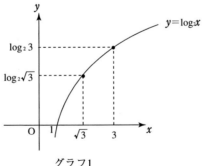

グラフ1

また，与式は，

$y=(2^x+3\cdot2^{-x})^2-2\cdot2^x\cdot3\cdot2^{-x}-8(2^x+3\cdot2^{-x})+22$

　$=t^2-8t+16$

$=(t-4)^2$

ここで，$t \geqq 2\sqrt{3}$　より，$t=4$のとき，yは最小値0となる。

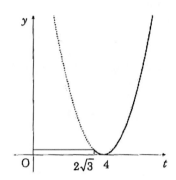

すなわち，$t=4$

$2^x+3 \cdot 2^{-x}=4$から，両辺を2^x倍して，

$(2^x)^2-4 \cdot 2^x+3=0$

したがって，$(2^x-1)(2^x-3)=0$

よって，$2^x=1$，3より，$x=0$，$\log_2 3$

これは，グラフ1より，$x \geqq 0$を満たす。

よって，$x=0$，$\log_2 3$のとき，最小値0　…[答]

〈解説〉(1)　$z=r(\cos\theta+i\sin\theta)$とおき，$z^3=i$を極形式で表す。その後，両辺の絶対値と偏角を比較する。

(2)　$t=2^x+3 \cdot 2^{-x}$とおき，与式をtで表して考える。なお，tの範囲は相加平均と相乗平均の大小関係より，$t \geqq 2\sqrt{3}$となることに注意する。

【3】(1)　$f'(x)=\dfrac{1 \cdot (x^2+1)-x \cdot 2x}{(x^2+1)^2}=\dfrac{-x^2+1}{(x^2+1)^2}=\dfrac{-(x^2-1)}{(x^2+1)^2}=\dfrac{-(x+1)(x-1)}{(x^2+1)^2}$

$f'(x)=0$となるxは，$-(x+1)(x-1)=0$より，$x=-1$，1

x	$-\infty$	$\cdots$	-1	$\cdots$	1	$\cdots$	$+\infty$
$f'(x)$		$-$	0	$+$	0	$-$	
$f(x)$	-0	$\searrow$	$-\dfrac{1}{2}$	$\nearrow$	$\dfrac{1}{2}$	$\searrow$	$+0$

増減表は上のとおりだから，

$x=-1$のとき，極小値は$f(-1)=-\dfrac{1}{2}$

$x=1$のとき，極大値は$f(1)=\dfrac{1}{2}$

また，$\displaystyle\lim_{x\to\pm\infty}f(x)=\lim_{x\to\pm\infty}\dfrac{\dfrac{1}{x}}{1+\dfrac{1}{x^2}}=\pm 0$より，$x$軸は漸近線である。

グラフは次のとおりである。

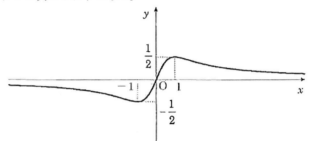

(2)　$y=f(x)$上の点$\left(t,\ \dfrac{t}{t^2+1}\right)$における接線の方程式は$(t>0)$，

$$y=\dfrac{-t^2+1}{(t^2+1)^2}(x-t)+\dfrac{t}{t^2+1}$$

これが点A$(a,\ 0)$を通るので代入して，$\dfrac{-t^2+1}{(t^2+1)^2}(a-t)+\dfrac{t}{t^2+1}=0$

$(-t^2+1)(a-t)+t(t^2+1)=0$

$(-t^2+1)a+t^3-t+t^3+t=0$

$(t^2-1)a=2t^3$

$t=\pm 1$は等式を満たさないので$t^2-1\neq 0$だから，$a=\dfrac{2t^3}{t^2-1}$

求めるのは，$y=a$と，$y=\dfrac{2t^3}{t^2-1}$の2つのグラフの共有点が，$t>0$に存在するaの値の範囲である。

ここで，$y=g(t)=\dfrac{2t^3}{t^2-1}$とおくと，

$$g'(t)=\dfrac{6t^2(t^2-1)-2t^3\cdot 2t}{(t^2-1)^2}=\dfrac{2t^2(3t^2-3-2t^2)}{(t^2-1)^2}=\dfrac{2t^2(t^2-3)}{(t^2-1)^2}$$

$$= \frac{2t^2(t+\sqrt{3})(t-\sqrt{3})}{(t^2-1)^2}$$

$g'(t)=0$ となる t は，$2t^2(t+\sqrt{3})(t-\sqrt{3})=0$ より，$t=-\sqrt{3}$，0，$\sqrt{3}$

t	$-\infty$	$\cdots$	$-\sqrt{3}$	$\cdots$	-1	$\cdots$	0	$\cdots$	1	$\cdots$	$\sqrt{3}$	$\cdots$	$+\infty$
y'		$+$	0	$-$		$-$	0	$-$		$-$	0	$+$	
y	$-\infty$	↗	$-3\sqrt{3}$	↘	$-\infty$ $+\infty$	↘	0	↘	$-\infty$ $+\infty$	↘	$3\sqrt{3}$	↗	$+\infty$

$$\lim_{t\to\pm\infty} g(t) = \lim_{t\to\pm\infty} \frac{2t^3}{t^2-1} = \lim_{t\to\pm\infty} \frac{2t}{1-\dfrac{1}{t^2}} = \pm\infty$$

$$\lim_{t\to 1\pm 0} g(t) = \lim_{t\to 1\pm 0} \frac{2t^3}{t^2-1} = \frac{+2}{\pm 0} = \pm\infty$$

$$\lim_{t\to -1\pm 0} g(t) = \lim_{t\to -1\pm 0} \frac{2t^3}{t^2-1} = \frac{-2}{\mp 0} = \pm\infty$$

また，$g(t) = \dfrac{2t(t^2-1)+2t}{t^2-1} = 2t + \dfrac{2t}{t^2-1}$ だから，$\displaystyle\lim_{t\to\pm\infty}\{g(t)-2t\} =$

$$\lim_{t\to\pm\infty} \frac{2t}{t^2-1} = \lim_{t\to\pm\infty} \frac{\dfrac{2}{t}}{1-\dfrac{1}{t^2}} = 0$$ より，直線 $y=2t$ は漸近線である。

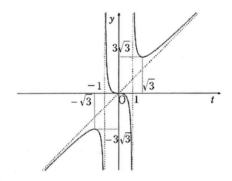

よって，$y=g(t)$ のグラフは上のようになるから求める範囲は，

$a<0$，$a\geqq 3\sqrt{3}$　…[答]

(3)　(1)のグラフより，$V = \pi\displaystyle\int_0^1 \left(\dfrac{x}{x^2+1}\right)^2 dx$

ここで，$x=\tan\theta$ とすると，$\dfrac{dx}{d\theta}=\dfrac{1}{\cos^2\theta}$

よって，$dx=\dfrac{1}{\cos^2\theta}d\theta$

x	$0\ \rightarrow\ 1$
θ	$0\ \rightarrow\ \dfrac{\pi}{4}$

$$
\begin{aligned}
V &= \pi\int_0^{\frac{\pi}{4}}\left(\frac{\tan\theta}{1+\tan^2\theta}\right)^2\frac{1}{\cos^2\theta}d\theta \\
&= \pi\int_0^{\frac{\pi}{4}}(\tan\theta\times\cos^2\theta)^2\frac{1}{\cos^2\theta}d\theta=\int_0^{\frac{\pi}{4}}\frac{\sin^2\theta}{\cos^2\theta}\times\cos^4\theta\times\frac{1}{\cos^2\theta}d\theta \\
&= \pi\int_0^{\frac{\pi}{4}}\sin^2\theta\,d\theta=\pi\int_0^{\frac{\pi}{4}}\frac{1-\cos2\theta}{2}d\theta \\
&= \pi\left[\frac{1}{2}\theta-\frac{1}{4}\sin2\theta\right]_0^{\frac{\pi}{4}} \\
&= \pi\left(\frac{\pi}{8}-\frac{1}{4}\right)\quad\cdots[答]
\end{aligned}
$$

〈解説〉(2)　条件の接線を立式し，$(a,\ 0)$ を代入した式が正の解をもつ a の範囲を求めればよい。

【4】(1)　$\overrightarrow{OA}=(6,\ 6,\ 0)$, $\overrightarrow{OB}=(6,\ 0,\ 6)$, $\overrightarrow{OC}=(12,\ -3,\ 0)$

$\overrightarrow{OA}\cdot\overrightarrow{OB}=|\overrightarrow{OA}||\overrightarrow{OB}|\cos\theta$ より，

$6\cdot6+6\cdot0+0\cdot6=\sqrt{6^2+6^2}\sqrt{6^2+6^2}\cos\theta$

$36=72\cos\theta$

$\cos\theta=\dfrac{1}{2}$

よって，$0°\leqq\theta\leqq180°$ より，$\theta=60°\cdots[答]$

(2)　点Hは平面 α 上にあるから，$\overrightarrow{OH}=s\overrightarrow{OA}+\overrightarrow{OB}$　…①と表せる。

ただし，s, t は実数とする。

よって，

$\overrightarrow{CH}=\overrightarrow{OH}-\overrightarrow{OC}=s(6,\ 6,\ 0)+t(6,\ 0,\ 6)-(12,\ -3,\ 0)$

$=(6s+6t-12,\ 6s+3,\ 6t)$

ここで，

$\overrightarrow{\text{CH}}$ は平面 α と垂直だから，$\overrightarrow{\text{CH}} \perp \overrightarrow{\text{OA}}$，$\overrightarrow{\text{CH}} \perp \overrightarrow{\text{OB}}$ である。

$\overrightarrow{\text{CH}} \cdot \overrightarrow{\text{OA}} =0$ より，$6(6s+6t-12)+6(6s+3)+6t \cdot 0=0$

$4s+2t-3=0$ …②

$\overrightarrow{\text{CH}} \cdot \overrightarrow{\text{OB}} =0$ より，$6(6s+6t-12)+(6s+3) \cdot 0+6 \cdot 6t=0$

$s+2t-2=0$ …③

②，③を解いて，$s=\dfrac{1}{3}$，$t=\dfrac{5}{6}$

したがって，①に代入して，$\overrightarrow{\text{OH}} =\dfrac{1}{3}\overrightarrow{\text{OA}} +\dfrac{5}{6}\overrightarrow{\text{OB}} =$
$\dfrac{1}{3}(6,\ 6,\ 0)+\dfrac{5}{6}(6,\ 0,\ 6)=(2,\ 2,$
$0)+(5,\ 0,\ 5)=(7,\ 2,\ 5)$

よって，求める座標は，H(7, 2, 5)　…[答]

(3)　(1)より $|\overrightarrow{\text{OA}}|=|\overrightarrow{\text{OB}}|=\sqrt{72}=6\sqrt{2}$，$\angle \text{AOB}=60°$だから，

△OABは正三角形である。

正三角形の外心と重心は一致するので，3点O，A，Bを通る円Sの中心Pは，△OABの重心と一致する。

よって，$\text{P}\left(\dfrac{6+6}{3},\ \dfrac{6}{3},\ \dfrac{6}{3}\right)$から，P(4, 2, 2)　…[答]

また，半径Rは，

$R=\text{OP}=\sqrt{4^2+2^2+2^2}=\sqrt{24}=2\sqrt{6}$　…[答]

(4)　(2)(3)より，$\overrightarrow{\text{PH}} =\overrightarrow{\text{OH}} -\overrightarrow{\text{OP}} =(7,\ 2,\ 5)-(4,\ 2,\ 2)=(3,\ 0,\ 3)$だ

から，$|\overrightarrow{\text{PH}}|=\sqrt{9+9}=\sqrt{18}=3\sqrt{2}<R(\because\ \sqrt{18}<\sqrt{24})$

よって，点Hは円Sの内部にある。

ここで，(2)より，$\text{CH} \perp \alpha$であるから，$\angle \text{CHQ}=90°$である。

△CHQに三平方の定理を用いて，

$\text{CQ}^2=\text{CH}^2+\text{HQ}^2$であり，CHの長さは一定$(\sqrt{(7-12)^2+(2+3)^2+(5-0)^2}$
$=5\sqrt{3})$だから，

HQの長さが最小のとき，CQの長さも最小となる。

HQの長さが最小となるのは，

P，H，Qがこの順で一直線上にあるときである。

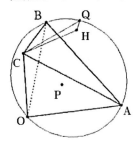

よって，

$$\overrightarrow{OQ} = \overrightarrow{OP} + \frac{|\overrightarrow{PQ}|}{|\overrightarrow{PH}|}\,\overrightarrow{PH}$$

$$= (4,\ 2,\ 2) + \frac{2\sqrt{6}}{3\sqrt{2}}(3,\ 0,\ 3) \quad (\because\ \ |\overrightarrow{PQ}| = R)$$

$$= (4,\ 2,\ 2) + (2\sqrt{3},\ 0,\ 2\sqrt{3})$$

$$= (4 + 2\sqrt{3},\ 2,\ 2 + 2\sqrt{3})$$

よって，求める座標は，Q$(4 + 2\sqrt{3},\ 2,\ 2 + 2\sqrt{3})$ …[答]

〈解説〉(1)　$\overrightarrow{OQ}$ と $\overrightarrow{OB}$ の内積を，定義と成分の両方で表せばよい。

(2)　$\overrightarrow{OH} = s\overrightarrow{OA} + t\overrightarrow{OB}$ とおき，

$\overrightarrow{CH} \perp \overrightarrow{OA}$，$\overrightarrow{CH} \perp \overrightarrow{OB}$ を利用する。

(3)　正三角形の外心と重心は一致することを利用する。

(4)　3点P，H，Qが同一直線上にあることを利用する。

2016年度　　**実施問題**

【中高共通】

【１】 中学校3年生の「図形と相似」の単元において，平行線と線分の比の学習を終えた生徒に対して，「線分AB上に，線分ABを3等分するような点Xと点Y」を三角定規とコンパスのみを用いて作図する方法を説明しなさい。

(☆☆◎◎◎)

【２】 図のように，関数$y=\frac{1}{2}x^2$のグラフ上に，2点A，Bがある。点Aのx座標が－4，点Bのx座標が8であるとき，次の各問いに答えなさい。

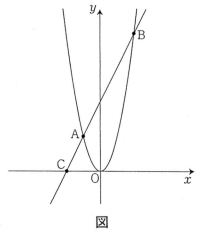

図

(1) 2点A，Bを通る直線がx軸と交わる点をCとするとき，△OBCの面積を求めなさい。

(2) 原点Oを通り，△AOBの面積を2等分する直線の方程式を求めなさい。

(☆◎◎◎)

【3】nを正の整数とする。1行目には1，2行目には2から順に2^2までのすべての整数，…，n行目にはnから順にn^2までのすべての整数が，1つのマスに1個ずつ書かれた表を考えるとき，次の各問いに答えなさい。

(1) 表の1行目から100行目までに，89は全部で何個あるか求めなさい。

(2) 表のn行目の整数の総和を，nを用いて表しなさい。

(3) 表の1行目からn行目までに，整数は全部で何個あるか，nを用いて表しなさい。

(☆☆☆◎◎◎)

【4】図1，図2において，四角形ABCDは正方形である。次の各問いに答えなさい。

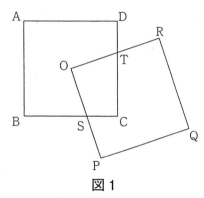

図1

(1) 正方形ABCDの対角線の交点をOとし，同じ大きさの正方形OPQRを図1のように重ねる。辺BCと辺OP，辺CDと辺ROの交点をそれぞれS，Tとするとき，△OSCと△OTDは合同であることを証明しなさい。

(2) (1)において，AB＝12cm，DT＝4cmであるとき，四角形OSCTの面積を求めなさい。

(3) 図2のように，正方形ABCDの辺BC上の点Pと辺CD上の点Qを結び，△APQをつくる。PQ＝22cm，∠PAQ＝45°のとき，△APQの面積が275cm^{2}であった。△APQと合同な三角形を利用して，もとの正

方形ABCDの面積を求めなさい。

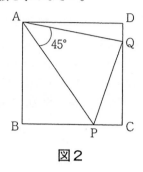

図２

(☆☆☆○○○)

【５】次の各問いに答えなさい。

(1) 表は，あるクラスの生徒9人の数学Ⅰのテストの得点をまとめたものである。このとき，四分位偏差と標準偏差を求めなさい。

生徒	A	B	C	D	E	F	G	H	I
得点	42	59	65	40	76	69	68	52	69

表

(2) 120!を計算すると，末尾には0が何個連続して並ぶか答えなさい。

(3) $3\sin\theta + 4\cos\theta + 2$の最大値と最小値を求めなさい。ただし，$0 \leqq \theta \leqq \pi$とする。

(4) 袋の中に白玉が3個，赤玉が2個入っている。この袋の中から同時に3個の玉を取り出し，取り出された玉のうち，白玉の個数を記録し，袋に戻す試行を考える。この試行を2回繰り返したとき，記録された白玉の個数の合計が奇数である確率を求めなさい。

(☆☆☆○○○)

【6】空間に正四面体ABCDがある。辺ABを$x:(1-x)$の比に内分する点をPとし，内積$\overrightarrow{AB}\cdot\overrightarrow{AC}=\dfrac{9}{2}$とする。このとき，次の各問いに答えなさい。ただし，xは，$0<x<1$を満たす実数とする。

(1) $|\overrightarrow{AB}|$，内積$\overrightarrow{AB}\cdot\overrightarrow{BC}$を求めなさい。

(2) 内積$\overrightarrow{PC}\cdot\overrightarrow{PD}$，$|\overrightarrow{PC}|^2$を$x$を用いて表しなさい。

(3) ∠CPD$=\theta$とするとき，$\cos\theta$の最小値と，そのときのxの値を求めなさい。

(4) (3)のとき，頂点Aから平面BCDに垂線をおろし，平面PCD，平面BCDとのそれぞれの交点をQ，Rとする。このとき，AQ:QRを求めなさい。

(☆☆☆◎◎◎)

【7】関数$f(x)=\dfrac{\log x}{x}$について，次の各問いに答えなさい。

(1) 関数$y=f(x)$の増減，極値，グラフの凹凸，変曲点を調べて，グラフの概形をかきなさい。なお，必要があれば$\displaystyle\lim_{x\to+\infty}\dfrac{\log x}{x}=0$を証明なしに用いてもよい。

(2) 方程式$ax=\log x$の実数解がただ1つとなるときの正の実数aの値を求めなさい。

(3) (2)のときの実数解を$x=k$とするとき，曲線$y=f(x)$，x軸，直線$x=k$で囲まれた部分をx軸の周りに回転させてできる回転体の体積Vを求めなさい。

(☆☆☆◎◎◎)

解答・解説

【中高共通】

【1】

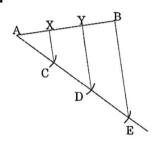

①　点Aから適当な長さの半直線を引き，コンパスでAから等間隔に3つの点をとり，それぞれ点C，D，Eとする。

②　点BとEを結ぶ。

③　三角定規を使って点C，Dから線分BEと平行な線を引き，線分ABと交わる点をそれぞれX，Yとする。このX，Yにより，線分ABは三等分される。

〈解説〉解答参照。

【2】(1)　128　　(2)　$y＝10x$

〈解説〉(1)　関数$y＝\frac{1}{2}x^2$において，点Aのx座標が－4より，y座標は$y＝\frac{1}{2}×4^2＝8$，

点Bのx座標が8より，y座標は$y＝\frac{1}{2}×8^2＝32$となる。

2点A(-4，8)，B(8，32)を通る直線の式を$y＝mx＋n$とおくと，傾きmの値は，$m＝\frac{32-8}{8-(-4)}＝\frac{24}{12}＝2$だから，直線の式は$y＝2x＋n$とおける。これに，点Aの座標を代入すると，$8＝2×(-4)＋n$，$n＝16$であるから，直線の式は$y＝2x＋16$

点Cのy座標は$y＝0$より，点Cのx座標は，$y＝2x＋16$に$y＝0$を代入すると，$x＝-8$となる。したがって，△OBCの面積は，

$$\triangle OBC = \frac{1}{2} \times \{0-(\text{点Cの}x\text{座標})\} \times (\text{点Bの}y\text{座標})$$
$$= \frac{1}{2} \times \{0-(-8)\} \times 32 = 128$$

(2) 原点Oを通り，△AOBの面積を2等分する直線は，線分ABの中点を通る。線分ABの中点をMとすると，中点Mの座標は，

$$x = \frac{(\text{点Aの}x\text{座標}+\text{点Bの}x\text{座標})}{2}, \quad y = \frac{(\text{点Aの}y\text{座標}+\text{点Bの}y\text{座標})}{2} \text{ で}$$

求められる。

このことから，点Mの座標は，$x = \frac{-4+8}{2} = 2$，$y = \frac{8+32}{2} = 20$とわかる。また，原点Oを通る直線の式は$y=kx$と表されるので，これに$x=2$，$y=20$を代入すると，$k=10$　したがって，求める直線の式は，$y=10x$

【3】(1) 80〔個〕　　(2) $\frac{1}{2}n(n+1)(n^2-n+1)$

(3) $\frac{1}{3}n(n^2+2)$〔個〕

〈解説〉(1) 題意より，下記のような表となる。

1行目　…　1

2行目　…　2, 3, 4(=2²)

3行目　…　3, 4, 5, 6, 7, 8, 9(=3²)

4行目　…　4, 5, 6, 7, 8, 9, 10, 11, 12, 13, 14, 15, 16(＝42)

　…　　　…………

n行目　…　n, $n+1$, $n+2$, $n+3$, …, n^2

1行目から100行目までの中に，89が初めて現れるのは，

9行目　…　9, 10, 11, …, 81(=9²)

10行目　…　10, 11, 12, …, 89, 90, …, 100(=10²)

より，10行目である。また，89が最後に現れるのは，

89行目　…　89, 90, 91, …, 7921(=89²)

より，89行目である。このとき，10行目の数列から89行目の数列までの各行ごとに89は必ず1個含まれているので，1行目から100行目までに存在する89の個数は，89−10+1=80より，80個

(2) n行目の総和をSとすると，

$S=$(1からn^2までの自然数の総和)−(1から$n-1$までの自然数の総和)

$$= \sum_{k=1}^{n^2} k - \sum_{k=1}^{n-1} k$$
$$= \frac{1}{2}n^2(n^2+1) - \frac{1}{2}(n-1)(1+n-1) = \frac{1}{2}n^2(n^2+1) - \frac{1}{2}(n-1)n$$
$$= \frac{1}{2}n(n^3+1) = \frac{1}{2}n(n+1)(n^2-n+1)$$

(3) n行目には，n^2-n+1個の自然数が並んでいるので，1行目からn行目までに存在する自然数の個数は，$\sum_{k=1}^{n} k^2-k+1$で求められる。

$$\sum_{k=1}^{n} k^2-k+1 = \frac{1}{6}n(n+1)(2n+1) - \frac{1}{2}$$

$n(n+1)+n$

$$= \frac{1}{6}n(2n^2+3n+1-3n-3+6) = \frac{1}{6}n(2n^2+4)$$
$$= \frac{1}{6}n \cdot 2 \cdot (n^2+2) = \frac{1}{3}n(n^2+2) 〔個〕$$

【4】(証明)　△OSCと△OTDにおいて，正方形の対角線は，それぞれの中点で垂直に交わるから，

OC＝OD　…①

また，∠OCS＝∠ODT＝45°　…②

次に，∠SOC＋∠COT＝90°，∠TOD＋∠COT＝90°

だから∠SOC＝∠TOD　…③

よって，①，②，③より，1組の辺とその両端の角がそれぞれ等しいので，△OSC≡△OTD　(証明終)

(2)　(1)より，四角形OSCTの面積は，△OCDの面積に等しい。よって，求める面積は，

$\frac{1}{2} \times 12 \times 6 = 36$〔cm²〕

(3)　図2において，辺BCの点B側を延長した線上に，∠PAE＝45°となる点Eをとると，△AQD≡△AEBである。

このことより，△APQ≡△APEがいえる。

よって，△APEの面積は275cm²である。

また，△APEにおいてPE＝PQ＝22cmだから，

$\dfrac{1}{2} \times 22 \times AB = 275$　よって，$AB = 25$

ゆえに，もとの正方形ABCDの面積は，

$25 \times 25 = 625$〔cm²〕

〈解説〉解答参照。

【5】(1)　データを小さい順に並べると，

40, 42, 52, 59, 65, 68, 69, 69, 76

第1四分位数は $\dfrac{42+52}{2} = 47$，第3四分位数は $\dfrac{69+69}{2} = 69$

よって，四分位偏差は，$\dfrac{69-47}{2} = 11$

また，平均値は，$\dfrac{40+42+52+59+65+68+69+69+76}{9} = 60$

よって，求める標準偏差をsとすると，

$s^2 = \dfrac{1}{9}\{(40-60)^2 + (42-60)^2 + (52-60)^2 + (59-60)^2 + (65-60)^2$

$+ (68-60)^2 + (69-60)^2 + (69-60)^2 + (76-60)^2\}$

$= 144$

ゆえに，$s > 0$だから，$s = 12$

(2)　120!を計算したときの末尾に並ぶ0の個数は，120!を素因数分解したときの素因数5の個数に一致する。1から120までの自然数のうち，

5の倍数の個数は120を5で割ったときの商で24

5^2の倍数の個数は120を25で割ったときの商で4

$120 < 5^3$であるから$5^n (n \geq 3)$の倍数はない。

よって，素因数5の個数は，$24 + 4 = 28$

したがって0は28個連続して現れる。

(3)　与式$= 5\sin(\theta + \alpha) + 2$とおける。ただし，$\alpha$は$\sin \alpha = \dfrac{4}{5}$，

$\cos \alpha = \dfrac{3}{5}$，$0 < \alpha < \dfrac{\pi}{2}$を満たす角とする。

また，$0 \leq \theta \leq \pi$より $\alpha \leq \theta + \alpha \leq \pi + \alpha$だから，

$-\sin \alpha \leq \sin(\theta + \alpha) \leq 1$

$-\dfrac{4}{5} \leq \sin(\theta + \alpha) \leq 1$

よって，$-4 \leq 5\sin(\theta + \alpha) \leq 5$

ゆえに，$-2 \leqq 5\sin(\theta + \alpha) + 2 \leqq 7$

したがって，求める最大値は7，最小値は-2

(4)　まず1回の試行で白玉の出る確率を求める。

(i)　白玉1個，赤玉2個のとき

$\dfrac{{}_3C_1 \times {}_2C_2}{{}_5C_3} = \dfrac{3}{{}_5C_2} = \dfrac{3}{10}$

(ii)　白玉2個，赤玉1個のとき

$\dfrac{{}_3C_2 \times {}_2C_1}{{}_5C_3} = \dfrac{3 \times 2}{{}_5C_2} = \dfrac{6}{10} = \dfrac{3}{5}$

(iii)　白玉3個のとき

$\dfrac{{}_3C_3}{{}_5C_3} = \dfrac{1}{{}_5C_2} = \dfrac{1}{20}$

よって，1回の試行で白玉が奇数個取り出される確率は，

$\dfrac{3}{10} + \dfrac{1}{10} = \dfrac{2}{5}$であり，偶数個取り出される確率は$\dfrac{3}{5}$である。

したがって，求める確率は，1回目に白玉が奇数個で2回目に白玉が偶数個取り出されるときか，1回目に白玉が偶数個で2回目に白玉が奇数個取り出されるときであるから，

$\dfrac{2}{5} \times \dfrac{3}{5} + \dfrac{3}{5} \times \dfrac{2}{5} = \dfrac{12}{25}$

〈解説〉解答参照。

【6】(1)　正四面体だから，$|\overrightarrow{AB}| = |\overrightarrow{AC}|$である。よって，$\overrightarrow{AB} \cdot \overrightarrow{AC}$
$= \dfrac{9}{2}$より，$\overrightarrow{AB} \cdot \overrightarrow{AC} = |\overrightarrow{AB}||\overrightarrow{AC}|\cos 60° = \dfrac{1}{2} \times |\overrightarrow{AB}|^2$だから，$|\overrightarrow{AB}|^2 = 9$

よって，$|\overrightarrow{AB}| > 0$だから，$|\overrightarrow{AB}| = 3$

したがって，正四面体ABCDは一辺の長さが3で，$\overrightarrow{AB}$と$\overrightarrow{BC}$のなす角は120°だから，

$\overrightarrow{AB} \cdot \overrightarrow{BC} = 3 \times 3 \times \left(-\dfrac{1}{2}\right) = -\dfrac{9}{2}$

(2)　正四面体ABCDだから，
$\overrightarrow{AB} \cdot \overrightarrow{AC} = \overrightarrow{AC} \cdot \overrightarrow{AD} = \overrightarrow{AD} \cdot \overrightarrow{AB} = \dfrac{9}{2}$

256

点Pは辺ABを$x:(1-x)$の比に内分する点だから，

$$\vec{PC} \cdot \vec{PD} = \left(\vec{AC} - \vec{AP}\right) \cdot \left(\vec{AD} - \vec{AP}\right) = \left(\vec{AC} - x\vec{AB}\right) \cdot \left(\vec{AD} - x\vec{AB}\right)$$

$$= \vec{AC} \cdot \vec{AD} - x\vec{AC} \cdot \vec{AB} - x\vec{AB} \cdot \vec{AD} + x^2|\vec{AB}|^2$$

$$= \frac{9}{2} - \frac{9}{2}x - \frac{9}{2}x + 9x^2 = 9x^2 - 9x + \frac{9}{2}$$

次に，$\vec{PC} = \vec{AC} - \vec{AP} = \vec{AC} - x\vec{AB}$ だから

$$|\vec{PC}|^2 = |\vec{AC}|^2 - 2x\vec{AC} \cdot \vec{AB} + x^2|\vec{AB}|^2 = 9 - 9x + 9x^2$$

$$= 9x^2 - 9x + 9$$

(3) $\cos\theta = \dfrac{\vec{PC} \cdot \vec{PD}}{|\vec{PC}||\vec{PD}|} = \dfrac{\vec{PC} \cdot \vec{PD}}{|\vec{PC}|^2}$ だから(2)より

$$\cos\theta = \frac{9x^2 - 9x + \dfrac{9}{2}}{9x^2 - 9x + 9} = \frac{18x^2 - 18x + 9}{18x^2 - 18x + 18} = \frac{2x^2 - 2x + 1}{2x^2 - 2x + 2}$$

$$= \frac{2x^2 - 2x + 2 - 1}{2x^2 - 2x + 2} = 1 - \frac{1}{2x^2 - 2x + 2} = 1 - \frac{1}{2\left(x - \dfrac{1}{2}\right)^2 + \dfrac{3}{2}}$$

ここで，$2\left(x - \dfrac{1}{2}\right)^2 + \dfrac{3}{2}$は，$0 < x < 1$において，$x = \dfrac{1}{2}$のとき最小となる

から，$\dfrac{1}{2\left(x - \dfrac{1}{2}\right)^2 + \dfrac{3}{2}}$は最大となり，$\cos\theta$も最小となる。したがって，

$x = \dfrac{1}{2}$のとき$\cos\theta$は最小値$\dfrac{1}{3}$をとる。

(4) (3)より点Pは辺ABの中点である。

また，正四面体ABCDだから，点Rは△BCDの重心である。

よって，$\vec{AR} = \dfrac{1}{3}\vec{AB} + \dfrac{1}{3}\vec{AC} + \dfrac{1}{3}\vec{AD}$

次に，3点A，Q，Rは同一線上にあるから，$\vec{AQ} = k\vec{AR}$となる実数kが

存在する。したがって，

$\vec{AQ} = \dfrac{1}{3}k\vec{AB} + \dfrac{1}{3}k\vec{AC} + k\dfrac{1}{3}\vec{AD}$

$$= \frac{1}{3}k \times 2 \times \frac{1}{2}\overrightarrow{AB} + \frac{1}{3}k\overrightarrow{AC} + \frac{1}{3}k\overrightarrow{AD}$$

$$= \frac{2}{3}k\overrightarrow{AP} + \frac{1}{3}k\overrightarrow{AC} + \frac{1}{3}k\overrightarrow{AD}$$

また，点Qは平面PCD上の点だから $\frac{2}{3}k + \frac{1}{3}k + \frac{1}{3}k = 1$

よって，$k = \frac{3}{4}$ だから $\overrightarrow{AQ} = \frac{3}{4}\overrightarrow{AR}$

ゆえに，AQ：QR＝3：1

〈解説〉(1)，(2)，(3)　解答参照。

(4)　（別解）　正四面体ABCDにおいて，頂点Aから底面の△BCDに垂線をおろすとき，垂線との交点Rは△BCDの外接円の中心と一致するが，△BCDは正三角形より，交点Rは重心でもある。このことから，頂点Bから辺CDに対して中線を引き，辺CDとの交点をMとすると，Rは中線BM上にあり，BR：RM＝2：1は成り立つ。点PとMを結び，次のような図で考えるとき，メネラウスの定理から，$\frac{MR}{BM} \cdot \frac{AQ}{QR} \cdot \frac{PB}{AP} = 1$ が成り立つので，BR：RM＝2：1，

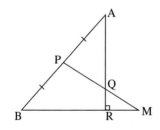

AP＝BPより，$\frac{MR}{BM} \cdot \frac{AQ}{QR} \cdot \frac{PB}{AP} = \frac{1}{2+1} \cdot \frac{AQ}{QR} \cdot \frac{1}{1} = 1 \Leftrightarrow \frac{AQ}{QR} = \frac{3}{1}$

したがって，求める線分比AQ：QRは，AQ：QR＝3：1

【7】(1) 定義域は$x>0$, x切片は$(1, 0)$

$\displaystyle\lim_{x\to+\infty}\frac{\log x}{x}=0$, $\displaystyle\lim_{x\to+0}\frac{\log x}{x}=-\infty$より, x軸, y軸は漸近線である。

また, $y'=\dfrac{\dfrac{1}{x}\cdot x-\log x}{x^2}=\dfrac{1-\log x}{x^2}$

$y''=\dfrac{-\dfrac{1}{x}\cdot x^2-(1-\log x)\cdot 2x}{x^4}=\dfrac{2\log x-3}{x^3}$

よって, $y'=0$となるxは$x=e$, $y''=0$となるxは$x=e\sqrt{e}$
増減表をかくと

x	0	……	e	……	$e\sqrt{e}$	……
y'		$+$	0	$-$	$-$	$-$
y''		$-$	$-$	$-$	0	$+$
y		↗	$\dfrac{1}{e}$	↘	$\dfrac{3}{2e\sqrt{e}}$	↘

よって, $x=e$のとき, 極大値$\dfrac{1}{e}$をとる。

変曲点は, $\left(e\sqrt{e}, \dfrac{3}{2e\sqrt{e}}\right)$

したがって, $y=f(x)$のグラフは下のとおりである。

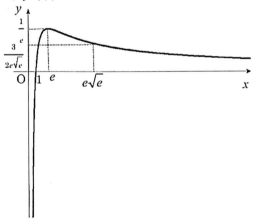

(2)　$x>0$より，$ax=\log x$から$a=\dfrac{\log x}{x}$

$ax=\log x$が実数解をただ1つもつことより，$y=a$のグラフと

$y=\dfrac{\log x}{x}$のグラフが，$a>0$において共有点をただ1つもつときを考えればよい。

よって，(1)より$a=\dfrac{1}{e}$

(3)　(1)，(2)より，$k=e$だから，求める体積Vは，

$$V=\pi\int_{1}^{e}\left(\frac{\log x}{x}\right)^2 dx$$

$$=\pi\int_{1}^{e}(-x^{-1})'(\log x)^2 dx$$

$$=\pi\Big[-x^{-1}(\log x)^2\Big]_{1}^{e}-\pi\int_{1}^{e}(-x^{-1})(2\log x)\frac{1}{x}dx$$

$$=-\frac{\pi}{e}+2\pi\int_{1}^{e}x^{-2}\log x\,dx$$

$$=-\frac{\pi}{e}+2\pi\int_{1}^{e}(-x^{-1})'\log x\,dx$$

$$=-\frac{\pi}{e}+2\pi\Big[-x^{-1}\log x\Big]_{1}^{e}-2\pi\int_{1}^{e}(-x^{-1})\frac{1}{x}dx$$

$$=-\frac{\pi}{e}-\frac{2\pi}{e}+2\pi\int_{1}^{e}x^{-2}dx$$

$$=-\frac{3\pi}{e}+2\pi\Big[-x^{-1}\Big]_{1}^{e}$$

$$=-\frac{3\pi}{e}-\frac{2\pi}{e}+2\pi$$

$$=\left(2-\frac{5}{e}\right)\pi$$

〈解説〉解答参照。

2015年度　実施問題

【中高共通】

【1】次の各問いに答えなさい。

(1) 次の文は，中学校学習指導要領(平成20年3月告示)に示された「第1学年」の「内容」の一部である。文中の空欄(①)～(⑤)に入る最も適切な語句を，下のa～mから選び記号で答えなさい。

「A数と式」，「B図形」，「C関数」及び「D資料の活用」の学習やそれらを相互に関連付けた学習において，次のような数学的活動に取り組む機会を設けるものとする。

ア　既習の数学を基にして，数や図形の(①)などを(②)活動

イ　(③)で数学を利用する活動

ウ　(④)を用いて，(⑤)説明し伝え合う活動

a	日常生活	b	数学的な用語	c	筋道立てて
d	見いだす	e	根拠を明らかにして	f	発展させる
g	性質	h	日常生活や社会	i	特徴
j	数学的な表現	k	具体的な事象	l	自分なりに
m	関係				

(2) 次の文は，中学校学習指導要領解説数学編(平成20年9月)に記載されている「第1学年」の「数学的活動」の一部である。(①)～(⑤)に入る最も適切な語句を答えなさい。

○直線上の1点を通る垂線をひく作図の方法について，その方法で作図ができる理由を説明する活動…(略)…垂線が作図できる理由として，「線分ABが対角線で，点Oが対角線の交点であるような(①)ができるから」や「線分ABが底辺である(②)ができ，点Oが線分ABの中点だから」のように，(③)の性質をあげることが考えられる。また，「点Oが中点になるような線分ABをつくり，(④)を作図しているから」や「(⑤)を作図してい

るから」のように，これまでに学習した作図をあげることも考えられる。…(以下略)

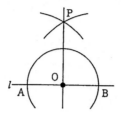

(☆☆☆○○○○)

【2】次の文は，高等学校学習指導要領(平成21年3月告示)に示された数学の目標である。各問いに答えなさい。

　数学的活動を通して，数学における基本的な概念や原理・法則の(①)な理解を深め，<u>事象を数学的に考察し表現する能力</u>を高め，(②)の基礎を培うとともに，数学の(③)を認識し，それらを積極的に活用して数学的論拠に基づいて(④)する態度を育てる。

(1)　文中の空欄(①)〜(④)に入る最も適切な語句を答えなさい。

(2)　下線部については，高等学校学習指導要領解説数学編理数編(平成21年12月)に，目標の改善点として以下のように記載されている。( )に入る最も適切な語句を答えなさい。

　　高等学校数学科の目標は，基本的には従前の目標を踏襲しているが，今回，幾つかの点で改善を行った。

　　1点目は，…(略)…

　　3点目は，「事象を数学的に考察し処理する能力」を「事象を数学的に考察し表現する能力」に変更したことである。今回の改訂では，全教科等を通して，思考力・判断力・表現力等の育成の重視と( )を掲げており，高等学校数学科の目標でもそのことを踏まえた表現に変更した。…(以下略)

(☆☆☆○○○○○)

【3】定規とコンパスだけを使って正五角形を作図する方法を説明しなさい。

(☆☆☆◎◎◎)

【4】下の図のように，放物線$y=-\dfrac{1}{2}x^2$上に，y座標が-2である2点A，Bと，y座標がそれぞれ-8，-18である点C，Dがある。次の各問いに答えなさい。ただし，各問いとも答えのみ記入しなさい。

(1) 直線CDの方程式を求めなさい。

(2) △ACDの面積を求めなさい。

(3) 四角形ABCDと△ADPの面積が等しくなるような点Pを直線CD上にとるとき，点Pの座標を求めなさい。

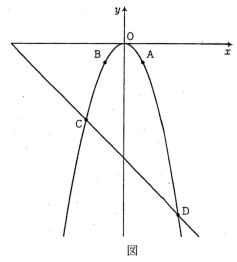

図

(☆☆☆◎◎◎◎)

【5】次の図のように，円OにAB＝6，BC＝3，CA＝5である△ABCが内接している。∠BCAの二等分線と辺ABとの交点をD，CDを延長した直線が円周と交わる点をEとする。次の各問いに答えなさい。

(1) BD：DAの求め方を説明しなさい。ただし，中学3年生への説明

を想定し，解答には記号∽または//を用いなさい。

(2)　BDの長さを求め，答えのみ記入しなさい。

(3)　CDの長さを求め，答えのみ記入しなさい。

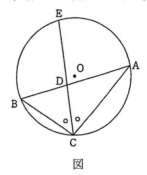

図

(☆☆☆◎◎◎◎)

【6】次の各問いに答えなさい。

(1)　箱の中に青色のカードが6枚，赤色のカードが5枚，黄色のカードが4枚入っている。この箱の中から4枚のカードを同時に取り出すとき，2枚が同色で，残りの2枚のカードはそれぞれ異なる色となる確率を求めなさい。

(2)　nを2以上の整数とするとき，$n^5 - n$は30の倍数であることを証明しなさい。

(3)　座標平面上の点Pのx座標，y座標が共に整数のとき，Pを格子点という。3つの不等式$x \geqq 0$，$x - y \geqq 0$，$y + x^2 \geqq 0$を同時に満たす点(x, y)の存在する領域をDとするとき，領域D内で，x座標がn以下であるすべての格子点の個数をnを用いて表しなさい。ただし，nは整数とする。

(☆☆☆◎◎◎◎)

【7】関数$f(\theta) = \dfrac{1}{2}a\sin 2\theta - b\cos\theta + b\sin\theta - 1 (0 \leqq \theta \leqq \pi)$について，次の各問いに答えなさい。ただし，$a$，$b$は正の実数とする。

(1)　$t = \sin\theta - \cos\theta$として，$f(\theta)$を$a$，$b$，$t$を用いて表しなさい。

(2)　tのとりうる値の範囲を求めなさい。

(3)　方程式$f(\theta)=0$を満たすθが存在するためのa，bの条件を求めなさい。また，求めた条件を満たす点$(a,\ b)$の存在する領域を図示しなさい。

(☆☆☆☆◎◎◎◎)

【8】座標空間内に5点O$(0,\ 0,\ 0)$, A$(2m,\ 1,\ m-1)$, B$(1,\ 2m,\ -1)$, C$(1,\ -1,\ -2)$, D$(2,\ -2,\ -1)$があり，3点O, A, Bを通る平面をαとする。内積$\overrightarrow{\mathrm{OA}}\cdot\overrightarrow{\mathrm{OB}}=4$であるとき，次の各問いに答えなさい。ただし，$m$は実数とする。

(1)　mの値を求めなさい。また，△OABの面積Sを求めなさい。

(2)　点Cから平面αに下ろした垂線と平面αとの交点をHとするとき，点Hの座標を求めなさい。

(3)　直線OHと直線ABとの交点をPとするとき，AP：PBを求めなさい。

(4)　平面α上の点で，CQ＋QDが最小となる点Qの座標を求めなさい。

(☆☆☆☆◎◎◎◎)

【9】関数$f(x)=\dfrac{ke^{kx}}{1+e^{kx}}$について，次の各問い答えなさい。ただし，$k$は正の定数とする。

(1)　曲線$y=f(x)$の変曲点を求めなさい。また，曲線$y=f(x)$は，変曲点に関して対称であることを証明しなさい。

(2)　関数$f(x)$の増減，$y=f(x)$のグラフの凹凸，漸近線を調べ，グラフの概形をかきなさい。

(3)　曲線$y=f(x)$とx軸および2直線$x=0$，$x=\dfrac{1}{k}$で囲まれた図形をx軸の周りに回転させてできる回転体の体積Vを求めなさい。

(☆☆☆☆◎◎◎)

解答・解説

【中高共通】

【１】(1)　①　g　　②　d　　③　a　　④　j　　⑤　l

(2)　①　ひし形やたこ形　　②　二等辺三角形ABP　　③　線対称な図形　　④　線分ABの垂直二等分線　　⑤　∠AOBの二等分線

〈解説〉(1)　第1学年の〔数学的活動〕の記述である。〔数学的活動〕は，第1学年のみが第2学年，第3学年とは記述が異なっていることに注意すること。　(2)　〔数学的活動〕の「ウ　数学的な表現を用いて，自分なりに説明し伝え合う活動」についての，学習指導要領解説の一部である。これは，学習指導要領の第1学年の内容の「B　図形」(1)の「ア　角の二等分線，線分の垂直二等分線，垂線などの基礎的な作図の方法を理解し，それを具体的な場所で活用すること」の指導における数学的活動である。同解説は語句を丸暗記するのではなく学習指導要領と併読することによって理解することが大切である。

【２】(1)　①　体系的　　②　創造性　　③　よさ　　④　判断

(2)　言語活動の充実

〈解説〉(1)　教科の目標は，全文を正確に書けるように覚えておくことが必要である。　(2)　『高等学校学習指導要領解説　数学編』第1章第1節「3　改訂の要点」の「(2)　高等学校数学科の目標」の「目標の改善点」の5項目の3点目である。学習指導要領をより深く理解するには，改訂の趣旨(経緯・趣旨・要点)について同解説を熟読することが肝要である。

【３】①　線分ABを引き，線分ABの垂直二等分線を引く。

線分ABの中点をCとする。

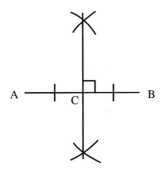

② 線分ABの垂直二等分線上に，AB＝CDとなるように点Dを線分AB
の上側にとる。

③ AとDを直線で結び，Dの上側に延長する。AC＝DEとなるような
点Eを点Dの上側にとる。

④ 点Aから，半径AEの円をかき，線分ABの垂直二等分線との交点
をFとする。

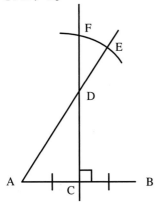

⑤ 線分ABと等しい長さをコンパスで測り，点Aからも点Fからも線
分ABと等しい距離になる点Gをとる。

同様に点Bからも点Fからも線分ABと等しい距離になる点Hをとる。

⑥ 点A，G，F，H，Bを結ぶと正五角形ができる。

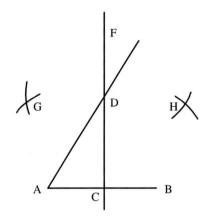

〈解説〉1辺の長さが1である正五角形の対角線の長さは，$\dfrac{1+\sqrt{5}}{2}$であるから，長さの比が，$1:\dfrac{1+\sqrt{5}}{2}$である2つの線分が作図できれば，正五角形が作図できる。

【4】(1)　$y=-x-12$　　(2)　60　　(3)　$(-6,-6)$　$(18,-30)$

〈解説〉(1)　$y=-\dfrac{1}{2}x^2$に$y=-8$を代入して，$-8=-\dfrac{1}{2}x^2$　　$x^2=16$　$x<0$より，$x=-4$　　よって，C$(-4,-8)$　　$y=-\dfrac{1}{2}x^2$に$y=-18$を代入して，$-18=-\dfrac{1}{2}x^2$　　$x^2=36$　　$x>0$より，$x=6$　　よって，C$(6,-18)$　　したがって，直線CDの方程式は，$y+8=\dfrac{-18-(-8)}{6-(-4)}(x+4)$　　$y+8=-(x+4)$　　$y=-x-12$　　(2)　A$(2,-2)$より，直線OAの傾きは-1だから，OA∥CD　　よって，△ACD＝△OCD　ここで，直線CDとy軸との交点をEとすると，E$(0,-12)$より，△OCD＝△OCE＋△ODE＝$\dfrac{1}{2}\cdot 12\cdot 4+\dfrac{1}{2}\cdot 12\cdot 6=60$　　したがって，△ACD＝60　　(3)　点Bを通り直線ACに平行な直線lと直線CDとの交点をP′とすれば，△ABC＝△AP′Cより，(四角形ABCD)＝△ABC＋△ACD＝△AP′C＋△ACD＝△ADP′となる。ここで，直線AC

の傾きは，$\dfrac{-2-(-8)}{2-(-4)}=1$であり，B$(-2，-2)$であるから，直線$l$の

方程式は，$y+2=x+2$　　$y=x$　…①　　また，直線CDの方程式は，

$y=-x-12$　…②　　①，②を解いて，$x=-6，y=-6$　　よって，

P$'(-6，-6)$　　　点Dに関して点P$'$と対称な点をP$''$とすれば，

△ADP$'$＝△ADP$''$より，(四角形ABCD)＝△ADP$''$となる。P$''(s，t)$とす

ると，$\dfrac{s-6}{2}=6，\dfrac{t-6}{2}=-18$より，$s=18，t=-30$　　よって，

P$''(-18，-30)$　　以上より求める座標は，$(-6，-6)$　　$(18，-30)$

【5】(1)　(1)　Aを通ってCDと平行な直線を引き，BCをCの方に伸ばし
た直線との交点をPとする。

CD//PAより，∠BCD＝∠CPA(同位角)

また，∠DCA＝∠CAP(錯角)

∠BCD＝∠DCAだから，∠CPA＝∠CAP

よって，△CAPは二等辺三角形となり，

CA＝CP＝5，つまり，BC：CP＝3：5

CD//PAより，BC：CP＝BD：DA＝3：5

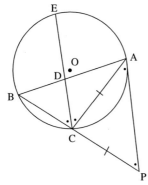

(2)　$\dfrac{9}{4}$　　(3)　$\dfrac{\sqrt{105}}{4}$

〈解説〉(1)　解答参照。　(2)　(1)より，BD：DA＝3：5であるから，

$$BD=\frac{3}{8}AB=\frac{3}{8}\cdot 6=\frac{9}{4}\qquad (3)\quad \triangle ABCで，余弦定理より，$$

$$\cos B=\frac{6^2+3^2-5^2}{2\cdot 6\cdot 3}=\frac{5}{9}\qquad \triangle BCDで，余弦定理より，CD^2=3^2+\left(\frac{9}{4}\right)^2$$

$$-2\cdot 3\cdot \frac{9}{4}\cos B=\frac{225}{16}-\frac{27}{2}\cdot \frac{5}{9}=\frac{105}{16}\qquad CD>0より，CD=\frac{\sqrt{105}}{4}$$

【6】(1)　15枚のカードから4枚のカードを取り出す方法は${}_{15}C_4$通り。

2枚だけ同色となるのは，

(青，赤，黄)＝(2，1，1)，(1，2，1)，(1，1，2)のときである。

それぞれ排反だから，求める確率は

$$\frac{{}_6C_2\cdot {}_5C_1\cdot {}_4C_1+{}_6C_1\cdot {}_5C_2\cdot {}_4C_1+{}_6C_1\cdot {}_5C_1\cdot {}_4C_2}{{}_{15}C_4}$$

$$=\frac{300+240+180}{15\cdot 7\cdot 13}=\frac{20+16+12}{91}=\frac{48}{91}$$

(2)　n^5-nは

$$n^5-n=n(n^4-1)=n(n^2+1)(n^2-1)=n(n^2+1)(n+1)(n-1)$$
$$=(n-1)n(n+1)\{(n-2)(n+2)+5\}$$
$$=(n-2)(n-1)n(n+1)(n+2)+5(n-1)n(n+1)$$

と変形できる。

この第1項は連続5整数の積で，2の倍数，3の倍数，5の倍数がそれぞれ少なくとも1つは含まれるから30の倍数である。

また，第2項の$(n-1)n(n+1)$は，連続3整数の積で，2の倍数，3の倍数がそれぞれ少なくとも1つは含まれるから6の倍数である。よって，第2項も30の倍数である。

したがって，n^5-nは30の倍数である。

(3)

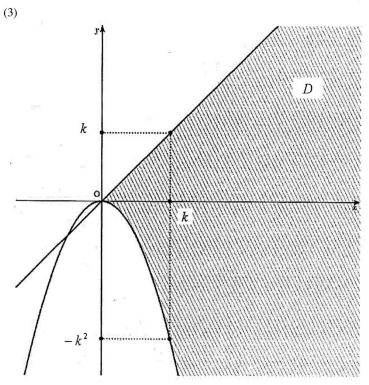

領域Dは，上図斜線部分である。ただし，境界線上も含む。

領域D内において，$x=k(k=0,\ 1,\ 2,\ \cdots,\ n)$のときの格子点の個数は，

$k-(-k^2)+1=k^2+k+1$〔個〕ある。したがって，求める格子点の個数は，

$$\sum_{k=0}^{n}(k^2+k+1)=1+\sum_{k=1}^{n}(k^2+k+1)$$

$$=1+\frac{n(n+1)(2n+1)}{6}+\frac{n(n+1)}{2}+n$$

$$=\frac{n(n+1)(2n+1)}{6}+\frac{n(n+1)}{2}+(n+1)$$

$$=\frac{(n+1)}{6}\{n(2n+1)+3n+6\}$$

$$=\frac{(n+1)2(n^2+2n+3)}{6}=\frac{(n+1)(n^2+2n+3)}{3}$$

〈解説〉解答参照。

【7】(1)　$t=\sin\theta-\cos\theta$ の両辺を2乗すると

$t^2=1-2\sin\theta\cos\theta=1-\sin2\theta$ だから，$\sin2\theta=1-t^2$

したがって

$f(\theta)=\dfrac{1}{2}a(1-t^2)+bt-1=-\dfrac{1}{2}at^2+bt+\dfrac{1}{2}a-1$

(2)　$t=\sin\theta-\cos\theta$ より $t=\sqrt{2}\sin\left(\theta-\dfrac{\pi}{4}\right)$

ここで，$0\leqq\theta\leqq\pi$ だから $-\dfrac{\pi}{4}\leqq\theta-\dfrac{\pi}{4}\leqq\dfrac{3\pi}{4}$

よって，$-\dfrac{1}{\sqrt{2}}\leqq\sin\left(\theta-\dfrac{\pi}{4}\right)\leqq1$

ゆえに，$-1\leqq t\sqrt{2}$

(3)　$g(t)=-\dfrac{1}{2}at^2+bt+\dfrac{1}{2}a-1$ とおくと，

$-1\leqq t\leqq\sqrt{2}$ において $g(t)=0$ が実数解をもてばよい。

$g(t)=-\dfrac{1}{2}a\left(t-\dfrac{b}{a}\right)^2+\dfrac{b^2}{2a}+\dfrac{1}{2}a-1$ であり，$a>0$ だから

放物線 $y=g(t)$ は上に凸のグラフである。

また，

$g(-1)=-\dfrac{1}{2}a-b+\dfrac{1}{2}a-1=-b-1<0(\because\ b>0$ より$)$

$g(\sqrt{2})=-a+\sqrt{2}b+\dfrac{1}{2}a-1=-\dfrac{1}{2}a+\sqrt{2}b-1$

(i)　$0<\dfrac{b}{a}<\sqrt{2}$　　すなわち，$a>0$ より　$0<b<\sqrt{2}a$ のとき

$g\left(\dfrac{b}{a}\right)\geqq0$ となればよいから，$\dfrac{b^2}{2a}+\dfrac{1}{2}a-1\geqq0$

$a>0$ より $b^2+a^2-2a\geqq0$

よって，$(a-1)^2+b^2\geqq1$

(ii)　$\dfrac{b}{a}\geqq\sqrt{2}$　　すなわち，$a>0$ より　$b\geqq\sqrt{2}a$ のとき

$g(\sqrt{2})\geqq0$ となればよいから，$-a+\sqrt{2}b+\dfrac{1}{2}a-1\geqq0$

$\therefore\ -\dfrac{1}{2}a+\sqrt{2}b-1\geqq0$　よって，$b\geqq\dfrac{\sqrt{2}}{4}a+\dfrac{\sqrt{2}}{2}$

ここで，$(a-1)^2+b^2=1$と$b=\dfrac{\sqrt{2}}{4}a+\dfrac{\sqrt{2}}{2}$と$b=\sqrt{2}\,a$の交点を求めると，

$(0,\ 0),\ \left(\dfrac{2}{3},\ \dfrac{2\sqrt{2}}{3}\right)$となる。

よって，(i)(ii)より求める領域は下の図斜線部分である。ただし，境界線は，a軸，b軸は除き，他は含む。

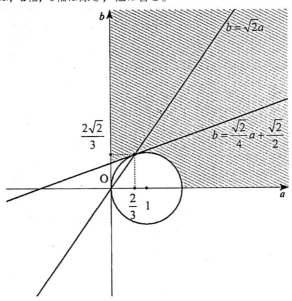

〈解説〉解答参照。

【8】(1)　$\overrightarrow{OA}\cdot\overrightarrow{OB}=4$より$2m+2m+1-m=4$　$\therefore$　$m=1$

よって，A(2, 1, 0)，B(1, 2, −1)だから

$$S=\dfrac{1}{2}\sqrt{|\overrightarrow{OA}|^2|\overrightarrow{OB}|^2-(\overrightarrow{OA}\cdot\overrightarrow{OB})^2}=\dfrac{1}{2}\sqrt{5\cdot6-16}=\dfrac{\sqrt{14}}{2}$$

(2)　点Hは平面α上の点だから，実数s，tを用いて

$\overrightarrow{OH}=s\overrightarrow{OA}+t\overrightarrow{OB}=(2s+t,\ s+2t,\ -t)$　…①とおける。

また，$\overrightarrow{CH}\perp\alpha$だから，$\overrightarrow{CH}\perp\overrightarrow{OA}$かつ$\overrightarrow{CH}\perp\overrightarrow{OB}$

よって，$\overrightarrow{\text{CH}} \cdot \overrightarrow{\text{OA}} = 0$かつ$\overrightarrow{\text{CH}} \cdot \overrightarrow{\text{OB}} = 0$

$\therefore$ $\begin{cases} 2(2s+t-1)+(s+2t+1)=0 \\ (2s+t-1)+2(s+2t+1)-(-t+2)=0 \end{cases}$

$\therefore$ $\begin{cases} 5s+4t-1=0 \\ 4s+6t-1=0 \end{cases}$

よって，$s=\dfrac{1}{7}$，$t=\dfrac{1}{14}$　　これを①に代入すると，

$$\overrightarrow{\text{OH}} = \left(\dfrac{5}{14},\ \dfrac{2}{7},\ -\dfrac{1}{14}\right)$$

ゆえに求める点Hの座標は，$\text{H}\left(\dfrac{5}{14},\ \dfrac{2}{7},\ -\dfrac{1}{14}\right)$

(3)　(2)より，

$$\overrightarrow{\text{OH}} = \dfrac{1}{7}\overrightarrow{\text{OA}} + \dfrac{1}{14}\overrightarrow{\text{OB}} = \dfrac{2\overrightarrow{\text{OA}} \cdot \overrightarrow{\text{OB}}}{14} = \dfrac{3}{14} \cdot \dfrac{2\overrightarrow{\text{OA}} \cdot \overrightarrow{\text{OB}}}{3}$$

ここで，$\overrightarrow{\text{OP}} = \dfrac{2\overrightarrow{\text{OA}} \cdot \overrightarrow{\text{OB}}}{3}$とおくと，点Pは線分ABを1：2の比に内分する点である。よって，AP：PB＝1：2

(4)　平面αに関して点Cと対称な点をEとすると，

$\overrightarrow{\text{CH}} = \left(\dfrac{5}{14}-1,\ \dfrac{2}{7}+1,\ -\dfrac{1}{14}+2\right) = \left(-\dfrac{9}{14},\ \dfrac{9}{7},\ \dfrac{27}{14}\right)$だから

$$\overrightarrow{\text{OE}} = \overrightarrow{\text{OC}} + 2\overrightarrow{\text{CH}} = \left(1-\dfrac{9}{7},\ -1+\dfrac{18}{7},\ -2+\dfrac{27}{2}\right) = \left(-\dfrac{2}{7},\ \dfrac{11}{7},\ \dfrac{13}{7}\right)$$

ここで，平面α上の点Q′$(a,\ b,\ c)$とおいて，$\overrightarrow{\text{DQ}'} = k\overrightarrow{\text{DE}}$となる実数$k$を求める。

$(a-2,\ b+2,\ c+1) = k\left(-\dfrac{16}{7},\ \dfrac{25}{7},\ \dfrac{20}{7}\right)$

よって，$a=-\dfrac{16}{7}k+2$，$b=\dfrac{25}{7}k-2$，$c=\dfrac{20}{7}k-1$

また，平面αは，点Oを通り$\overrightarrow{\text{CH}}$と垂直だから$\overrightarrow{\text{OQ}'} \cdot \overrightarrow{\text{CH}} = 0$

$-\dfrac{9}{14}a + \dfrac{9}{7}b + \dfrac{27}{14}c = 0$　　すなわち，$a-2b-3c=0$

とおけ，点Q′は平面α上の点でもあるから

$$-\frac{16}{7}k+2-\frac{50}{7}k+4-\frac{60}{7}k-3=0$$

$$\therefore \quad -\frac{126}{7}k+9=0 \quad \therefore \quad k=\frac{1}{2}$$

よって，$Q'\left(\dfrac{6}{7},\ -\dfrac{3}{14},\ \dfrac{3}{7}\right)$

ここで，$\overrightarrow{DQ'}=\dfrac{1}{2}\overrightarrow{DE}$ より，点Eは平面 α に関して点Dと異なる側にある。

よって，CQ+QD=EQ+QDであり，点Qと点Q'が一致するとき最小となるから

$Q\left(\dfrac{6}{7},\ -\dfrac{3}{14},\ \dfrac{3}{7}\right)$

〈解説〉(4)　平面 α に関して点Cと対称な点をEとする。

$\overrightarrow{CH}=\left(-\dfrac{9}{14},\ \dfrac{9}{7},\ \dfrac{27}{14}\right)$であるから，$\overrightarrow{OE}=\overrightarrow{OC}+2\overrightarrow{CH}=(1,\ -1,\ -2)+$

$\left(-\dfrac{9}{14},\ \dfrac{9}{7},\ \dfrac{27}{14}\right)=\left(-\dfrac{2}{7},\ \dfrac{11}{7},\ \dfrac{13}{14}\right)$　　直線DEと平面 α の交点をQ'と

すると，3点D，Q'，Eは一直線上にあるので，実数 k を用いて，

$\overrightarrow{OQ'}=\overrightarrow{OD}+\overrightarrow{DQ'}=\overrightarrow{OD}+k\overrightarrow{DE}=(2,\ -2,\ -1)+k\left(-\dfrac{16}{7},\ \dfrac{25}{7},\ \dfrac{20}{7}\right)$

$=\left(-\dfrac{16}{7}k+2,\ \dfrac{25}{7}k-2,\ \dfrac{20}{7}k-1\right)$とおける。また，点Q'は平面 α 上の点

なので，実数 s'，t' を用いて，$\overrightarrow{OQ'}=s'\overrightarrow{OA}+t'\overrightarrow{OB}=(2s'+t',\ s'+2t',\ -t')$

成分を比較して，$-\dfrac{16}{7}k+2=2s'+t'$ …①　　$\dfrac{25}{7}k-2=s'+2t'$ …②

$\dfrac{20}{7}k-1=-t'$ …③　　③より，$k=\dfrac{7}{20}(1-t')$　　これを①，②に代入

して，$10s'+t'=6$ …①'　　$4s'+13t'=-3$ …②'　　①'，②'より，

$s'=\dfrac{9}{14}$，$t'=-\dfrac{3}{7}$　　これより，$k=\dfrac{1}{2}$であるから，

$\overrightarrow{DQ'}=\left(\dfrac{6}{7},\ -\dfrac{3}{14},\ \dfrac{3}{7}\right)$　　よって，点Q'の座標は，$\left(\dfrac{6}{7},\ -\dfrac{3}{14},\ \dfrac{3}{7}\right)$

ここで，$\overrightarrow{DQ'}=\dfrac{1}{2}\overrightarrow{DE}$ より，点Eは平面 α に関して点Dと異なる側にある。CQ+QD=EQ+QDであり，点Qと点Q'が一致するとき最小となる

から，点Qの座標は，$\left(\dfrac{6}{7}, \ -\dfrac{3}{14}, \ \dfrac{3}{7} \right)$

【9】(1)　$f(x)=k-\dfrac{k}{1+e^{kx}}$ より

$$f'(x)=-\dfrac{-k(1+e^{kx})}{(1+e^{kx})^2}=\dfrac{k^2e^{kx}}{(1+e^{kx})^2}$$

$$f''(x)=k^2\cdot\left\{\dfrac{e^{kx}}{(1+e^{kx})^2}\right\}=k^2\cdot\dfrac{ke^{kx}\cdot(1+e^{kx})^2-e^{kx}\cdot2(1+e^{kx})\cdot ke^{kx}}{(1+e^{kx})^4}$$

$$=k^2\cdot\dfrac{ke^{kx}(1+e^{kx})\{(1+e^{kx})-2e^{kx}\}}{(1+e^{kx})^4}=\dfrac{k^3e^{kx}(1-e^{kx})}{(1+e^{kx})^3}$$

よって，$f'(x)=0$ となる x はなし。

$f''(x)=0$ となる x は，$1-e^{kx}=0$ より $e^{kx}=1$ だから $x=0$

増減表をかくと

x	……	0	……
$f'(x)$	$+$	$+$	$+$
$f''(x)$	$+$	0	$-$
y	⌣	$\dfrac{k}{2}$	⌢

上の増減表より，変曲点は $\left(0, \ \dfrac{k}{2}\right)$ である。

次に，$g(x)=f(x)-\dfrac{k}{2}$ とおくと

$$g(-x)=f(-x)-\dfrac{k}{2}=\left(k-\dfrac{k}{1+e^{-kx}}\right)-\dfrac{k}{2}$$

$$=-\dfrac{k}{\dfrac{e^{kx}+1}{e^{kx}}}+\dfrac{k}{2}=\dfrac{ke^{kx}}{e^{kx}+1}+\dfrac{k}{2}=-\left(\dfrac{ke^{kx}}{1+e^{kx}}-\dfrac{k}{2}\right)$$

$$=-\left\{f(x)-\dfrac{k}{2}\right\}=-g(x)$$

よって，$g(x)$ は奇関数であることが示された。

ここで，$g(x)$ のグラフを y 軸方向に $\dfrac{k}{2}$ だけ平行移動すると $f(x)$ のグラフと一致するので，$f(x)$ のグラフは変曲点に関して対称であることが示される。

(2)　$\displaystyle\lim_{x\to+\infty} f(x)=\lim_{x\to+\infty}\left(k-\frac{k}{1+e^{kx}}\right)=k-0=k,$

　　$\displaystyle\lim_{x\to-\infty} f(x)=\lim_{x\to-\infty}\left(k-\frac{k}{1+e^{kx}}\right)=k-k=0$だから

漸近線は，$y=k$とx軸である。

したがって，(1)よりグラフの概形は下のようになる。

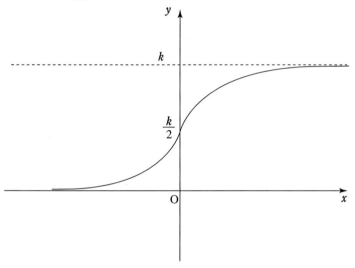

(3)　(2)のグラフより，求める体積Vは

$\displaystyle V=\pi\int_0^{\frac{1}{k}}\{f(x)\}^2dx=\pi k^2\int_0^{\frac{1}{k}}\frac{(e^{kx})^2}{(1+e^{kx})^2}dx$

ここで，$1+e^{kx}=t$とすると，

$\dfrac{dt}{dx}=ke^{kx}=k(t-1)$より，$dx=\dfrac{dt}{k(t-1)}$であり，$x:x\to\dfrac{1}{k}$のとき，$t:2$
$\to e+1$であるから，

$\displaystyle V=\pi k^2\int_2^{e+1}\frac{(t-1)^2}{t^2}\cdot\frac{1}{k(t-1)}dt=\pi k\int_2^{e+1}\frac{t-1}{t^2}dt$

$\displaystyle\quad=\pi k\int_2^{e+1}\left(\frac{1}{t}-\frac{1}{t^2}\right)dt=\pi k\int_2^{e+1}\frac{1}{t}dt-\pi k\int_2^{e+1}t^{-2}dt$

$\displaystyle\quad=\pi k\Big[\log|t|\Big]_2^{e+1}-\pi k\Big[-\frac{1}{t}\Big]_2^{e+1}=\pi k\Big[\log|t|+\frac{1}{t}\Big]_2^{e+1}$

$$= \pi k \left[\left\{ \log(e+1) + \frac{1}{e+1} \right\} - \left(\log 2 + \frac{1}{2} \right) \right]$$

$$= \pi k \left\{ \log(e+1) + \frac{1}{e+1} - \log 2 - \frac{1}{2} \right\}$$

$$= \pi k \left\{ \log \frac{e+1}{2} + \frac{1-e}{2(e+1)} \right\}$$

〈解説〉(1)　(別解)　後半の，「次に$g(x) = f(x) - \frac{k}{2}$」以降は，以下のようにしてもよい。

また，$\left(0, \frac{k}{2} \right)$に対して，$f(x)$のグラフ上の点$\left(t, \ k - \frac{k}{1+e^{kt}} \right)$に対称な点の座標は，$\left(t, \ k - \frac{k}{1+e^{kt}} \right) + 2 \times \left(\left(0, \ \frac{k}{2} \right) - \left(t, \ k - \frac{k}{1+e^{kt}} \right) \right) =$

$\left(-t, \ -k + \frac{k}{1+e^{kt}} + k \right) = \left(-t, \ \frac{k e^{k(-t)}}{e^{k(-t)}+1} \right) = (-t, \ f(-t))$となり，やはり，$f(x)$のグラフ上にあり，$f(x)$のグラフは$\left(0, \ \frac{k}{2} \right)$に関して点対称であるといえる。

2014年度　実施問題

【中高共通】

【1】次の各問いに答えなさい。

(1) 次の文は，中学校学習指導要領(平成20年3月告示)に示された数学の目標である。文中の空欄(①)～(⑤)に入る最も適切な語句を答えなさい。

> 　数学的活動を通して，数量や図形などに関する基礎的な概念や原理・法則についての(①)を深め，数学的な表現や処理の仕方を (②)し，事象を(③)に考察し表現する能力を高めるとともに数学的活動の楽しさや数学のよさを(④)し，それらを(⑤)して考えたり判断したりしようとする態度を育てる。

(2) 次の文は，高等学校学習指導要領(平成21年3月告示)に示された数学の各科目にわたる指導計画の作成と内容の取扱いの一部である。文中の空欄(①)～(⑥)に入る最も適切な語句を，後のア～ケから選び記号で答えなさい。

> 1　指導計画の作成に当たっては，次の事項に配慮するものとする。
> (1) (②),(③)を履修させる場合は,(①),(②),(③)の順に履修させることを原則とすること。
> (2) (④)については,(①)と並行してあるいは(①)を履修した後に履修させ,(⑤)については,(①)を履修した後に履修させることを原則とすること。
> (3) 各科目を履修させるに当たっては，当該科目や他の科目の内容及び理科，情報科，家庭科等の内容を踏まえ，相互の関連を図るとともに，学習内容の(⑥)に留意すること。

ア　「数学Ⅲ」　　　イ　工夫　　　　ウ　「数学Ⅱ」

エ　関連性　　　　オ　「数学Ⅰ」　　カ　「数学活用」

キ　「数学A」　　　ク　「数学B」　　ケ　系統性

(☆☆☆○○○)

【２】次の図のように，点A(0，1)と関数$y＝\dfrac{1}{2}x^2$……①のグラフがある。
①のグラフ上の2点B，Cのx座標はそれぞれ，－1，5である。

　　また，点Pは2点A，Bを通る直線上に，点Qは①のグラフ上にある。
このとき，以下の各問いに答えなさい。

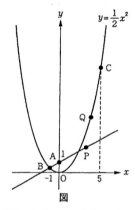

図

(1)　点P，Qのx座標がともにtであり，点Pのy座標が点Qのy座標より小
さいとき，線分PQの長さをtを用いて表しなさい。

(2)　△OBPの面積が△OABと△OACの面積の和に等しいとき，点Pの
座標として考えられるものを2つ求めなさい。

(3)　△OBQの面積が△OABと△OACの面積の和に等しいとき，点Qの
座標として考えられるものを2つ求めなさい。

(☆☆☆○○○)

【３】120リットルの水が入る水槽に3つの注水口A，B，Cがついている。
水槽が空の状態からA，B，Cを同時に開け，水を注入すると10分で満
水になる。また，水槽が空の状態からAだけを20分開けた後，Aを閉

じてBとCを同時に開けると，8分後に満水になる。このとき，以下の
各問いに答えなさい。

(1)　水槽が空の状態からAだけ開けて満水にするには何分かかるか求
めなさい。

(2)　水槽が空の状態からBだけを18分開けた後，Bを閉じてCを開ける
と，8分後に満水になる。水槽が空の状態からBだけ開けて満水にす
るには何分かかるか求めなさい。

（☆☆☆◎◎◎）

【4】次の図のように，一辺の長さが6cmの正三角形ABCがある。辺BC
上に点Pをとり，3点P，A，Bを通る円をかく。また，この円の直径を
PQとし，直線APに関して点Qと対称な点をRとする。

　　BP＝4cmのとき，以下の各問いに答えなさい。

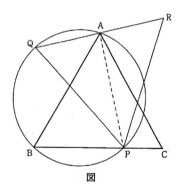

図

(1)　直径PQの長さを求めなさい。

(2)　△ABQの面積を求めなさい。

(3)　線分BRと線分CQの交点をSとするとき，△SBCの面積を求めなさ
い。

（☆☆☆◎◎◎）

【5】次の図のように，一辺の長さが$3\sqrt{2}$cmの正方形ABCDを底面とする四角錐OABCDがある。OA＝OB＝OC＝OD＝6cmとし，OB，OC，CD，ABの中点をそれぞれP，Q，R，Sとするとき，以下の各問いに答えなさい。

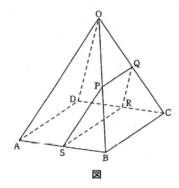

図

(1)　四角錐OABCDの体積を求めなさい。

(2)　点PからRS，BCへそれぞれ垂線を引きRS，BCとの交点をそれぞれT，Uとする。△PTUの面積を求めなさい。

(3)　立体PQBCRSの体積を求めなさい。

(☆☆☆◎◎◎)

【6】2次関数$f(x)＝x^2＋(3t－2)x＋4t$について，以下の各問いに答えなさい。但し，tは定数とする。

(1)　$t＝－2$のとき，放物線$y＝f(x)$の頂点の座標を求めなさい。

(2)　放物線$y＝f(x)$がx軸と異なる2点で交わるとき，定数tの値の範囲を求めなさい。

(3)　2次方程式$f(x)＝0$は2つの実数解α，βをもち，α，βは$0<\alpha<1<\beta$を満たしている。このとき，定数tの値の範囲を求めなさい。

(4)　(3)のとき，αとβの差が整数となるような定数tの値を求めなさい。

(☆☆☆◎◎◎)

【7】2つの曲線$C_1：y＝ax^2$，$C_2：y＝\log x$が共有点Pをもち，点Pにおいて共通の接線をもっている。このとき，以下の各問いに答えなさい。但し，aは定数とする。

(1) 定数aの値を求めなさい。また，点Pの座標を求めなさい。

(2) 2つの曲線C_1，C_2とx軸で囲まれた部分をDとするとき，Dの面積Sを求めなさい。

(3) (2)のDをy軸の周りに回転してできる立体の体積Vを求めなさい。

(☆☆☆◎◎◎)

【8】1から9までの整数が1つずつ記されたカードが9枚ある。以下の各問いに答えなさい。

(1) 9枚のカードの中から3枚のカードを同時に取り出すとき，(ア)〜(ウ)の各問いに答えなさい。

(ア) 取り出した3枚のカードの数字が連続した整数となる確率を求めなさい。

(イ) 取り出した3枚のカードを並べて3桁の整数をつくるとき，3桁の整数が偶数となる確率を求めなさい。

(ウ) 取り出した3枚のカードのうち，最も大きい整数が7となる確率を求めなさい。

(2) 9枚のカードから1枚のカードを取り出し，その数字を記録し，もとのカードの中に戻す操作をn回繰り返したとき，記録した数の積が10で割り切れる数になる確率を求めなさい。但し，$n≧2$とする。

(☆☆☆◎◎◎)

【9】△ABCの辺BC，ACの中点をそれぞれD，Eとする。辺AB上にAF：FB＝1：4となる点Fをとる。線分ADと線分CF，BEとの交点をそれぞれP，Qとし，線分BEと線分CFの交点をRとする。$\overrightarrow{AB}＝\overrightarrow{a}$，$\overrightarrow{AC}＝\overrightarrow{b}$として，以下の各問いに答えなさい。

(1) $\overrightarrow{AD}$，$\overrightarrow{AE}$，$\overrightarrow{AF}$を$\overrightarrow{a}$，$\overrightarrow{b}$を用いて表しなさい。

(2)　$\overrightarrow{\text{AP}}$ を $\vec{a}$, $\vec{b}$ を用いて表しなさい。また，AP：PQを求めなさい。

(3)　$\overrightarrow{\text{PR}}$ を $\vec{a}$, $\vec{b}$ を用いて表しなさい。

(4)　$|\vec{a}|=\sqrt{6}$, $|\vec{b}|=2$, 内積 $\vec{a}\cdot\vec{b}=1$ のとき，△PQRの面積Sを求めなさい。

(☆☆☆○○○)

解答・解説

【中高共通】

【 1 】(1)　①　理解　　②　習得　　③　数理的　　④　実感
　　　⑤　活用　　(2)　①　オ　　②　ウ　　③　ア　　④　キ　　⑤　ク
　　　⑥　ケ

〈解説〉(1)　教科の目標は全文おぼえる必要がある。空欄の用語はキーワードなので正確に書けるようにしておくこと。　(2)「各科目にわたる指導計画の作成と内容の取扱い」は本問を含めて3項目からなっている。他の2項目についても確認しておこう。

【 2 】(1)　$\dfrac{1}{2}t^2-\dfrac{1}{2}t-1$　　(2)　$\left(5,\ \dfrac{7}{2}\right)$ $\left(-7,\ -\dfrac{5}{2}\right)$

　　　(3)　$\left(3,\ \dfrac{9}{2}\right)$ $(-4,\ 8)$

〈解説〉(1)　点Qのy座標は$\dfrac{t^2}{2}$，点Pのy座標は$\dfrac{1}{2}t+1$で，点Qが点Pの上にあるので，$\text{PQ}=\dfrac{t^2}{2}-\dfrac{1}{2}t-1$

(2) x座標が正の場合，点Pのx座標は点Cのx座標と等しいので，$x=5$を$y=\frac{1}{2}x+1$に代入して，P$\left(5,\ \frac{7}{2}\right)$　　x座標が負の場合，△OBPの面積は，△OAB＋△OAC＝3と等しい。

また，△OBP＝△OAP－△OAB＝$\frac{1}{2}\times1\times(-x)-\frac{1}{2}\times1\times1$

よって，P$\left(-7,\ -\frac{5}{2}\right)$

(3) 点Qのx座標を$t(>0)$とすると，直線BQの式は，$y=\frac{(t-1)}{2}x+\frac{t}{2}$

よって，△OBQ＝$\frac{1}{2}\times\frac{t}{2}\times(t+1)=\frac{t(t+1)}{4}$

△OAB＋△OAC＝3より，$\frac{t(t+1)}{4}=3$を解けばよく，$t=3$　よって，

Q$\left(3,\ \frac{9}{2}\right)$

点Qのx座標を$t(<0)$とすると，y座標は$\frac{t^2}{2}$　　点B，Qからx軸へ垂線を下ろして，その交点をR，Sとする。△OBQ＝△OSQ－△OBR－台形

BRSQ＝$\frac{1}{2}\times(-t)\times\frac{t^2}{2}-\frac{1}{2}\times1\times\frac{1}{2}-\frac{1}{2}\times(-1-t)\times\left(\frac{1}{2}+\frac{t^2}{2}\right)$

＝$\frac{t^2}{4}+\frac{t}{4}$

これが△OAB＋△OACに等しいから，$\frac{t^2}{4}+\frac{t}{4}=3$　これを解いて，

$t=-4,\ 3$　$t<0$なのでQ$(-4,\ 8)$

【3】(1)　60分　　(2)　30分

〈解説〉(1)　A，B，C3つの注水口を使うと，10分間で満水になるので12L/分

Aを20分間使い，その後B，Cを同時に8分間使うと満水になるので，これはAを12分間使い，その後A，B，Cを同時に8分間使うのと同じなので，$(120-12\times8)\div12=2$〔L/分〕がAだけを使ったときの水の入る速さになる。よって，Aだけで満水にするには，$120\div2=60$〔分〕かかる。

(2)　(1)より，B，Cを同時に使うときの水の入る速さは，$(120-20\times2)\div8=10$〔L/分〕　Bだけ18分間使い，Cを8分間使うと満水になるのは，Bだけを10分間使い，B，Cを同時に8分間使うのと同じなので，$(120-10\times8)\div10=4$〔L/分〕がBだけを使ったときの水の入る速さになる。よって，Bだけで満水にするには，$120\div4=30$〔分〕かかる。

【4】(1)　$\dfrac{4}{3}\sqrt{21}$ cm　　(2)　$4\sqrt{3}$ cm^2　　(3)　$\dfrac{40}{9}\sqrt{3}$ cm^2

〈解説〉(1)　点Aから線分BPへ垂線を引き，線分BPとの交点をHとする。

△ABHは$1:2:\sqrt{3}$の直角三角形でBH＝3〔cm〕なので，

AH＝$3\sqrt{3}$〔cm〕

△APHにおいて，三平方の定理を用いて，AP＝$2\sqrt{7}$〔cm〕

△PQAも$1:2:\sqrt{3}$の直角三角形なので，PQ＝$\dfrac{2}{\sqrt{3}}$AP＝$\dfrac{4}{3}\sqrt{21}$〔cm〕

(2)　△ABQは底辺$\dfrac{8}{3}\sqrt{3}$ cm，高さ3cmの三角形なので，

$\dfrac{1}{2}\times\dfrac{8}{3}\sqrt{3}\times3=4\sqrt{3}$〔cm^2〕

(3)　QA：AR＝BH：HC＝$1:1$より，3つの直線QB，AH，RCは平行である。点Qから線分RCに垂線を引き，線分RCとの交点をTとおく。

QA：AR＝$1:1$なので，

RT＝$2($AH－QB$)=\dfrac{2}{3}\sqrt{3}$〔cm〕

CR＝QB＋$\dfrac{2}{3}\sqrt{3}=\dfrac{10}{3}\sqrt{3}$〔cm〕

△SBQ＝△QBC－△SBC＝$\dfrac{1}{2}\times6\times\dfrac{8}{3}\sqrt{3}$－△SBC＝$8\sqrt{3}$－△SBC

△SCR＝△RBC－△SBC＝$\dfrac{1}{2}\times6\times\dfrac{10}{3}\sqrt{3}$－△SBC＝$10\sqrt{3}$－△SBC

ここで，QB//RCより，△SBQと△SCRは相似であり，相似比は$4:5$である。

よって，△SBQと△SCRの面積比は，$16:25$

したがって，$8\sqrt{3}$－△SBC：$10\sqrt{3}$－△SBC＝$16:25$

これを解くと，△SBC＝$\dfrac{40}{9}\sqrt{3}$〔cm^2〕

【5】(1) $18\sqrt{3}$ cm³   (2) $\dfrac{9}{8}\sqrt{6}$ cm²   (3) $\dfrac{45}{8}\sqrt{3}$ cm³

〈解説〉(1) △OACは一辺6cmの正三角形なので, 四角錐OABCDの体積

は, $\dfrac{1}{3}\times(3\sqrt{2})^2\times3\sqrt{3}=18\sqrt{3}$ 〔cm³〕

(2) △PTUの高さは, 四角錐OABCDの高さの半分なので,

△PTU$=\dfrac{1}{2}\times\dfrac{3}{2}\sqrt{2}\times\dfrac{3}{2}\sqrt{3}=\dfrac{9}{8}\sqrt{6}$ 〔cm²〕

(3) 立体PQBCRSの体積は, △PTUを底面とする高さPQの三角柱の体

積と四角形SBUTを底面とする高さ $\dfrac{3}{2}\sqrt{3}$ の四角錐2個の体積の和なの

で,

$\dfrac{9}{8}\sqrt{6}\times\dfrac{3}{2}\sqrt{2}+\left(\dfrac{3}{2}\sqrt{2}\right)^2\times\dfrac{3}{2}\sqrt{3}\times\dfrac{1}{3}=\dfrac{45}{8}\sqrt{3}$ 〔cm³〕

【6】(1) $t=-2$ より

$f(x)=x^2-8x-8=(x-4)^2-24$

よって, 求める頂点の座標は$(4, -24)$ …[答]

(2) $f(x)=0$の判別式をDとすると, $D>0$となればよい。

よって, $D=(3t-2)^2-16t=9t^2-28t+4>0$

$9t^2-28t+4=0$より$t=\dfrac{14\pm\sqrt{196-36}}{9}=\dfrac{14\pm4\sqrt{10}}{9}$ だから

求めるtの値の範囲は

$t<\dfrac{14-4\sqrt{10}}{9}$, $t>\dfrac{14+4\sqrt{10}}{9}$ …[答]

(3) 題意を満たすためには, $y=f(x)$のグラフは下に凸のグラフだから,

次の図のようになればよい。

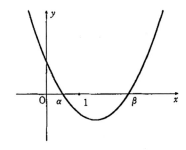

よって，

$f(0)>0$かつ$f(1)<0$

$\therefore$　$4t>0$かつ$7t-1<0$

$\therefore$　$t>0$かつ$t<\dfrac{1}{7}$

ゆえに，求めるtの値の範囲は，

$0<t<\dfrac{1}{7}$　…[答]

(4)　$f(x)=0$において，解と係数の関係より，

$\alpha+\beta=2-3t$　…①　$\alpha\beta=4t$　…②

$(\beta-\alpha)^2=(\alpha+\beta)^2-4\alpha\beta$だから，①，②より，

$(\beta-\alpha)^2=9t^2-28t+4$

$g(t)=9t^2-28t+4$とおくと，

$g(t)=9\left(t-\dfrac{14}{9}\right)^2-\dfrac{160}{9}$

(3)より，

$\dfrac{9}{49}<g(t)<4$

よって，$\dfrac{9}{49}<(\beta-\alpha)^2<4$

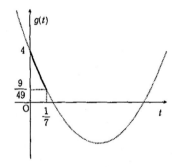

ここで，$\beta-\alpha$は整数だから，

$(\beta-\alpha)^2=g(t)$も整数の平方数となる。ゆえに$g(t)=1$のときである。

よって，$9t^2-28t+4=1$　　$\therefore$　$9t^2-28t+3=0$

$\therefore$　$t=\dfrac{14\pm\sqrt{196-27}}{9}=\dfrac{14\pm13}{9}=\dfrac{1}{9}$，$3$

(3)より，求めるtの値は，$t = \dfrac{1}{9}$

逆に$t = \dfrac{1}{9}$は題意を満たす。

したがって，求めるtの値は，$t = \dfrac{1}{9}$　…[答]

〈解説〉(2)　$f(X) = 0$の判別式をDとすると，$D > 0$となるtの値の範囲を求めればよい。

(3)　$\alpha > 0$より，$f(0) > 0$　…①　また，$\alpha < 1 < \beta$なので，

$f(1) < 0$　…②

①，②の条件からtの値の範囲を求めればよい。

(4)　$f(X) = 0$において，解と係数の関係から，$\alpha + \beta$，$\alpha\beta$を，tを用いた式で表わすことができる。これを用いて，

$(\beta - \alpha)^2$を$\alpha + \beta$，$\alpha\beta$を用いた式に変形し，tを用いた式で表わす。あとは，(3)で求めたtの範囲に注意しながら，tの値を求めればよい。

【7】(1)　C_1，C_2より，$y' = 2ax$，$y' = \dfrac{1}{x}$

ここで点Pのx座標を$x = t(>0)$とすると，題意より，

$$\begin{cases} at^2 = \log t \\ 2at = \dfrac{1}{t} \end{cases}$$

$$\therefore \begin{cases} at^2 = \log t \\ at^2 = \dfrac{1}{2} \end{cases}$$

$\therefore \ \log t = \dfrac{1}{2}$　$\therefore \ t = e^{\frac{1}{2}} = \sqrt{e}$

これは$t > 0$を満たすので，$ae = \dfrac{1}{2}$

よって，$a = \dfrac{1}{2}e$　…[答]

したがって，求める点Pの座標は$\left(\sqrt{e}, \ \dfrac{1}{2} \right)$　…[答]

(2)　次の図の斜線部分がDである。

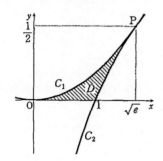

よって,

$$S= \int_0^{\sqrt{e}} \frac{1}{2e}x^2dx - \int_0^{\sqrt{e}} \log x\,dx$$

$$= \frac{1}{6e}[x^3]_0^{\sqrt{e}} - \int_1^{\sqrt{e}} (x)'\log x\,dx$$

$$= \frac{\sqrt{e}}{6} - [x\log x]_1^{\sqrt{e}} + \int_1^{\sqrt{e}} dx$$

$$= \frac{\sqrt{e}}{6} - \frac{\sqrt{e}}{2} + [x]_1^{\sqrt{e}}$$

$$= -\frac{\sqrt{e}}{3} + \sqrt{e} - 1$$

$$= \frac{2}{3}\sqrt{e} - 1 \quad \cdots[答]$$

(3)　C_1,　C_2より$x^2 = 2e^y$,　$x = e^y$

よって,

$$V= \pi\int_1^{\frac{1}{2}} e^{2y}dy - \pi\int_1^{\frac{1}{2}} 2ey\,dy = \pi\int_0^{\frac{1}{2}} (e^{2y} - 2ey)dy$$

$$= \pi\left[\frac{1}{2}e^{2y} - ey^2\right]_0^{\frac{1}{2}}$$

$$= \pi\left(\frac{1}{2}e - \frac{1}{4}e\right) - \frac{\pi}{2}$$

$$= \frac{e}{4}\pi - \frac{\pi}{2}$$

$$= \frac{1}{4}(e-2)\pi \quad \cdots[答]$$

〈解説〉解答参照。

【8】(1) (ア) 9枚のカードから3枚のカードを取り出す方法は,

$$_9C_3 = \frac{9 \cdot 8 \cdot 7}{3 \cdot 2 \cdot 1} = 84 \,〔通り〕$$

題意を満たすのは, (1, 2, 3), (2, 3, 4), (3, 4, 5), (4, 5, 6),

(5, 6, 7), (6, 7, 8), (7, 8, 9)の7通りだから, 求める確率は,

$\frac{1}{12}$ …[答]

(イ) 3桁の整数は全部で, $_9P_3 = 9 \cdot 8 \cdot 7 = 504 \,〔通り〕$

偶数となるためには, 一の位が偶数であればよいから,

$_4P_1 \times _8P_2 = 4 \times 8 \cdot 7 = 224 \,〔通り〕$

よって, 求める確率は, $\frac{4}{9}$ …[答]

(ウ) 7のカードと1から6のカードから2枚を取り出せばよいから,

その方法は,

$$1 \times _6C_2 = \frac{6 \cdot 5}{2 \cdot 1} = 15 \,〔通り〕$$

よって, 求める確率は,

$\frac{5}{28}$ …[答]

(2) 題意を満たす事象の余事象は「取り出したカードの整数の積が10で割り切れない」である。

よって,

⇔「2で割り切れない」または「5で割り切れない」

⇔「n回とも1, 3, 5, 7, 9」または「n回とも5以外」

したがって, 求める確率は,

$$1 - \left(\frac{5}{9}\right)^n - \left(\frac{8}{9}\right)^n + \left(\frac{4}{9}\right)^n \,…[答]$$

〈解説〉(2) 数の積が10で割り切れる数になる確率を求めるには, 余事象である数の積が10で割り切れない数になるという事象の確率を考えればよい。数の積が10で割り切れない数になるとは, 2で割り切れない, または5で割り切れない数になることと同値である。言いかえると, n回とも1, 3, 5, 7, 9を取り出す, またはn回とも5以外を取り出す確率である。まとめると, 求める確率は,

1−(n回とも1, 3, 5, 7, 9を取り出す確率)−(n回とも5以外を取り出

す確率)＋(n回とも1，3，7，9を取り出す確率)

※2度同じものを引いたので1回たしなおす

【9】(1)

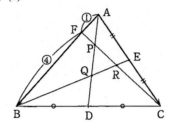

題意より，

$\overrightarrow{\mathrm{AD}} = \dfrac{1}{2}\overrightarrow{\mathrm{AB}} + \dfrac{1}{2}\overrightarrow{\mathrm{AC}}$

$= \dfrac{1}{2}\vec{a} + \dfrac{1}{2}\vec{b}$　…[答]

$\overrightarrow{\mathrm{AE}} = \dfrac{1}{2}\overrightarrow{\mathrm{AC}}$

$= \dfrac{1}{2}\vec{b}$　…[答]

$\overrightarrow{\mathrm{AF}} = \dfrac{1}{5}\overrightarrow{\mathrm{AB}} = \dfrac{1}{5}\vec{a}$　…[答]

(2)　3点A，P，Dは同一直線上にあるから，　$\overrightarrow{\mathrm{AP}} = k\overrightarrow{\mathrm{AD}}$

$\overrightarrow{\mathrm{AP}} = \dfrac{1}{2}k\vec{a} + \dfrac{1}{2}k\vec{b}$ (∵　(1)より)　…①

また，CP：PF＝s：$(1-s)$とすると，

$\overrightarrow{\mathrm{AP}} = s\overrightarrow{\mathrm{AF}} + (1-s)\overrightarrow{\mathrm{AC}}$

$= \dfrac{1}{5}s\vec{a} + (1-s)\vec{b}$ (∵　(1)より)　…②

ここで，$\vec{a} \neq \vec{0}$，$\vec{b} \neq \vec{0}$，$\vec{a} \nparallel \vec{b}$ だから①，②より，

$\begin{cases} \dfrac{1}{2}k = \dfrac{1}{5}s \\ \dfrac{1}{2}k = 1-s \end{cases}$

$\therefore \quad \dfrac{1}{5}s=1-s \quad \therefore \quad \dfrac{6}{5}s=1 \quad \therefore \quad s=\dfrac{5}{6}$

よって, $k=\dfrac{1}{3}$

したがって, ①より,

$\overrightarrow{\text{AP}} = \dfrac{1}{6}\vec{a} + \dfrac{1}{6}\vec{b} \quad \cdots[答]$

次に, 点Qは△ABCの重心だから,

$\overrightarrow{\text{AQ}} = \dfrac{\overrightarrow{\text{AB}}+\overrightarrow{\text{AC}}}{3} = \dfrac{1}{3}\vec{a} + \dfrac{1}{3}\vec{b} = 2\left(\dfrac{1}{6}\vec{a} + \dfrac{1}{6}\vec{b}\right) = 2\overrightarrow{\text{AP}}$ だから,

AP：PQ＝1：1 $\cdots[答]$

(3) BR：RE＝t：$(1-t)$, CR：RF＝u：$(1-u)$とすると,

$\overrightarrow{\text{AR}} = (1-t)\overrightarrow{\text{AB}} + t\overrightarrow{\text{AE}} = (1-t)\vec{a} + \dfrac{1}{2}t\vec{b} \quad \cdots③$

$\overrightarrow{\text{AR}} = u\overrightarrow{\text{AF}} + (1-u)\overrightarrow{\text{AC}} = \dfrac{1}{5}u\vec{a} + (1-u)\vec{b} \quad \cdots④$

ここで, $\vec{a} \neq \vec{0}$, $\vec{b} \neq \vec{0}$, $\vec{a} \nparallel \vec{b}$ だから, ③, ④より,

$\begin{cases} 1-t=\dfrac{1}{5}u \\ \dfrac{1}{2}t=1-u \end{cases}$

$\therefore \quad \begin{cases} u=5-5t \\ u=1-\dfrac{1}{2}t \end{cases}$

$\therefore \quad \dfrac{9}{2}t=4 \quad \therefore \quad t=\dfrac{8}{9}$

よって, $u=\dfrac{5}{9}$

ゆえに, ③より, $\overrightarrow{\text{AR}} = \dfrac{1}{9}\vec{a} + \dfrac{4}{9}\vec{b}$

したがって,

$\overrightarrow{\text{PR}} = \overrightarrow{\text{AR}} - \overrightarrow{\text{AP}} = \left(\dfrac{1}{9}\vec{a} + \dfrac{4}{9}\vec{b}\right) - \left(\dfrac{1}{6}\vec{a} + \dfrac{1}{6}\vec{b}\right) \quad (\because \ (2)より)$

$= -\dfrac{1}{18}\vec{a} + \dfrac{5}{18}\vec{b} \quad \cdots[答]$

(4)　$\overrightarrow{PQ} = \overrightarrow{AQ} - \overrightarrow{AP} = \dfrac{1}{6}\vec{a} + \dfrac{1}{6}\vec{b}$ だから，

$|\overrightarrow{PQ}|^2 = |\dfrac{1}{6}\vec{a} + \dfrac{1}{6}\vec{b}|^2 = \dfrac{1}{36}|\vec{a}|^2 + \dfrac{1}{18}\vec{a}\cdot\vec{b} + \dfrac{1}{36}|\vec{b}|^2$

$= \dfrac{1}{6} + \dfrac{1}{18} + \dfrac{1}{9} = \dfrac{1}{3}$

また，(3)より，

$|\overrightarrow{PR}|^2 = |-\dfrac{1}{18}\vec{a} + \dfrac{5}{18}\vec{b}|^2 = \dfrac{1}{324}|\vec{a}|^2 - \dfrac{5}{162}\vec{a}\cdot\vec{b} + \dfrac{25}{324}|\vec{b}|^2$

$= \dfrac{1}{54} - \dfrac{5}{162} + \dfrac{25}{81} = \dfrac{8}{27}$

次に，

$\overrightarrow{PQ}\cdot\overrightarrow{PR} = \left(\dfrac{1}{6}\vec{a} + \dfrac{1}{6}\vec{b}\right)\cdot\left(-\dfrac{1}{18}\vec{a} + \dfrac{5}{18}\vec{b}\right)$

$= -\dfrac{1}{108}|\vec{a}|^2 + \dfrac{1}{27}\vec{a}\cdot\vec{b} + \dfrac{5}{108}|\vec{b}|^2$

$= -\dfrac{1}{18} + \dfrac{1}{27} + \dfrac{5}{27} = \dfrac{1}{6}$

よって，

$S = \dfrac{1}{2}\sqrt{|\overrightarrow{PQ}|^2|\overrightarrow{PR}|^2 - (\overrightarrow{PQ}\cdot\overrightarrow{PR})^2} = \dfrac{1}{2}\sqrt{\dfrac{1}{3}\cdot\dfrac{8}{27}\cdot - \left(\dfrac{1}{6}\right)^2}$

$= \dfrac{1}{2}\sqrt{\dfrac{1}{9}\left(\dfrac{8}{9} - \dfrac{1}{4}\right)} = \dfrac{1}{6}\sqrt{\dfrac{23}{36}} = \sqrt{\dfrac{23}{36}}$　…[答]

〈解説〉解答参照。

2013年度　実施問題

【中高共通】

【1】関数 $f(x)=x^2-2tx-t^2+4t+2$ (tは実数)について，次の各問いに答えなさい。

(1) 放物線 $y=f(x)$ の頂点の座標を，tを用いて表しなさい。

(2) tが変化するとき，放物線 $y=f(x)$ の頂点のy座標の最大値と，そのときのtの値を求めなさい。

(3) 放物線 $y=f(x)$ のグラフがx軸に接するとき，tの値を求めなさい。

(4) 二次方程式 $f(x)=0$ が正の重解をもつとき，放物線 $y=f(x)$ とx軸およびy軸で囲まれた領域の面積を求めなさい。

(☆☆☆◎◎◎)

【2】1から12までの自然数が1つずつ書かれた12枚のカードが，袋の中に入っている。袋の中から同時に2枚のカードを取り出すとき，カードに書かれた数字のうち小さい数字をa，大きい数字をbとおき，次の規則1，2により得点を定める。このとき，次の各問いに答えなさい。

> 規則1　aがbの約数ならば得点は $\dfrac{b}{a}$ 点。
>
> 規則2　aがbの約数でないならば，得点は0点。

(1) 空欄(ア)～(ウ)に入る最も適切な数値を答えなさい。
　　カードの取り出し方は全部で[(ア)]通りである。また，得点の最大値は[(イ)]点で，得点が最大となる確率は[(ウ)]である。

(2) 得点が0点となる確率を求めなさい。

(3) 得点の期待値を求めなさい。

(☆☆☆◎◎◎)

【中学校】

【1】中学校学習指導要領解説数学編(平成20年9月)に関する，次の各問いに答えなさい。

(1) 平成20年1月の中央教育審議会答申の中で，中学校数学科の改善の具体的事項については，次のように示されている。

（ ① ）〜（ ⑥ ）に入る最も適切な語句を答えなさい。

> ‥‥(略)
>
> (ア) 領域構成については，現行の「（ ① ）」，「図形」，「（ ② ）」の3領域から，確率・統計に関する領域「（ ③ ）」を新設するとともに，「（ ② ）」を「（ ④ ）」と改め，「（ ① ）」，「図形」，「（ ④ ）」，「（ ③ ）」の4領域とする。
>
> (イ) 生徒のつまずきに対応し，時間をかけてきめ細かな指導ができるようにする。
>
> また，新たな内容を学習する際に，一度学習した内容を再度学習できるようにするなど(⑤)の機会を設定することを重視する。
>
> (ウ) （ ⑥ ）を今後も一層重視していくため，各学年の内容において，（ ⑥ ）についての記述を位置付けるようにする。その際，小学校と中学校との接続に配慮する。
>
> ‥‥(略)

(2) 次の①〜⑱は，今回の改訂で移行した中学校数学科の内容である。また，【分類】A〜Eは，どのように移行したかを示したものである。

（ ア ）〜（ ケ ）にあてはまる分類をA〜Eから1つずつ選び，記号で答えなさい。

【第1学年】	【分　類】
①　数の集合と四則計算の可能性	A
②　大小関係を不等式を用いて表すこと	A
③　簡単な比例式を解くこと	（　ア　）
④　平行移動、対称移動及び回転移動	（　イ　）
⑤　投影図	C
⑥　球の表面積と体積	A
⑦　関数関係の意味	（　ウ　）
⑧　資料の散らばりと代表値	（　エ　）
⑨　図形の対称性（線対称、点対称）	D
⑩　角柱や円柱の体積	（　オ　）
【第2学年】	
⑪　円周角と中心角の関係	（　カ　）
⑫　起こり得る場合を順序よく整理すること	（　キ　）
【第3学年】	
⑬　有理数と無理数	A
⑭　二次方程式の解の公式	A
⑮　相似な図形の面積比と体積比	A
⑯　円周角と中心角の関係	（　ク　）
⑰　いろいろな事象と関数	A
⑱　標本調査	（　ケ　）

【分類】

A：高等学校から中学校に移行する内容

B：中学校の学年間で移行する内容

C：中学校で新規に指導する内容

D：中学校から小学校へ移行する内容

E：一部は中学校の学年間で移行する内容で，一部は高等学校から
　　中学校に移行する内容

(☆☆☆◎◎◎)

【2】中学校第3学年で扱う単元「二次方程式」の最後の授業で，二次方程
式$x^2+2x-3=0$の解き方を3通りの方法で黒板に整理し生徒に示した
い。どんな解き方が考えられるか，3通りの解き方の方法を言葉と式

で丁寧に説明しなさい。(授業中の板書をイメージし，わかりやすく丁寧に記述しなさい。)

(☆☆☆◎◎◎)

【3】ある授業で，次のような問題が出題された。

> ある学校で，全生徒を長いすに座らせたい。1脚に4人ずつ座らせると，60人の生徒が座れなくなり，1脚に6人ずつ座らせると，24人分の生徒が空席になります。どのように座れば，全ての長いすを使って全員が座れるでしょうか。

この問題を，太郎君はノートに次のような式を記述していた。

$$\frac{x-60}{4}=\frac{x+24}{6}$$

太郎君は，どのように考えて方程式を立てたと見とることができるか簡潔に説明しなさい。

(☆☆☆◎◎◎)

【4】次の図のように線分ABがある。∠ABP＝105°，AB＝BPとなる点Pを作図しなさい。

(ただし，点Pは線分ABより上側にあるものとし，作図に使用できる道具はコンパスと定規のみとする。なお，作図に用いた線は消さないこと。)

A　　　　　　　　　　　B

(☆☆☆◎◎◎)

【5】濃度10％の食塩水200gが入った容器がある。この容器から，ある重さの食塩水を取り出し，かわりに同じ重さの水を加えて200gとし，よくかき混ぜる。このような操作を2回繰り返す。ただし，2回目に取り出す食塩水の重さは，1回目に取り出す食塩水の重さの2倍とする。こ

のとき，次の各問いに答えなさい。

　なお，食塩水の濃度は，「(食塩の重さ÷食塩水全体の重さ)×100」で求めるものとする。

(1)　1回目に取り出す食塩水の重さが20gであるとき，次の食塩水の濃度を求めなさい。

　(ア)　1回目の操作が終わったときの食塩水の濃度

　(イ)　2回目の操作が終わったときの食塩水の濃度

(2)　1回目の操作が終わったときの食塩水の濃度が，もとの $\frac{3}{4}$ になった。このとき，2回目の操作後の食塩水に含まれる食塩の量を求めなさい。

(3)　2回目の操作が終わったときの食塩水の濃度が1.95％になった。このとき，1回目に取り出した食塩水の重さを求めなさい。

(☆☆☆◎◎◎)

【6】次の図において，点A，B，C，D，Eは円Oの円周上にあり，線分CEは直径である。点HはADとBEの交点で，AD⊥BEである。また，AE＝3，DH＝4，AH＝$\sqrt{5}$ である。

　このとき，下の各問いに答えなさい。

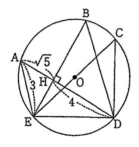

(1)　図の中で，△AEHと相似な三角形をすべて求めなさい。

(2)　線分BHの長さを求めなさい。

(3)　円Oの半径を求めなさい。

(☆☆☆◎◎◎)

【7】次の図のような直方体ABCD-EFGHがある。

AEの中点をMとし，直線AGと直線CMとの交点をIとする。

このとき，下の各問いに答えなさい。

図

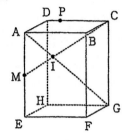

(1)　△AMIの面積と△GCIの面積の比を最も簡単な整数の比で表しなさい。

(2)　CD上にCP：PD＝4：1となる点Pをとり，直線PIと面AEFBとの交点をQとする。このとき，PI：IQを最も簡単な整数の比で表しなさい。

(☆☆☆◎◎◎)

【高等学校】

【1】高等学校学習指導要領(平成21年3月告示)においては，数学の各科目の指導に当たって，次の事項に配慮するものとされている。(ア)〜(オ)に入る最も適切な語句を(a)〜(j)から選び記号で答えなさい。

> (1)　自ら[(ア)]を見いだし，解決するための構想を立て，考察・処理し，その過程を振り返って得られた結果の[(イ)]を考えたり，それを発展させたりすること。
>
> (2)　学習した内容を生活と関連付け，[(ウ)]な事象の考察に活用すること。
>
> (3)　自らの考えを数学的に[(エ)]し根拠を明らかにして説明したり，[(オ)]したりすること。

(a) 証明	(b) 命題	(c) 課題	(d) 法則性
(e) 具体的	(f) 表現	(g) 意義	(h) 検証
(i) 議論	(j) 抽象的		

(☆☆☆◎◎◎)

【2】 $OA=OB=1$, $OC=2$, $\angle AOB=\angle COA=\dfrac{\pi}{2}$, $\angle BOC=\dfrac{\pi}{3}$ である四面体OABCについて，線分AB，CA，CO，OBを $t:(1-t)(0<t<1)$ に内分する点をそれぞれP，Q，R，Sとする。$\overrightarrow{OA}=\vec{a}$, $\overrightarrow{OB}=\vec{b}$, $\overrightarrow{OC}=\vec{c}$ として，次の各問いに答えなさい。

(1) 内積 $\vec{a}\cdot\vec{b}$, $\vec{b}\cdot\vec{c}$, $\vec{c}\cdot\vec{a}$ をそれぞれ求めなさい。

(2) 4点P，Q，R，Sは同一平面上にあることを示しなさい。

(3) 内積 $\overrightarrow{SP}\cdot\overrightarrow{SR}$ を求めなさい。

(4) 四角形PQRSの面積 $f(t)$ を，t を用いて表しなさい。また，$f(t)$ の取り得る値の範囲を求めなさい。

(☆☆☆◎◎◎)

【3】 数列 $\{a_n\}$ は，$2^{\frac{1}{n}}=1+a_n(n=1, 2, 3, \cdots\cdots)$ を満たす。このとき，次の各問いに答えなさい。ただし，$\log 2$ は2の自然対数であり，$\log 2=0.6931$ とする。

(1) a_1, a_2 を求めなさい。

(2) $n>1$ のとき，$a_n<\dfrac{1}{n}$ が残り立つことを，二項定理を用いて示しなさい。

(3) すべての n について，$a_n>\dfrac{\log 2}{n}$ が成り立つことを示しなさい。

(4) $2^{\frac{1}{345}}$ の値の小数部分は，小数第何位に初めて0でない数字が現れるか求めなさい。また，その数字を求めなさい。

(☆☆☆◎◎◎)

【4】 $0 \leqq t \leqq \dfrac{\pi}{2}$ とする。曲線 $y = \sin x (0 \leqq x \leqq \pi)$ 上の2点 $\mathrm{P}(t, \ \sin t)$, $\mathrm{Q}\left(t + \dfrac{\pi}{2}, \ \sin\left(t + \dfrac{\pi}{2}\right)\right)$ と，点 $\mathrm{A}\left(\dfrac{\pi}{2}, \ 0\right)$ について，次の各問いに答えなさい。

(1) t が変化するとき，内積 $\overrightarrow{\mathrm{AP}} \cdot \overrightarrow{\mathrm{AQ}}$ の最小値を求めなさい。

(2) $0 \leqq t \leqq \dfrac{\pi}{2}$ において，△APQは鋭角三角形にならないことを証明しなさい。

(☆☆☆◎◎◎)

解答・解説

【中高共通】

【1】(1)　$(t, \ -2t^2 + 4t + 2)$　　(2)　$t = 1$ のとき最大値4

(3)　$t = 1 \pm \sqrt{2}$　　(4)　$\dfrac{1}{3}(1 + \sqrt{2})^3$

〈解説〉(1)　$f(x) = (x - t)^2 - 2t^2 + 4t + 2$ より，頂点は，$(t, \ -2t^2 + 4t + 2)$

(2)　$-2t^2 + 4t + 2 = -2(t - 1)^2 + 4$

t はすべての実数を動くので，最大値は，$t = 1$ のとき4

(3)　放物線 $y = f(x)$ の頂点が x 軸に接するとき，

$-2t^2 + 4t + 2 = 0$　より

$t^2 - 2t - 1 = 0$

$t = 1 \pm \sqrt{2}$

(4)　(3)より，$f(x) = 0$ が正の重解をもつのは，$t = 1 + \sqrt{2}$ のときで，その重解は，$x = 1 + \sqrt{2}$

求めるのは次の図の斜線部分の面積。

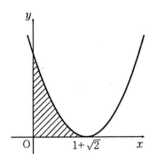

よって，

$$\int_0^{1+\sqrt{2}} \{x-(1+\sqrt{2})\}^2 dx = \left[\frac{1}{3}\{x-(1+\sqrt{2})\}^3\right]_0^{1+\sqrt{2}}$$

$$=\frac{1}{3}(1+\sqrt{2})^3$$

$$=\frac{1}{3}(7+5\sqrt{2})$$

【2】(1) (ア) 66　(イ) 12　(ウ) $\frac{1}{66}$　(2) $\frac{43}{66}$　(3) $\frac{115}{66}$

〈解説〉(1) (ア) $_{12}C_2 = \frac{12 \cdot 11}{2} = 66$[通り]

(イ) 得点の最大値は，1と12のカードを取り出したときで，12

(ウ) 12点となるのは，(1, 12)のときだけなので，$\frac{1}{66}$

(2) 得点が0でないカードの取り出し方は，

2点…(1, 2), (2, 4), (3, 6), (4, 8), (5, 10), (6, 12)

3点…(1, 3), (2, 6), (3, 9), (4, 12)

4点…(1, 4), (2, 8), (3, 12)

5点…(1, 5), (2, 10)

6点…(1, 6), (2, 12)

7点…(1, 7)

8点…(1, 8)

9点…(1, 9)

10点…(1, 10)

11点…(1, 11)

12点…(1, 12)

以上の23通り。

よって，得点が0点となる確率は，$1-\dfrac{23}{66}=\dfrac{43}{66}$

(3)　(2)より求める期待値は，

$0\times\dfrac{43}{66}+2\times\dfrac{6}{66}+3\times\dfrac{4}{66}+4\times\dfrac{3}{66}+5\times\dfrac{2}{66}+6\times\dfrac{2}{66}+7\times\dfrac{1}{66}+8\times\dfrac{1}{66}+$

$9\times\dfrac{1}{66}+10\times\dfrac{1}{66}+11\times\dfrac{1}{66}+12\times\dfrac{1}{66}=\dfrac{115}{66}$

【中学校】

【1】(1)　①　数と式　　②　数量関係　　③　資料の活用　　④　関数
⑤　学び直し　　⑥　数学的活動　　(2)　ア　C　　イ　C　　ウ　B
エ　A　　オ　D　　カ　B　　キ　D　　ク　E　　ケ　A

〈解説〉(1)　本問では(ア)〜(ウ)の3項目が出題されているが，実際には
(エ)「数と式」，(オ)「図形」，(カ)「関数」，(キ)「資料の活用」の領域
の具体的事項を含めた7項目にわたっているので，再確認しておこう。
(2)　小学校に移行する内容は3項目であり，中学校で新規に指導する
内容と高等学校から移行する内容は，一部を含めて15項目におよんで
いる。この機会に，小学校・中学校・高等学校で学習する算数・数学
の内容を整理して全体を把握するとよいだろう。

【2】《因数分解を使う方法》

$x^2+2x-3=0$

$(x+3)(x-1)=0$

$x=1,\ -3$

《解の公式を使う方法》

$x^2+2x-3=0$

であるから，$a=1$，$b=2$，$c=-3$として，解の公式を適用できる。

$x=\dfrac{-2\pm\sqrt{2^2-4\times1\times(-3)}}{2\times1}=\dfrac{-2\pm\sqrt{16}}{2}$

よって，

$x=1,\ -3$

《$(X+m)^2＝n$の形にする方法》

$x^2＋2x－3＝0$

$x^2＋2x＝3$

$x^2＋2x＋1＝3＋1$

$(x＋1)^2＝4$

$x＋1＝±2$

よって，

$x＝1，－3$

〈解説〉解答参照。

【3】生徒の数をxとおき，いずの数について方程式をつくっている。

〈解説〉問題で与えられた式は，両辺ともいすの数を表している。左辺は，全生徒から60人を除けば，4人ずつ座っていすを使い切れることを表し，右辺は，全生徒があと24人多ければ，6人ずつ座っていすを使い切れることを表す。なお，いすの数をxとおいて，別の方程式をたてて問題を解くことも可能である。

【4】

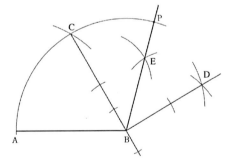

〈解説〉105°＝60°＋45°と考える。

① 点A，点Bを中心として半径ABの円をそれぞれ描き，その交点Cと点Bを結ぶ。(∠CBA＝60°)

② 点Bを通り，直線BCと垂直になる線を引く。点Bを中心として任

意の半径の円を描き，直線BCとの2つの交点を中心として，同じ半径の円をそれぞれ描き，その交点Dと点Bを結ぶ。(∠CBD＝90°)

③　∠CBDの二等分線を引く。点Bを中心として任意の半径の円を描き，線分BC，BDとの交点を中心として，同じ半径の円をそれぞれ描き，その交点Eと点Bを結ぶ。(∠ABE＝105°)

④　AB＝BPとなるように直線BE上に点Pをとる。

【5】(1)　(ア)　9%　　(イ)　7.2%　　(2)　7.5g　　(3)　70g

〈解説〉(1)　(ア)　10%の食塩水20gに含まれる食塩の量は，$20 \times \frac{10}{100} = 2[g]$

よって，1回目の操作が終わった後の食塩水の食塩の量は，18g

$\frac{18}{200} \times 100 = 9[\%]$

(イ)　9%の食塩水40gに含まれる食塩の量は，$40 \times \frac{9}{100} = 3.6[g]$

よって，2回目の操作が終わった後の食塩水の食塩の量は，

$18 - 3.6 = 14.4[g]$

よって，求める食塩水の濃度は，

$\frac{14.4}{200} \times 100 = 7.2[\%]$

(2)　1回目の操作が終わって食塩水の濃度がもとの$\frac{3}{4}$になったので，1回目に取り出した食塩水の重さは全体の$\frac{1}{4}$

すなわち，$200 \times \frac{1}{4} = 50[g]$であり，1回目の操作が終わった後の食塩量は，$20 \times \frac{3}{4} = 15[g]$

2回目は100g取り出すので，2回目の操作が終わった後の食塩量は，

$15 \times \frac{1}{2} = 7.5[g]$

(3)　1回目に取り出す量をxgとすると，2回目に取り出す量は2xg

1回目操作後の食塩量は，$20 \times \frac{200-x}{200}[g]$

2回目操作後の食塩量は，$\left(20 \times \frac{200-x}{200}\right) \times \frac{200-2x}{200}[g]$

1.95%の食塩水200gに含まれる食塩の量は，$200 \times \frac{1.95}{100} = 3.9[g]$

なので，

$$20 \times \frac{200-x}{200} \times \frac{200-2x}{200} = 3.9$$

$$x^2 - 300x + 16100 = 0$$

$$(x-230)(x-70) = 0$$

$0 < x < 200$ より，$x = 70$[g]

【6】(1) △BDH，△CED　　(2) $2\sqrt{5}$　　(3) $\dfrac{3\sqrt{5}}{2}$

〈解説〉(1) (i) △AEHと△BDHについて，

対頂角は等しいので，∠AHE＝∠BHD　…①

共通の弧に対する円周角は等しいので，∠AEH＝∠BDH　…②

①，②より，2組の角がそれぞれ等しいので，

△AEH∽△BDH

(ii) △AEHと△CEDについて，

共通の弧に対する円周角は等しいので，∠EAH＝∠ECD　…③

①より，∠AHE＝∠BHD＝90°

また，∠CDEは直径に対する円周角なので，∠CDE＝90°

∴　∠AHE＝∠CDE　…④

③，④より，2組の角がそれぞれ等しいので，

△AEH∽△CED

(2) $EH = \sqrt{3^2 - (\sqrt{5})^2} = 2$

△AEH∽△BDHより，

AH：BH＝EH：DH

$\sqrt{5}$ ：BH＝2：4

$2BH = 4\sqrt{5}$

$BH = 2\sqrt{5}$

(3) EH＝2，HD＝4，∠EHD＝90°から，$ED = 2\sqrt{5}$

さらに，△AEH∽△CEDから，

EA：EC＝EH：ED

であることがわかり，

3：EC＝2：$2\sqrt{5}$

EC＝$3\sqrt{5}$

ECは円Oの直径であるから，半径は，$\dfrac{3\sqrt{5}}{2}$

【7】(1)　1：4　　(2)　2：1

〈解説〉(1)　△AMIと△GCIについて，

対頂角は等しいので，∠AIM＝∠GIC

AM//CGより，錯角は等しいので，∠AMI＝∠GCI

2組の角がそれぞれ等しいので，△AMI∽△GCI

その相似比は，1：2より，

△AMIと△GCIの面積比は，$1^2：2^2＝1：4$

(2)　点Iから面ABCDに下ろした垂線の足をJとする。

△ACM∽△JCIより，

AC：JC＝CM：CI＝3：2

よって，AJ：JC＝1：2

また，直線PJとABの交点をKとすると，

△PCJ∽△KAJより，

PJ：KJ＝CJ：AJ＝2：1

△PIJ∽△PQKより，

PI：PQ＝PJ：PK＝2：3

PI：IQ＝2：1

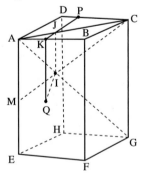

【高等学校】

【1】（ア）c　（イ）g　（ウ）e　（エ）f　（オ）i

〈解説〉高等学校学習指導要領「数学」の最後の記述である。学習指導要領は，はじめから最後まで，しっかり読みきり理解することが大切である。同時に『高等学校学習指導要領解説　数学編』もあわせて理解するようにしよう。『高等学校学習指導要領解説　数学編』では，3つの事項は「従前の高等学校数学科の数学的活動で重視していたことや，今回の改訂における中学校の数学的活動を踏まえたもので，(1)は問題の解決に関すること，(2)は学習した内容を日常生活や社会生活などにおける問題の解決に活用すること，(3)は言語活動の充実に直接かかわることことを述べている」と解説している。

【2】(1)　$\vec{a} \cdot \vec{b} = 0$　$\vec{b} \cdot \vec{c} = 1$　$\vec{c} \cdot \vec{a} = 0$

(2)　$\vec{SP} = \vec{OP} - \vec{OS}$

$\qquad = (1-t)\vec{a} + t\vec{b} - t\vec{b}$

$\qquad = (1-t)\vec{a}$

$\vec{SR} = \vec{OR} - \vec{OS}$

$\qquad = (1-t)\vec{c} - t\vec{b}$

$\vec{SQ} = \vec{OQ} - \vec{OS}$

$\qquad = t\vec{a} + (1-t)\vec{c} - t\vec{b}$

すなわち，$0 < t < 1$ のとき，$\vec{SQ} = \dfrac{t}{1-t}\vec{SP} + \vec{SR}$ より，4点P, Q, R, Sは同一平面上にある。

(3)　$\vec{SP} \cdot \vec{SR} = 0$　(4)　$\dfrac{\sqrt{21}}{14} \leq f(t) < 1$

〈解説〉(1)　$\angle \mathrm{AOB} = \dfrac{\pi}{2}$ より，$\vec{a} \cdot \vec{b} = 0$

$\angle \mathrm{BOC} = \dfrac{\pi}{3}$ より，$\vec{b} \cdot \vec{c} = 1 \cdot 2 \cdot \cos\dfrac{\pi}{3} = 1$

$\angle \mathrm{COA} = \dfrac{\pi}{2}$ より，$\vec{c} \cdot \vec{a} = 0$

(2)　解答参照。

(3) $\quad \overrightarrow{SP} \cdot \overrightarrow{SR} = \{(1-t)\,\overrightarrow{a}\,\} \cdot \{(1-t)\,\overrightarrow{c}\,-t\,\overrightarrow{b}\,\}$

$\qquad\qquad\quad = (1-t)^2\,\overrightarrow{a}\cdot\overrightarrow{c}-t(1-t)\,\overrightarrow{a}\cdot\overrightarrow{b}$

$\qquad\qquad\quad = 0$

(4) $\quad \overrightarrow{RQ}=t\,\overrightarrow{a}$ と(2)より，$\overrightarrow{SP}\,/\!/\,\overrightarrow{RQ}$

また(3)より，$\angle PSR=\dfrac{\pi}{2}$から，

四角形PQRSは$\left|\,\overrightarrow{SP}\,\right|$を高さとする台形なので，

$f(t)=\dfrac{1}{2}\left(\left|\,\overrightarrow{SP}\,\right|+\left|\,\overrightarrow{RQ}\,\right|\right)\cdot\left|\,\overrightarrow{SR}\,\right|$

$\quad =\dfrac{1}{2}\left\{(1-t)\left|\,\overrightarrow{a}\,\right|+t\left|\,\overrightarrow{a}\,\right|\right\}\cdot\left|\,\overrightarrow{SR}\,\right|$

$\quad =\dfrac{1}{2}\left|\,\overrightarrow{SR}\,\right|$

ここで，$\left|\,\overrightarrow{SR}\,\right|^2=\left\{(1-t)\,\overrightarrow{c}\,-t\,\overrightarrow{b}\,\right\}^2$

$\qquad\qquad\quad =(1-t)^2\left|\,\overrightarrow{c}\,\right|^2-2t(1-t)\,\overrightarrow{b}\cdot\overrightarrow{c}+t^2\left|\,\overrightarrow{b}\,\right|^2$

$\qquad\qquad\quad =4(1-t)^2-2t(1-t)+t^2$

$\qquad\qquad\quad =7t^2-10t+4$

$\qquad\qquad\quad =7\left(t-\dfrac{5}{7}\right)^2+\dfrac{3}{7}>0$

$\left|\,\overrightarrow{SR}\,\right|\geqq0$なので，

$f(t)=\dfrac{1}{2}\sqrt{7\left(t-\dfrac{5}{7}\right)^2+\dfrac{3}{7}}$

$0<t<1$のとき，$\dfrac{3}{7}\leqq\left|\,\overrightarrow{SR}\,\right|^2<4$

すなわち，$\sqrt{\dfrac{3}{7}}\leqq\left|\,\overrightarrow{SR}\,\right|<2$

よって，$f(t)$の取り得る値の範囲は，

$\dfrac{1}{2}\sqrt{\dfrac{3}{7}}\leqq f(t)<1$より，$\dfrac{\sqrt{21}}{14}\leqq f(t)<1$

【３】(1)　$a_1=1\quad a_2=\sqrt{2}-1$

(2)　$2^{\frac{1}{n}}=1+a_n$の両辺をn乗して，$2=(1+a_n)^n$

二項定理を用いて展開して，

$$2=1+na_n+\sum_{k=2}^{n}{}_nC_k(a_n)^k$$

ここで, $n\geqq2$より, $0<\dfrac{1}{n}<1$だから, $2^{\frac{1}{n}}>1$

すなわち, $a_n=2^{\frac{1}{n}}-1>0$より, $\displaystyle\sum_{k=2}^{n}{}_nC_k(a_n)^k>0$

よって, $2>1+na_n$より, $n\geqq2$のとき, $a_n<\dfrac{1}{n}$

(3) $2^{\frac{1}{n}}=1+a_n>0$より, 両辺自然対数をとって,

$\log2^{\frac{1}{n}}=\log(1+a^n)$

$\dfrac{\log2}{n}=\log(1+a_n)$

よって, $n\geqq1$において, $\log(1+a_n)<a_n$を示せばよい。

(2)より, $n\geqq1$のとき, $a_n>0$なので, $f(x)=x-\log(1+x)$とおき, $x>0$における増減を調べる。

$f'(x)=1-\dfrac{1}{1+x}=\dfrac{x}{1+x}>0$より, $x>0$において$f(x)$は単調増加。

よって, $f(x)>f(0)=0$

すなわち, $x>0$において, $\log(1+x)<x$が成立。

ゆえに, $n\geqq1$において, $\log(1+a_n)<a_n$が成立するので, すべてのnにおいて, $a_n>\dfrac{\log2}{n}$が成り立つ。

(4) (2), (3)より, $\dfrac{\log2}{345}<a_{345}<\dfrac{1}{345}$が成り立つ。

ここで, $\dfrac{\log2}{345}=0.0020$ $\dfrac{1}{345}=0.0028\cdots$ より,

$2^{\frac{1}{345}}=1+a_{345}$の小数部分は小数第3位で初めて2が現れる。

〈解説〉(1) $2^{\frac{1}{1}}=1+a_1$より, $a_1=1$

$2^{\frac{1}{2}}=1+a_2$より, $a_2=\sqrt{2}-1$

(2)(3)(4)   解答参照。

【4】(1) $\dfrac{1}{2}-\dfrac{\pi^2}{16}$

(2) $0\leqq t\leqq\dfrac{\pi}{2}$において, $\left|\overrightarrow{\mathrm{AP}}\right|>0,\ \left|\overrightarrow{\mathrm{AQ}}\right|>0$

また，(1)より，$0\leqq t\leqq\dfrac{\pi}{2}$において，$\overrightarrow{\mathrm{AP}}\cdot\overrightarrow{\mathrm{AQ}}\leqq 0$だから，∠PAQが鋭角にならないので，△APQは鋭角三角形にならない。

〈解説〉(1)　$\overrightarrow{\mathrm{AP}}=\left(t-\dfrac{\pi}{2},\ \sin t\right)$　$\overrightarrow{\mathrm{AQ}}=\left(t,\ \sin\left(t+\dfrac{\pi}{2}\right)\right)$より，

$\overrightarrow{\mathrm{AP}}\cdot\overrightarrow{\mathrm{AQ}}=f(t)$とおくと，

$$f(t)=t\left(t-\dfrac{\pi}{2}\right)+\sin t\sin\left(t+\dfrac{\pi}{2}\right)$$

$$=t^2-\dfrac{\pi}{2}t+\sin t\cos t$$

$$=t^2-\dfrac{\pi}{2}t+\dfrac{1}{2}\sin 2t$$

$$f'(t)=2t-\dfrac{\pi}{2}+\cos 2t$$

$f''(t)=2-2\sin 2t=2(1-\sin 2t)\geqq 0$より，

$f'(t)$の増減表は，

t	0	$\cdots$	$\dfrac{\pi}{4}$	$\cdots$	$\dfrac{\pi}{2}$
$f''(t)$		$+$	0	$+$	
$f'(t)$	$1-\dfrac{\pi}{2}$	↗	0	↗	$\dfrac{\pi}{2}-1$

$f'(t)$は連続で単調増加であり，

$f'(0)=1-\dfrac{\pi}{2}<0,\ f'\left(\dfrac{\pi}{2}\right)=\dfrac{\pi}{2}-1>0$から，$0\leqq t\leqq\dfrac{\pi}{2}$において$f'(t)=0$を満たすのは$t=\dfrac{\pi}{4}$ただ1つ。

よって$f(t)$の増減表は，

t	0	$\cdots$	$\dfrac{\pi}{4}$	$\cdots$	$\dfrac{\pi}{2}$
$f'(t)$		$-$	0	$+$	
$f(t)$	0	↘	$\dfrac{1}{2}-\dfrac{\pi^2}{16}$	↗	0

ゆえに，内積$\overrightarrow{\mathrm{AP}}\cdot\overrightarrow{\mathrm{AQ}}$の最小値は$f\left(\dfrac{\pi}{4}\right)=\dfrac{1}{2}-\dfrac{\pi^2}{16}$

(2)　解答参照。

2012年度　実施問題

【中学校】

【 1 】 中学校学習指導要領(平成20年3月告示)に関する以下の各問いに答えなさい。

(1)　次の文は，中学校学習指導要領(平成20年3月告示)第2章第3節数学第1目標である。(①)，(②)に入る最も適切な語句を答えなさい。

　　(①)を通して，数量や図形などに関する基礎的な概念や原理・法則についての理解を深め，数学的な表現や処理の仕方を習得し，事象を数理的に考察し表現する能力を高めるとともに，(①)の楽しさや数学のよさを実感し，それらを(②)して考えたり判断したりしようとする態度を育てる。

(2)　次の文は，中学校学習指導要領解説数学編(平成20年9月)第3章指導計画の作成と内容の取扱いの「学び直しの機会を設定することについて」である。(①)，(②)に入る最も適切な語句を答えなさい。

　　生徒の学習を(①)なものにするために，新たな内容を指導する際には，既に指導した関連する内容を(②)に再度取り上げ，学び直しの機会を設定することに配慮するものとする。

(3)　(1)の下線部事象を数理的に考察することについて中学校学習指導要領解説数学編(平成20年9月)では，次のように解説している。(①)〜(④)に入る最も適切な語句を，【語群】(ア)〜(シ)から1つずつ選び，記号で答えなさい。

　　事象を数理的に考察することは，主に二つの場面で行われる。一つは，日常生活や社会における事象を数学的に(①)し，数学の手法によって処理し，その結果を現実に照らして(②)場合である。またもう一つは，数学の世界における事象を簡潔な処理しやす

い形に表現し適切な方法を選んで(　③　)に処理したり，その結果を(　④　)に考えたりすることである。

【語群】

(ア)　能率的　　(イ)　発展的　　(ウ)　安定化

(エ)　進歩的　　(オ)　定式化　　(カ)　解釈する

(キ)　効率的　　(ク)　思考する　(ケ)　応用的

(コ)　公式化　　(サ)　判断する　(シ)　継続的

(☆☆☆◎◎◎)

【２】3つの関数　$y=x^2$…①，$y=-x+2$…②，$y=x+a$　$(a>0)$…③があり，これら3つのグラフが1点で交わっている。この交点を点Aとするとき，次の各問いに答えなさい。

(1)　aの値を求めなさい。

(2)　①，②のグラフの交点のうち点A以外の交点を点Bとし，①，③のグラフの交点のうち点A以外の交点を点Cとするとき，点B，点Cの座標をそれぞれ求めなさい。

(3)　(2)の3点A，B，Cを結んでできる△ABCにおいて，∠Aの2等分線が辺BCと交わる点をDとするとき，△ABDの面積を求めなさい。

(☆☆☆◎◎◎◎)

【3】次の各問いに答えなさい。

(1) $2x^2+5xy+2y^2-5x-y-3$を因数分解しなさい。

(2) $\dfrac{1}{3-\sqrt{7}}$ の整数部分をa，小数部分をbとするとき，次の各問いに答えなさい。

① a，bの値を求めなさい。

② $a^2+2ab+4b^2$の値を求めなさい。

(3) 2次方程式 $2x^2+(m-2)x+m+4=0$ が重解をもつように定数mの値を求めなさい。また，そのときの重解を求めなさい。

(4) 幅12cmの銅板を，断面が次の図の形になるように折り曲げて，深さ$x$cmの溝を作る。次の図の▮▮▮の部分の面積を$y$cm²とするとき，yの最大値を求めなさい。また，そのときのxの値を求めなさい。

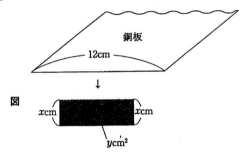

(5) 次の図のように，長さ4cmの線分ABを直径とする半円がある。点Pをこの半円の周上の点とするとき面積が2cm²で，AP＜BPである△APBを，定規とコンパスを用いて作図しなさい。

ただし，作図に用いた線は消さないこと。

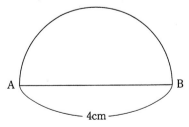

(☆☆☆◎◎◎)

【4】次の各問いに答えなさい。

(1) 次の図のように3辺の長さが11cm，10cm，9cmの三角形の面積を求めなさい。

図

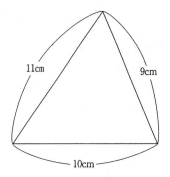

11cm 9cm

10cm

(2) 次の図の五角形ABCDEと等しい面積の△APQを作図しなさい。ただし，三角形の辺PQは，五角形の辺CDを含む直線上にあるものとする。なお，作図に用いた補助線は必ず残し，点P，Qを明記すること。

図

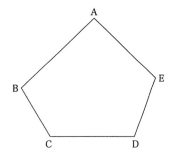

A

B E

C D

(3) 「六角形の内角の和を求めなさい。」という問題にPさんは，「$360° + 360° = 720°$」と式を書き，【例】のような図と言葉を用いて解答した。

Pさんの解き方

問題：「六角形の内角の和を求めなさい。」

式：$360° + 360° = 720°$

316

【例】

六角形は2つの四角形に分けられ，四角形の内角の和は360°なので
360°＋360°＝720°となる。

また，Aさん，Bさん，Cさんの3人は，以下のように式を書き，解
答した。

Aさん　　　$180°×5−180°＝720°$

Bさん　　　$180°×6−360°＝720°$

Cさん　　　$180°×3＋180°×2−180°＝720°$

3人はそれぞれどのようにして内角の和を求めたか，【例】のように
図と言葉を用いて説明しなさい。

(☆☆◎◎◎◎)

【5】 次の図のように，∠Cが直角である△ABCの各辺の長さをBC＝a,
CA＝B，AB＝cとする。

　今，「三平方の定理($a^2＋b^2＝c^2$)」を証明するために，頂点Cから対辺
ABに垂線を下ろし，辺ABとの交点をDとした。

　このとき，後の各問いに答えなさい。

図

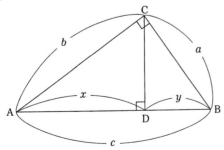

(1)　AD＝x, DB＝yとおき，三平方の定理($a^2+b^2=c^2$)を証明しなさい。

(2)　この証明を授業で取り上げる意義を簡単に説明しなさい。

(☆☆☆○○○)

【6】次の図Ⅰのように深さ15cm，母線の長さ17cmの円錐の形をした器の中が水で満たされている。この中に球を入れたところ，図Ⅱのように球が円錐の形をした器の側面に接したとき，ちょうど球が水面からかくれた。

このとき，下の各問いに答えなさい。(ただし，円周率はπを用いること)

図Ⅰ

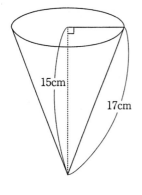

図Ⅱ

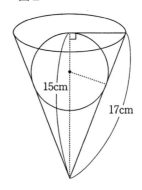

(1)　この球の半径を求めなさい。

(2)　円錐の形をした器にこの球を入れたことにより，あふれた水の体積を求めなさい。

(☆☆○○○)

【高等学校】

【1】 次の文は高等学校学習指導要領(平成21年3月告示)数学Ⅰの目標である。文中の空欄(1)に入る最も適切な語句を，(ア)〜(オ)の中から選び，記号で答えなさい。また，空欄(2)〜(4)に入る最も適切な語句を答えなさい。

　数と式，図形と計量，二次関数及び[　(1)　]について理解させ，基礎的な[　(2)　]の習得と[　(3)　]の習熟を図り，事象を数学的に[　(4)　]する能力を培い，数学のよさを認識できるようにするとともに，それらを活用する態度を育てる。

　　(ア)　場合の数と確率　　(イ)　集合と論理　　(ウ)　整数の性質
　　(エ)　データの分析　　　(オ)　身近な統計

(☆☆☆◎◎◎)

【2】 定義域が実数全体である二次関数$f(x)=x^2-2ax+a^2-a+4$　(aは実数)について，次の各問いに答えなさい。

(1)　aが実数全体を動くとき，放物線$y=f(x)$の頂点の軌跡を求めなさい。

(2)　任意の実数aに対して，放物線$y=f(x)$と接する直線の方程式を求めなさい。

(3)　$0\leq x\leq 3$における$f(x)$の最小値が2となるような，aの値を求めなさい。

(☆☆☆◎◎◎)

【3】 赤玉，青玉，白玉，緑玉がたくさんあり，これらを大，中，小3つの箱に次の(1)〜(4)のように入れるとき，玉の入れ方はそれぞれ何通りあるか求めなさい。ただし，同じ色の玉は区別がつかないものとし，どの色の玉も十分な個数があるものとする。

(1)　各箱に玉を1個ずつ入れるとき。

(2)　少なくとも1個は青玉を含むように3個の玉を選び，それらを各箱に1個ずつ入れるとき。

(3)　各色1個ずつ合計4個の玉を，空の箱がないように各箱に分けて入

319

れるとき。

(4) 青玉8個と白玉24個の計32個の玉から24個を選び，それらを各箱に8個ずつ分けて入れるとき。

(☆☆☆☆◎◎◎)

【4】△ABCの外接円の中心をOとする。$\overrightarrow{AB} = \overrightarrow{b}$，$\overrightarrow{AC} = \overrightarrow{c}$ とするとき，$\overrightarrow{AO}$ を $\overrightarrow{b}$，$\overrightarrow{c}$ を用いて表しなさい。

(☆☆☆☆◎◎◎)

【5】$f(x) = x^3 + 3x^2 - 4x$ とおき，1以上の自然数nに対して数列$\{a_n\}$を，$a_n = f(n)$で定める。このとき，次の各問いに答えなさい。

(1) 方程式$f(x) = 0$を解きなさい。

(2) すべてのnについて，a_nは6の倍数であることを示しなさい。

(3) 数列$\{a_n\}$の項のうち，5で割り切れるすべての項を小さい方から順に並べた数列を$\{b_n\}$とする。数列$\{b_n\}$の最初の4項を求めなさい。また，Nを1以上の自然数とするとき，$\displaystyle\sum_{i=1}^{2N} b_i$を求めなさい。

(☆☆☆☆◎◎)

【6】xyz空間内に円柱の側面$x^2 + y^2 = 1$，$0 \leqq z \leqq 2\pi$ と4点A(1, 0, 0)，B(1, 0, 2π)，A´(1, 2π, 0)，B´(1, 2π, 2π)がある。一辺の長さが2πの正方形の紙Xを，4頂点がそれぞれA，A´，B´，Bに一致するように置き，次の[手順]でXを円柱の側面に貼り付ける。正方形AA´B´Bの対角線AB´に対応するXの対角線が，Xを貼り付けた後円柱の側面上で表す曲線をC，C上の動点をPとするとき，次の各問いに答えなさい。ただし，紙の厚さや線の太さは考えないものとする。

[手順]

① 線分ABに対応するXの辺を，円柱の側面上から動かないように固定する。

② 線分A´B´に対応するXの辺が，固定したXの辺(線分AB)と一致す

るまで，Xを円柱の側面に弛まないようにぴったり貼りつける。このとき，点A′に対応するXの頂点を，xy平面上を原点を左手に見る向きに動かすものとする。(すなわち，点A′に対応するXの頂点は，xy平面上を第1象限，第2象限，第3象限，第4象限の順に動いた後，点Aに一致することになる。)

(1)　点P のz座標を$z=\theta$ ($0\leqq\theta\leqq2\pi$)とするとき，点Pのx座標とy座標をθを用いて表しなさい。また，点Pからz軸に下ろした垂線の足をQとするとき，$\overrightarrow{\text{QR}}=t\overrightarrow{\text{OP}}$ ($0\leqq t\leqq1$)で定まる点Rの座標をθ，tを用いて表しなさい。

(2)　(1)の点R(x, y, z)に対して$l(t)=\displaystyle\int_0^{2\pi}\sqrt{\left(\frac{dx}{d\theta}\right)^2+\left(\frac{dy}{d\theta}\right)^2+\left(\frac{dz}{d\theta}\right)^2}\,d\theta$
とおくとき，$l(t)$を計算しなさい。

(3)　(2)の$l(t)$について，$S=\displaystyle\int_0^1 l(t)dt$の値を求めなさい。

(☆☆☆☆☆◎◎◎)

解答・解説

【中学校】

【1】(1)　①　数学的活動　　②　活用　　(2)　①　確実　　②　意図的
(3)　①　(オ)　　②　(カ)　　③　(ア)　　④　(イ)

〈解説〉(1)〜(3)とも中学校学習指導要領解説数学編を参照されたい。

【2】(1)　($a=$)6　　(2)　点B(1, 1)，点C(3, 9)　　(3)　$\dfrac{45}{8}$

〈解説〉(1)　①と②の交点を求める。

$x^2=-x+2$

$(x+2)(x-1)=0$

よって交点の座標は(1, 1)と(−2, 4)になる。

(1, 1)を点Aとしたとき，③は$1=1+a$より$a=0$となる。これは$a>0$を満たさないので不便。

$(-2, 4)$を点Aとしたとき，③は$4=-2+a$より$a=6$となる。これは
$a>0$を満たす。

したがって　$a=6$

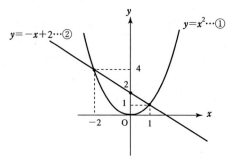

(2)　(1)より点B$(1, 1)$

点Cは①と③の交点より

$x^2=x+6$

$(x-3)(x+2)=0$

よって　点C$(3, 9)$

したがって点B$(1, 1)$，点C$(3, 9)$

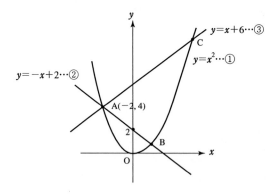

(3) 次図の斜線部の面積を求める。点Bと点Cを通る直線の式は，

$$y-1=\frac{9-1}{3-1}(x-1)$$

$$y=4x-3$$

となる。

また①の式の傾きと②の式の傾きはそれぞれ1と−1より，∠Aの2等分線の式の傾きは0となる。よって，その式は$y=4$となる。

より　点Dの座標は$\left(\frac{7}{4},\ 4\right)$となる。

したがってAD$=\frac{15}{4}$となり，ADを底辺とすると，高さは$4-1=3$となる。

以上から△ABDの面積は　$\frac{1}{2}\times\frac{15}{4}\times3=\frac{45}{8}$

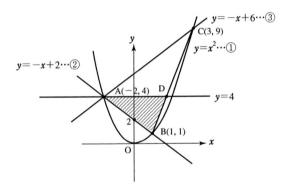

【3】(1)　$(2x+y+1)(x+2y-3)$

(2)　①　$a=2$, $b=\dfrac{\sqrt{7}-1}{2}$　　②　10

(3)　$m=-2$のとき　(重解)$x=1$, $m=14$のとき　(重解)$x=-3$

(4)　$x=3$のとき，最大値　$(y=)18$　　(5)　解説参照

〈解説〉(1)　$2x^2+5xy+2y^2-5x-y-3$

　　$=2x^2+x(5y-5)+(2y-3)(y+1)$

　　$=(2x+y+1)(x+2y-3)$

(2)　①　$\dfrac{1}{3-\sqrt{7}}=\dfrac{3+\sqrt{7}}{(3-\sqrt{7})(3+\sqrt{7})}=\dfrac{3+\sqrt{7}}{2}$ となる。

$\sqrt{4}<\sqrt{7}<\sqrt{9}$ から $\sqrt{7}$ の整数部分は2だと分かる。

したがって $\dfrac{1}{3-\sqrt{7}}$ の小数部分は $\dfrac{3+\sqrt{7}}{2}-2=\dfrac{\sqrt{7}-1}{2}$ となる。

以上から　$a=2,\ b=\dfrac{\sqrt{7}-1}{2}$

②　$a^2+2ab+4b^2=(a+2b)^2-2ab$

$a=2,\ b=\dfrac{\sqrt{7}-1}{2}$ を代入する。

$(a+2b)^2-2ab=\left(2+2\cdot\dfrac{\sqrt{7}-1}{2}\right)^2-2\cdot2\cdot\dfrac{\sqrt{7}-1}{2}$

$=(\sqrt{7}+1)^2-2\sqrt{7}+2$

$=7+2\sqrt{7}+1-2\sqrt{7}+2$

$=10$

(3)　$2x^2+(m-2)x+m+4=0$ の判別式をDとおくと，重解を持つには，
D$=(m-2)^2-4\cdot2\cdot(m+4)=0$を満たせばよい。

より　$(m-2)^2-4\cdot2\cdot(m+4)$

$=m^2-12m-28$

$=(m+2)(m-14)$

$=0$

よって　$m=-2,\ 14$となる。

$m=-2$のとき，重解は　$x=-\dfrac{b}{2a}=-\dfrac{-4}{4}=1$

$m=14$のとき，重解は　$x=-\dfrac{b}{2a}=-\dfrac{12}{4}=-3$

したがって，$m=-2$のとき　$x=1$，$m=14$のとき　$x=-3$

(4)　$y=x(12-2x)$

$=-2x^2+12x$

$=-2(x^2-6x)$

$=-2\{(x-3)^2-9\}$

$=-2(x-3)^2+18$

以上より　$x=3$のとき　最大値18

(5)

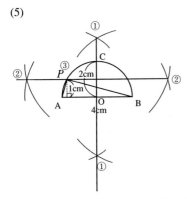

面積が2cm²より線分ABを底辺としたとき，高さが1cmになる点がPと
なる。

①線分ABの垂直二等分線を引く。このとき，弧ABと垂直二等分線の
交点をCとする。

②半円の中心をOとおき，線分OCの垂直二等分線を引く。

③条件からAP＜BPより，点Pは2つの交点のうち，左側の交点となる。

【4】(1)　30√2 (cm²)　　(2)　解説参照

(3)　(Aさん)

六角形は5つの三角形にわけられ，三角形の内角の和は180°なので，
180°×5から辺上の角180°をひき，180°×5－180°＝720°となる。

(Bさん)

六角形は6つの三角形にわけられ，三角形の内角の和は180°なので，180°×6から中央の角360°をひき，180°×6－360°＝720°となる。

(Cさん)

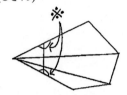

図のように2辺を延長する。求める内角の和は，3つの三角形の和と※の部分180°×2をあわせたものから，三角形1つ分の内角の和をひいたものなので，180°×3＋180°×2－180°＝720°となる。

〈解説〉

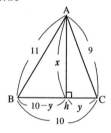

(1)　上図のようにA，B，C，hをおく。面積をSとすると，

S＝5x　…①

また△AhCにおいて三平方の定理より，

$x^2＋y^2＝9^2$　…②

同様に△AhBにおいて三平方の定理より，

$x^2＋(10－y)^2＝11^2$　…③

③は$x^2＋y^2－20y＝21$となる。これに②を代入すると，

$20y＝60$

よって$y＝3$

このとき$x＞0$より　$x＝\sqrt{81－9}＝\sqrt{72}＝6\sqrt{2}$

したがって①より　$S＝5・6\sqrt{2}＝30\sqrt{2}$

(2)

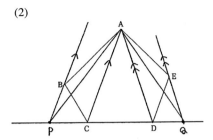

△ABCと△ADEを等積変形させればよい。より，それぞれの三角形の底辺をAC，ADとし，高さを変えず直線CD上に点P，Qをとればよい。よって直線ACと平行で点Bを通る直線と直線CDの交点がP，直線ADと平行で点Eを通る直線と直線CDの交点がQとなる。

(3) それぞれ180°にかけられている数と最後にひかれている数から予想して考えればよい。

【5】(1) △ABC∽△ADCより

$c：b＝b：x$ よって $b^2＝cx$

△ABC∽△CBDより

$c：a＝a：y$ よって $a^2＝cy$

よって，$a^2＋b^2＝cx＋cy$

$＝c(x＋y)$

$＝c×c$

$＝c^2$

よって $a^2＋b^2＝c^2$となり，示された。

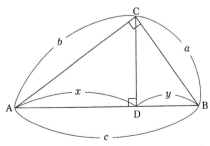

(2)　三角形の相似の関係を用いて，三平方の定理を導くこと。

〈解説〉(1)　相似の関係に気づけるかが大事。　　(2)　「相似」の単語は必ず入れること。

【6】(1)　$\dfrac{24}{5}$　　(2)　$\dfrac{18432}{125}\pi$

〈解説〉(1)　図のように半径をrとし，それぞれO，A，B，C，D，Eをおく。

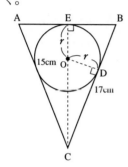

△BECにおいて三平方の定理より，BE＝$\sqrt{17^2-15^2}$＝$\sqrt{64}$

BE＞0より　　BE＝8

△BEC∽△ODCより，

8：17＝r：15－r

よって　25r＝120　となり，r＝$\dfrac{24}{5}$

(2)　〈あふれた水の体積〉＝〈球の体積〉より

〈球の体積〉＝$\dfrac{4\pi r^3}{3}$＝$\dfrac{4\pi\left(\dfrac{24}{5}\right)^3}{3}$＝$\dfrac{18432}{125}\pi$

【高等学校】

【1】(1)　エ　　(2)　知識　　(3)　技能　　(4)　考察

〈解説〉高等学校学習指導要領 数学編を参照のこと。「目標」などは頻出度が高いので必ず覚えておきたい。

【2】 (1) $y=-x+4$ 　　(2) $y=-x+\dfrac{15}{4}$ 　　(3) $a=2,\ \dfrac{7+\sqrt{5}}{2}$

〈解説〉(1)　$f(x)=x^2-2ax+a^2-a+4=(x-a)^2-a+4$

よって　頂点の座標は$(a,\ -a+4)$

より　$x=a,\ y=-a+4$となり，この2つの式からaを消去すると，

$y=-x+4$　となる。

aは実数全体を動くので放物線$y=f(x)$の頂点の軌跡は直線$y=-x+4$全体である。

(2)　求める直線の方程式を

$y=px+q$　…①とおく。

①と放物線$y=f(x)$を連立して，

$x^2-2ax+a^2-a+4=px+q$

$x^2-(2a+p)x+a^2-a+4-q=0$

この式の判別式をDとおくと，①と放物線は接しているので$D=0$となる。よって，

$D=(2a+p)^2-4(a^2-a+4-q)=4(p+1)a+p^2+4q-16=0$　となる。

いま，aは任意の実数より，$p+1=0$　かつ　$p^2+4q-16=0$　となればよい。

これより　$p=-1,\ q=\dfrac{15}{4}$

したがって，求める直線の方程式は，

$y=-x+\dfrac{15}{4}$

(3)　(1)より頂点の座標は$(a,\ -a+4)$である。

(i)　$a<0$のとき

$x=0$のとき最小値をとるので，

$f(0)=a^2-a+4=2$

よって　$a^2-a+2=0$

この方程式の判別式をDとおくと，$D<0$よりaは実数解を持たない。より不適。

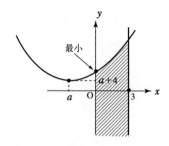

(ii)　0≦a≦3のとき

$x=a$のとき最小値をとるので，

$f(a)=a^2-2a^2+a^2-a+4$

$=-a+4=2$

よって　$a=2$

これは0≦a≦3を満たす。

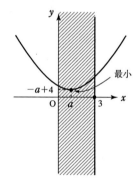

(iii)　3＜aのとき

$x=3$のとき最小値をとるので，

$f(3)=9-6a+a^2-a+4$

$=a^2-7a+13=2$

よって　$a^2-7a+11=0$

解の公式より　$a=\dfrac{7\pm\sqrt{49-4\cdot 11}}{2}$

$=\dfrac{7\pm\sqrt{49-44}}{2}$

$$=\frac{7\pm\sqrt{5}}{2}$$

$3<a$を満たすのは$\dfrac{7+\sqrt{5}}{2}$である。

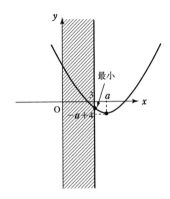

(iii)　$3<a$のとき

(i)〜(iii)より　$a=2,\ \dfrac{7+\sqrt{5}}{2}$

【3】(1)　64(通り)　　(2)　37(通り)　　(3)　36(通り)　　(4)　165(通り)

〈解説〉(1)　大・中・小の3つの各箱に，赤，青，白，緑の4通りの玉の
入れ方があるので，求める玉の入れ方は，

$4^3=64$(通り)

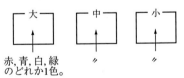

赤,青,白,緑
のどれか1色。

(2)　ここで述べられている事象の余事象は「青玉を含まないように3
個の玉を選び，それらを各箱に1個ずつ入れる」である。

この余事象の起こる場合の数は　$3^3=27$(通り)

全事象の起こる場合の数は(1)より64(通り)

以上から求める玉の入れ方は，

$64-27=37$(通り)

(3)　2個の玉を入れる箱が1つと1個の玉を入れる箱が2つとなる。大の箱に2個の玉を入れるとき，

$_4C_2 \times _2C_1 \times _1C_1 = 12$(通り)

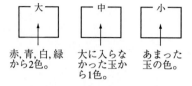

中の箱に2個の玉を入れるときと，小の箱に2個の玉を入れるときも同様に考えると，それぞれ12(通り)になる。よって求める玉の入れ方は12×3＝36(通り)

(4)　青玉8個を各箱に分けて入れて，後から合計8個となるように白玉を入れればよい。ただし，白玉は24個あるので，青玉をまったく含まないように玉を分けることもできるので，

青　青　青　青　青　青　青　青　｜　｜　｜

の順列を考え，

大の箱に入れる青玉の数…一番左の｜より左の青の数

中の箱に入れる青玉の数…一番左の｜と真ん中の｜の間の青の数

小の箱に入れる青玉の数…真ん中の｜と一番右の｜の間の青の数

として各箱に入れればよい。

すなわち玉の入れ方は，$\dfrac{11!}{8!3!} = \dfrac{11 \cdot 10 \cdot 9}{3 \cdot 2 \cdot 1} = 165$(通り)

【4】　$\overrightarrow{AO} = \dfrac{|\vec{c}|^2\{|\vec{b}|^2 - (\vec{b} \cdot \vec{c})\}\vec{b} + |\vec{b}|^2\{|\vec{c}|^2 - (\vec{b} \cdot \vec{c})\}\vec{c}}{2\{|\vec{b}|^2|\vec{c}|^2 - (\vec{b} \cdot \vec{c})^2\}}$

〈解説〉図のように辺ABの中点をB′，辺ACの中点をC′とする。

Oは△ABCの外接円の中心なので，

$\overrightarrow{OB'} \cdot \overrightarrow{AB} = 0$　…①

$\overrightarrow{OC'} \cdot \overrightarrow{AC} = 0$　…②

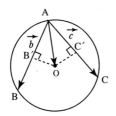

$$\overrightarrow{OB'} = \overrightarrow{AB'} - \overrightarrow{AO} = \frac{1}{2}\vec{b} - \overrightarrow{AO},$$

$$\overrightarrow{OC'} = \overrightarrow{AC'} - \overrightarrow{AO} = \frac{1}{2}\vec{c} - \overrightarrow{AO} \ となり,$$

さらに, $\overrightarrow{AO} = x\vec{b} + y\vec{c}$ (x, yは実数)とおけるので,

$$\overrightarrow{OB'} = \frac{1}{2}\vec{b} - (x\vec{b} + y\vec{c}), \quad \overrightarrow{OC'} = \frac{1}{2}\vec{c} - (x\vec{b} + y\vec{c}) \quad となる。$$

これを①, ②に代入すると,

$$\left(\frac{1}{2} - x\right)|\vec{b}|^2 - (\vec{b} \cdot \vec{c})y = 0$$

$$\left(\frac{1}{2} - y\right)|\vec{c}|^2 - (\vec{b} \cdot \vec{c})x = 0$$

すなわち

$$|\vec{b}|^2 x + (\vec{b} \cdot \vec{c})y = \frac{1}{2}|\vec{b}|^2$$

$$(\vec{b} \cdot \vec{c})x + (\vec{b} \cdot \vec{c})y = \frac{1}{2}|\vec{c}|^2$$

ここで $P = \begin{pmatrix} |\vec{b}|^2 & \vec{b}\cdot\vec{c} \\ \vec{b}\cdot\vec{c} & |\vec{c}|^2 \end{pmatrix}$, $\angle BAC = \theta$ とおくと,

△ABCより $-1 < \cos\theta < 1$ だから,

$$\det P = |\vec{b}|^2 \cdot |\vec{c}|^2 - (\vec{b} \cdot \vec{c})^2 = |\vec{b}|^2 |\vec{c}|^2 (1 - \cos^2\theta) > 0$$

よって行列Pは逆行列を持ち,

$$P\begin{pmatrix} x \\ y \end{pmatrix} = \frac{1}{2}\begin{pmatrix} |\vec{b}|^2 \\ |\vec{c}|^2 \end{pmatrix} \ より$$

$$\begin{pmatrix} x \\ y \end{pmatrix} = \frac{1}{2}P^{-1}\begin{pmatrix} |\vec{b}|^2 \\ |\vec{c}|^2 \end{pmatrix}$$

$$=\frac{1}{2\{|\vec{b}|^2|\vec{c}|^2-(\vec{b}\cdot\vec{c})^2\}}\begin{pmatrix}|\vec{c}|^2 & -\vec{b}\cdot\vec{c} \\ -\vec{b}\cdot\vec{c} & |\vec{b}|^2\end{pmatrix}\begin{pmatrix}|\vec{b}|^2 \\ |\vec{c}|^2\end{pmatrix}$$

$$=\frac{1}{2\{|\vec{b}|^2|\vec{c}|^2-(\vec{b}\cdot\vec{c})^2\}}\begin{pmatrix}|\vec{b}|^2|\vec{c}|^2-(\vec{b}\cdot\vec{c})|\vec{c}|^2 \\ |\vec{b}|^2|\vec{c}|^2-(\vec{b}\cdot\vec{c})|\vec{b}|^2\end{pmatrix}$$

したがって

$$\overrightarrow{AO}=x\vec{b}+y\vec{c}$$

$$=\frac{|\vec{b}|^2|\vec{c}|^2-(\vec{b}\cdot\vec{c})|\vec{c}|^2}{2\{|\vec{b}|^2|\vec{c}|^2-(\vec{b}\cdot\vec{c})^2\}}\cdot\vec{b}+\frac{|\vec{b}|^2|\vec{c}|^2-(\vec{b}\cdot\vec{c})|\vec{b}|^2}{2\{|\vec{b}|^2|\vec{c}|^2-(\vec{b}\cdot\vec{c})^2\}}\cdot\vec{c}$$

$$=\frac{|\vec{c}|^2\{|\vec{b}|^2-(\vec{b}\cdot\vec{c})\}\vec{b}+|\vec{b}|^2\{|\vec{c}|^2-(\vec{b}\cdot\vec{c})\}\vec{c}}{2\{|\vec{b}|^2|\vec{c}|^2-(\vec{b}\cdot\vec{c})^2\}}$$

【5】(1)　$x=-4,\ 0,\ 1$　　(2)　解説参照　　(3)　$b_1=0$, $b_2=180$, $b_3=300$, $b_4=1260$, $\displaystyle\sum_{i=1}^{2N}b_i=\frac{5}{2}N(N+1)(25N^2+5N+6)$

〈解説〉(1)　$f(x)=0$を求める。

$x^2+3x^2-4x=x(x^2+3x-4)=x(x+4)(x-1)=0$

したがって　$x=-4,\ 0,\ 1$

(2)　$a_n=(n-1)n(n+4)=(n-1)n(n+1+3)=(n-1)n(n+1)+3n(n-1)$

ここで, $(n-1)n(n+1)$は連続3整数の積なので6の倍数である。

(∵連続する整数には必ず2の倍数と3の倍数が含まれている)

また, $3n(n-1)$は連続2整数の積の倍数かつ3の倍数より6の倍数である。

(∵連続2整数には必ず2の倍数が含まれている)

ゆえに, a_nは6の倍数の和より, すべての自然数nに対してa_nは6の倍数である。

(3)　自然数kと$l=0$, 1, 2, 3, 4を用いて, $n=5k-l$とおくと,

$a_{5k-l}=(5k-l-1)(5k-l)(5k-l+4)$

k, lは自然数または0であり, $5k-l-1$, $5k-l$, $5k-l+4$はいずれも整数。

(i)　$l=4$のとき

$a_{5k-4}=(5k-5)(5k-4)5k$　より　a_{5k-4}は5の倍数。

(ii)　$l=3$のとき

$a_{5k-3}=(5k-4)(5k-3)(5k+1)$　より　a_{5k-3}は5で割り切れない整数の積であり，5と5で割り切れない数を5で割った余りは互いに素なので，a_{5k-3}は5の倍数とならない。

(iii)　$l=2$のとき

$a_{5k-2}=(5k-3)(5k-2)(5k+2)$　より

(ii)と同様にa_{5k-2}は5の倍数とならない。

(iv)　$l=1$のとき

$a_{5k-1}=(5k-2)(5k-1)(5k+3)$　より

(ii)と同様にa_{5k-1}は5の倍数とならない。

(v)　$l=0$のとき

$a_{5k-1}=5k(5k-1)(5k+4)$　より　a_{5k}は5の倍数。

以上(i)〜(v)と，$f(x)$は$x\geqq1$で単調増加であることから，

数列$\{b_n\}$は$\{a_1,\ a_5,\ a_6,\ a_{10},\ a_{11},\ \cdots\cdots\}$　すなわち数列$\{b_n\}$の最初の4項は，

$b_1=a_1=0,\ b_2=a_5=180,\ b_3=a_6=300,\ b_4=a_{10}=1260$　である。

また，

$$\sum_{i=1}^{2N} b_1 = \sum_{k=1}^{N}(a_{5k-4}+a_{5k})$$

$$= \sum_{k=1}^{N}(250k^3-150k^2+80k)$$

$$=250\cdot\frac{1}{4}N^2(N+1)^2-150\cdot\frac{1}{6}N(N+1)(2N+1)+80\cdot\frac{1}{2}N(N+1)$$

$$=\frac{5}{2}N(N+1)\cdot\{25N(N+1)-10(2N+1)+16\}$$

$$=\frac{5}{2}N(N+1)(25N^2+5N+6)$$

【6】(1)　$x=\cos\theta$,　$y=\sin\theta$,　R($t\cos\theta$,　$t\sin\theta$,　θ)

　　(2)　$l(t)=2\pi\sqrt{t^2+1}$　　(3)　S$=\pi\{\sqrt{2}+\log(1+\sqrt{2})\}$

〈解説〉(1)　正方形AA′B′Bの対角線AB′上の点をP′$(1, \theta, \theta)$とおくと，手順からP′とPは1対1に対応する。このとき，点P′から正方形AA′B′Bの辺AA′に下ろした垂線の足Hの座標はH$(1, \theta, 0)$であり，Xの貼り付けによりHに対応する円周：$x^2+y^2=1$　$z=0$上の点Dの座標はD$(\cos\theta, \sin\theta, 0)$である。

よって　P$(\cos\theta, \sin\theta, \theta)$であり，$x=\cos\theta$，$y=\sin\theta$
またQ$(0, 0, \theta)$なので，$\overrightarrow{QR}=(t\cos\theta, t\sin\theta, \theta)$より
$\overrightarrow{OR}=\overrightarrow{OQ}-\overrightarrow{QR}=(t\cos\theta, t\sin\theta, \theta)$
ゆえにR$(t\cos\theta, t\sin\theta, \theta)$

(2)　$l(t)=\displaystyle\int_0^{2\pi}\sqrt{\left(\frac{dx}{d\theta}\right)^2+\left(\frac{dy}{d\theta}\right)^2+\left(\frac{dz}{d\theta}\right)^2}\,d\theta$

$=\displaystyle\int_0^{2\pi}\sqrt{(-t\sin\theta)^2+(t\cos\theta)^2+1}\,d\theta$

$=\displaystyle\int_0^{2\pi}\sqrt{t^2+1}\,d\theta$

$=\left[\theta\sqrt{t^2+1}\right]_0^{2\pi}$

$=2\pi\sqrt{t^2+1}$

(3)　S$=\displaystyle\int_0^1 l(t)dt=2\pi\int_0^1\sqrt{t^2+1}\,dt$を求める。

$\sqrt{t^2+1}+t=x$とおくと，$\dfrac{t}{\sqrt{t^2+1}}+1=\dfrac{dx}{dt}$

つまり　$\dfrac{1}{x-t}dt=\dfrac{1}{x}dx$

t	0	$\rightarrow$	1
x	1	$\rightarrow$	$\sqrt{2}+1$

S$=2\pi\displaystyle\int_0^1\sqrt{t^2+1}dt$

$=2\pi\displaystyle\int_0^1 (t)'\sqrt{t^2+1}\,dt$

$=2\pi\left\{\left[t\sqrt{t^2+1}\right]_0^1-\displaystyle\int_0^1 t\cdot\frac{t}{\sqrt{t^2+1}}dt\right\}$

また　$\displaystyle\int_0^1 t\frac{t}{\sqrt{t^2+1}}\,dt=\int_0^1\frac{t^2+1-1}{\sqrt{t^2+1}}dt$

$$= \int_0^1 \sqrt{t^2+1}\,dt - \int_0^1 \frac{1}{\sqrt{t^2+1}}\,dt$$

したがって

$$2\pi \int_0^1 \sqrt{t^2+1}\,dt = 2\pi \left[t\sqrt{t^2+1}\right]_0^1 - 2\pi \int_0^1 \sqrt{t^2+1}\,dt + 2\pi \int_0^1 \frac{1}{\sqrt{t^2+1}}\,dt$$

$$4\pi \int_0^1 \sqrt{t^2+1}\,dt = 2\pi \cdot \sqrt{2} + 2\pi \int_1^{\sqrt{2}+1} \frac{1}{x}\,dx$$

$$4\pi \int_0^1 \sqrt{t^2+1}\,dt = 2\sqrt{2}\,\pi + 2\pi \left[\log x\right]_1^{\sqrt{2}+1}$$

$$4\pi \int_0^1 \sqrt{t^2+1}\,dt = 2\pi \left\{\sqrt{2} + \log(\sqrt{2}+1)\right\}$$

より $2\pi \int_0^1 \sqrt{t^2+1}\,dt = \dfrac{1}{2} \cdot 2\pi \left\{\sqrt{2} + \log(\sqrt{2}+1)\right\}$

$$= \pi \left\{\sqrt{2} + \log(\sqrt{2}+1)\right\}$$

●書籍内容の訂正等について

　弊社では教員採用試験対策シリーズ（参考書，過去問，全国まるごと過去問題集），公務員試験対策シリーズ，公立幼稚園・保育士試験対策シリーズ，会社別就職試験対策シリーズについて，正誤表をホームページ（https://www.kyodo-s.jp）に掲載いたします。内容に訂正等，疑問点がございましたら，まずホームページをご確認ください。もし，正誤表に掲載されていない訂正等，疑問点がございましたら，下記項目をご記入の上，以下の送付先までお送りいただくようお願いいたします。

> ①　書籍名，都道府県（学校）名，年度
> 　（例：教員採用試験過去問シリーズ　小学校教諭 過去問　2025年度版）
> ②　ページ数（書籍に記載されているページ数をご記入ください。）
> ③　訂正等，疑問点（内容は具体的にご記入ください。）
> 　（例：問題文では"ア～オの中から選べ"とあるが，選択肢はエまでしかない）

〔ご注意〕
○ 電話での質問や相談等につきましては，受付けておりません。ご注意ください。
○ 正誤表の更新は適宜行います。
○ いただいた疑問点につきましては，当社編集制作部で検討の上，正誤表への反映を決定させていただきます（個別回答は，原則行いませんのであしからずご了承ください）。

●情報提供のお願い

　協同教育研究会では，これから教員採用試験を受験される方々に，より正確な問題を，より多くご提供できるよう情報の収集を行っております。つきましては，教員採用試験に関する次の項目の情報を，以下の送付先までお送りいただけますと幸いでございます。お送りいただきました方には謝礼を差し上げます。

（情報量があまりに少ない場合は，謝礼をご用意できかねる場合があります）。

◆あなたの受験された面接試験，論作文試験の実施方法や質問内容
◆教員採用試験の受験体験記

- -

| 送付先 | ○電子メール：edit@kyodo-s.jp
○FAX：03-3233-1233（協同出版株式会社　編集制作部 行）
○郵送：〒101-0054　東京都千代田区神田錦町2-5
　　　　協同出版株式会社　編集制作部 行
○HP：https://kyodo-s.jp/provision（右記のQRコードからもアクセスできます） | |

※謝礼をお送りする関係から，いずれの方法でお送りいただく際にも，「お名前」「ご住所」は，必ず明記いただきますよう，よろしくお願い申し上げます。

教員採用試験「過去問」シリーズ

鳥取県の
数学科 過去問

編　集	©協同教育研究会
発　行	令和6年2月10日
発行者	小貫　輝雄
発行所	協同出版株式会社
	〒101-0054　東京都千代田区神田錦町2‐5
	電話　03－3295－1341
	振替　東京00190－4－94061
印刷所	協同出版・POD工場

落丁・乱丁はお取り替えいたします。